Guía de programación en C/C++

N

Manual Imprescindible

Guía de programación en C/C++

Eliezer López Rodríguez

Primera edición: septiembre de 2025.

Diseño de cubierta: Celia Antón Santos
Imagen de cubierta: © 2004-2025 Shutterstock, Inc.

Valentín Beato, 21
28037 Madrid.
www.anayamultimedia.es

PAPEL DE FIBRA CERTIFICADA

Depósito legal: M-6666-2025
ISBN: 978-84-415-5207-4
Impreso en España - Printed in Spain

A mi amada familia.

Por rodearme de ternura
y cuidarme más allá de lo visible.

Eliezer López Rodríguez

SOBRE EL AUTOR

Ingeniero en Informática por la Universidad de Cádiz, es director de WATA Factory, instructor de varios lenguajes de programación (C, C++ y Rust) en la biblioteca de cursos de LinkedIn Learning en español y autor del libro *Curso de Programación* con Rust, editado por ANAYA Multimedia.

Para Eliezer, la digitalización es un punto clave en la transformación y avance del sector empresarial de nuestra sociedad, una transformación que pasa por la tecnología en general y por el desarrollo de software en particular.

Con más de diez años de experiencia en la gestión de equipos en los sectores de la tecnología de la información y la formación, el autor transmite de forma sencilla los aspectos técnicos más complejos y consigue alinear las áreas de negocio, gestión y desarrollo.

Contacto:

- X / Threads / LinkedIn: @EliezerLopez
- Correo electrónico: contacto@eliezerlopez.com
- Sitio web: eliezerlopez.com

gracias

En primer lugar, a mis padres José Luis y Concepción, por creer en el fruto incluso antes de que yo comprendiera la semilla, por sembrar esperanza en silencio y regar mi vida con amor constante. No existen forma ni tiempo suficientes para devolverles tanto bien. Solo me queda vivir con gratitud, honrando cada día el privilegio de ser su hijo.

A Ekaterina, mi ayuda idónea y esposa fiel, por su amor apacible y su espera paciente, por ser abrigo, calma y certeza.

A José Luis y María del Mar, mis pastores, por su vida de servicio, su entrega incansable y el amor con el que caminan cada día al lado de quienes los rodean.

A Jesucristo, cuya misericordia me alcanzó cuando no lo merecía. Hoy vivo por Él, por su gracia y para su gloria.

A Diego Freniche, a su hijo Gonzalo, a Pedro Guerrero y a Fernando Quintana, por haber revisado este libro con tanta atención, criterio y generosidad. Por dedicar tiempo a leerlo en detalle y aportar ideas valiosas en cada página. Su implicación ha sido un auténtico regalo.

A Mariona, autora del libro Curso de programación Java, por estar siempre presente.

A Eugenio y Claudia, por su talento, dedicación y cuidado en los detalles. Gracias a su trabajo incansable, este libro encontró su forma y su voz. Sin ellos, estas páginas no habrían llegado a existir como lo hacen.

A Celia, por su magnífica elaboración de la portada.

Y, por su puesto, a todo el equipo de Anaya Multimedia y a cada persona que ha contribuido directa o indirectamente a este maravillo proyecto.

Índice de contenidos

Prólogo

Mi primer PC fue un 80286, allá por 1991. Mis padres me lo compraron, con mucho esfuerzo «para que el niño estudiase la carrera de Informática». Era el menor de cuatro hermanos y el primero en estudiar en la universidad, así que todo era terreno desconocido para mí. Mi anterior ordenador —mi siempre querido AMSTRAD CPC 464— me había permitido aprender BASIC y conocía MS-DOS de haberlo estudiado en el instituto durante el bachillerato. Devoré el manual de DR-DOS (el clon de MSDOS que llevaba mi equipo) y en seguida empecé a escribir programas en un GW-BASIC que cada vez se me quedaba más corto. Ese verano pasó volando, y cuando entré en primero de carrera me encontré con mi gran amor de la adolescencia: el lenguaje de programación C.

Mucha gente —con más experiencia que yo o que estaba repitiendo año— me previno en contra del lenguaje. «Es muy difícil», me decían. A mí me enamoró a primera vista. Yo ya sabía escribir programas sencillos, con tipos simples, como números o cadenas de caracteres, e instrucciones repetitivas y de flujo. Pero en BASIC no existen funciones, lo que te lleva a escribir todo el programa en un único archivo que rápidamente se transforma en código espagueti. Tener más de un archivo para organizar el código eran técnicas que ni me planteaba. ¿Y parámetros? ¿Es que no se usan variables globales todo el tiempo?

Con C aprendí programación estructurada. Cómo separar mi código en funciones y cómo trabajan el compilador y el precompilador. Ya podía pasar parámetros a mis funciones y crear mis propias bibliotecas de funciones. Tuve que aprender a lidiar con el enlazador y sus errores, y comprender que la memoria dinámica estaba en un sitio distinto que el segmento de memoria estática de mi programa. O que podía añadir código en ensamblador directamente en mi código C. ¿Y qué decir de los punteros? Esa potencia, poder gestionar la memoria a mano. C parecía no tener límites. Los errores y *crashes* en mis programas tampoco, claro. Se aprendía a base de errores y de horas usando el depurador para entender qué estaba pasando. En esos tiempos no había un LLM al que preguntarle por qué tu código tenía un *memory leak*. Tenías que intentar comprender tu propio código, entender el código que escribías, lo sé ¡es de locos!

Pero de alguna manera C se me fue quedando corto. Aprendí a manejar los tipos abstractos de datos (listas, pilas, colas, diccionarios, conjuntos, árboles…) mientras escribía sus implementaciones. Es decir, no aprendíamos a manejar una pila usando la que te da la biblioteca tal o cual. En su lugar debías escribir una implementación, con su gestión de memoria, etc. Aquí fue cuando, sin siquiera tener un nombre para ello, me di cuenta de que necesitaba objetos y programación con genéricos. ¡Yo quería una lista de cualquier cosa, no una lista para enteros y luego repetir el código para una lista de cadenas de caracteres! La solución de usar punteros a `void` funcionaba, pero el código era terrible y solía esconder errores.

Fue ahí donde descubrí C++. Lo usaba un profesor de Álgebra para sus proyectos personales y me dije «bueno, si es ++ será como C, pero mejor». Y no me equivocaba. C++ me dio todo lo que me faltaba, así como unas buenas ojeras y el deseo de dejarlo todo, olvidarme de la programación y montar un bar en la playa. ¡C++ tenía clases! No necesitaba simular clases mediante estructuras y punteros a funciones. En vez de eso podía tener clases «de verdad», crear objetos, usar la incipiente biblioteca STL, reutilizar todo mi código C... incluso sobrecargar métodos y operadores. Aquello me abrió un mundo y me permitió entrar en la programación orientada a objetos. Escribí una versión del juego Tetris que funcionaba en una terminal, usando caracteres ASCII. Y un pequeño programa para parchear los archivos con las partidas guardadas del *Civilization* original para añadirme dinero infinito. Escribí montones de pequeños programas y, por supuesto, junto con Antonio Luis Delgado, mi proyecto fin de carrera: el simulador de un computador sencillo[1] que incluía un sistema de ventanas, botones, etc., multiplataforma (funcionaba en MSDOS con compilador con DJGPP) y en Linux de manera nativa. Este fue el programa más complicado que escribimos en ese momento en C++, al incluir un intérprete de un ensamblador sencillo y una representación gráfica del estado del computador (CPU, ULA, registros, etc.).

Tras esto, mi carrera profesional me ha llevado a otros lenguajes, pero la base que te dan C/C++ no te la aporta ningún otro lenguaje de programación. Puedo decir sin miedo a equivocarme que son probablemente los lenguajes de programación que más influencia han tenido en las ciencias de la computación desde su creación, con múltiples lenguajes inspirados en su sintaxis y funcionamiento. Un lenguaje usado para casi todo, desde sistemas operativos como Linux hasta navegadores, pasando por todo el software de sistemas o bases de datos (como MongoDB).

Un lenguaje ahora a tu alcance gracias a este excelente libro de Eliezer López, instructor de C y C++. Te recomiendo que lo leas, pero sobre todo, que copies y teclees los ejemplos, los modifiques, los hagas tuyos, los rompas, te encuentres con errores y aprendas a solucionarlos. Haz los ejercicios o empieza a escribir tu propio Tetris. Haz lo que quieras, pero que sea programando, que además es la única manera de aprender a hacerlo. Y espero que al terminar la lectura seas capaz de entender código como `std::cout << std::vector<std::string> {"C++", "is", "da", "bomb!"}[] << std::endl;`. Eso, si no has montado ya el bar en la playa.

—Diego Freniche Brito

[1] idus.us.es/items/4df8fc1b-77e0-4440-b580-5eccedf7baf4/full.

Cómo usar este libro

El enfoque

Existe tanto que aprender sobre C y C++ que resulta imposible condensarlo todo en un solo libro. Por eso, esta obra no pretende ser un compendio completo ni exhaustivo, sino más bien una guía de aprendizaje: una introducción clara y accesible a los conceptos esenciales de ambos lenguajes. A lo largo de sus páginas encontrarás explicaciones directas, ejemplos prácticos y ejercicios pensados para ayudarte a afianzar conocimientos, avanzar paso a paso y desarrollar tus habilidades técnicas.

El contenido se apoya en dos itinerarios paralelos: uno orientado a C y otro a C++. Resulta aconsejable empezar por las partes 1, 2 y 3 con una mirada puesta en C. Después, conviene retomar el libro desde el principio y enfocarse en C++. Es difícil comprender bien C++ sin una base sólida en C: empezar por C te abrirá el camino hacia una comprensión más profunda.

Este manual ofrece los fundamentos clave para iniciarte en ambos lenguajes y, al mismo tiempo, te invita a hacerte preguntas. Algunas tienen respuesta en estas páginas, otras en los contenidos adicionales de la web de soporte (eliezerlopez.cc). Y las que no la tienen, son las que merecen tu atención y las que te harán llegar más lejos. La curiosidad es el motor del aprendizaje: sin ella no hay descubrimiento; con ella, incluso lo más complejo se vuelve alcanzable. Así que, cuando surjan dudas, busca primero aquí, luego en la web, y si hace falta, investiga por tu cuenta.

Recuerda que aprender a programar no es una carrera de velocidad, sino un proceso de descubrimiento continuo. Habrá momentos en los que todo encaje y otros en los que te sientas perdido. Ambos forman parte del camino. Lo importante es que sigas adelante, preguntando, explorando y construyendo.

Tienes entre manos una herramienta para empezar con paso firme. Lo demás vendrá con la práctica, la constancia y las ganas de entender cómo funcionan las cosas por dentro.

El entorno de desarrollo

La manera más fácil de empezar a programar es usar un compilador online. Basta con buscar en Google compilador C online o compilador C++ online y encontrarás muchas páginas web donde podrás escribir, compilar y ejecutar tu código directamente desde el navegador, sin instalar nada en tu equipo.

Algunas de estas plataformas incluso permiten elegir la versión del lenguaje. En el caso de C, las más comunes son C99, conocida por su gran compatibilidad, y C11, que incorpora mejoras más modernas. Para C++, destacan C++17 y C++20, dos versiones que logran un buen equilibrio entre estabilidad y funcionalidades avanzadas.

A medida que leas este libro, es posible que encuentres ejemplos que solo funcionan en las versiones más recientes. Te animo a probar distintas versiones para comprobar cómo ha evolucionado cada lenguaje. Así comprenderás no solo qué ha cambiado, sino también por qué y cómo ambas tecnologías han mejorado con el tiempo.

Eso sí, no todos los ejemplos y ejercicios del libro funcionarán en un compilador online. Tarde o temprano, necesitarás instalar C y C++ en tu propio equipo. Pero no te preocupes: aunque al principio pueda parecer complicado, en la web de soporte (eliezerlopez.cc) encontrarás guías paso a paso que te acompañarán durante todo el proceso. Además, en la misma página encontrarás información sobre cursos, *newsletters* y otros recursos diseñados para ayudarte a mantenerte al día y seguir profundizando en el lenguaje.

Mi recomendación personal es Visual Studio Code, un editor ligero y potente que, con unas pocas extensiones, permite escribir y compilar código en C y C++ de forma muy sencilla. Con una configuración mínima, puedes empezar a programar casi de inmediato. También puedes optar por otras herramientas como Code::Blocks, Dev-C++ o CLion. Escoge la herramienta que te resulte más cómoda.

Lectura práctica

Cada capítulo incluye ejemplos prácticos pensados para ayudarte a consolidar lo aprendido.

Es fundamental que enfoques la lectura de forma activa, de lo contrario, podrías sentirte perdido o abrumado por tanta información y conceptos nuevos sin saber cómo aplicarlos. Te animo a copiar cada ejemplo en tu entorno de desarrollo y seguir paso a paso las explicaciones.

A lo largo del libro encontrarás ejemplos escritos solo en C o solo en C++, y esa elección es totalmente intencionada. Los dos lenguajes se utilizan de forma alterna para que no solo aprendas a leer y escribir código, sino también para que te enfrentes al reto de traducirlo al otro lenguaje por tu cuenta. Esta dinámica se hace especialmente evidente en la parte II, donde se abordan conceptos comunes a C y C++. Para orientarte, cada ejemplo incluye una pequeña pestaña que indica en qué lenguaje está escrito: C, C++ o ambos. Si quieres aprovechar al máximo el contenido, no te limites al código que aparece, intenta crear su versión equivalente en el otro lenguaje. Es una de las mejores formas de consolidar lo aprendido.

Por último, conviene subrayar que solo aprenderás C y C++ si trabajas directamente con el compilador y aplicas por ti mismo cada concepto del lenguaje. La programación no se domina solo con la lectura; exige práctica constante, prueba y error, análisis y depuración. Por eso he optado, como es habitual en los libros técnicos clásicos, por incluir un amplio listado de ejercicios sin soluciones. El objetivo es que te enfrentes a cada problema, examines el código en profundidad y utilices el compilador como una herramienta activa en tu proceso de aprendizaje. No siempre encontrarás la respuesta de inmediato, pero las dudas que surjan formarán parte esencial del camino, te obligarán a pensar, investigar y construir tus propias soluciones. Y en este esfuerzo es donde se produce el verdadero aprendizaje.

La estructura

El libro se divide en cuatro partes fundamentales.

La primera parte ofrece una introducción general a ambos lenguajes. Conocerás su origen, su historia, las razones por las que surgieron y qué valor aportan. Después, implementarás tu primer programa en C y en C++.

La segunda parte está dedicada a los elementos comunes de ambos lenguajes. Explorarás sus similitudes y cómo cada uno aborda esos conceptos compartidos, permitiéndote desarrollar una base sólida antes de profundizar en sus diferencias.

La tercera parte se centra en el lenguaje C. Sobre los fundamentos ya adquiridos, introducirás en los aspectos propios de este lenguaje, marcados por su enfoque estructurado y su cercanía al hardware.

La cuarta parte se centra en el lenguaje C++ y presenta una introducción a sus características fundamentales. A través de conceptos clave, descubrirás cómo este lenguaje amplía las bases de C con nuevas herramientas que facilitan la escritura de programas más expresivos y adecuados para entornos complejos. Esto te permitirá comprender los fundamentos del enfoque moderno de la programación en C++.

Contacta conmigo

Valoro enormemente cualquier sugerencia, comentario o corrección que puedas tener, pues las considero una fuente de crecimiento personal y de mejora en los contenidos que ofrezco. Puedes escribirme a contacto@eliezerlopez.com y haré cuanto esté en mi mano para responder. También puedes seguirme en X, Threads, LinkedIn y otras redes sociales (@EliezerLopez).

Parte 1

Introducción

1

C y C++, los lenguajes de programación por excelencia

En este capítulo aprenderás:

- Qué son C y C++.
- Cómo se originan estos lenguajes.
- Cuáles son sus principales características.
- Por qué C y C++ son lenguajes tan importantes.

Introducción

Déjame confesarte algo: el sector tecnológico desgasta a cualquiera. Cada día que amanece el número de tecnologías crece. El ritmo de constante actualización al que estamos sometidos, tarde o temprano, termina desgastando al más «frikazo» del equipo.

Un nuevo lenguaje por aquí, otro nuevo framework por allá... Cuando crees que ya tienes dominado ese framework que tienes en producción, te lo actualizan a una nueva versión que... oh, sorpresa: «ha sido reescrito desde cero».

Y vuelta a empezar.

Casi medio siglo después, los lenguajes de programación C y C++ continúan siendo las mejores opciones para implementar soluciones permanentes y eficientes en gran cantidad de sectores. A lo largo de este capítulo exploraremos los nacimientos y recorridos de ambos lenguajes hasta nuestros días, y entenderás las razones por las que estas tecnologías siguen siendo, desde su creación, los pilares de la industria del software en la actualidad.

El origen de C

El nacimiento de C se remonta a 1972. Hasta entonces los programas de sistemas estaban escritos en ASM[1], un lenguaje de programación de bajo nivel entendido directamente por el procesador de la computadora y muy cercano al código máquina.[2] Si bien es cierto que el lenguaje ensamblador[3] utiliza abreviaturas para representar instrucciones y facilitar su lectura, escribir y mantener millones de líneas de código en ensamblador es costoso, aumenta la complejidad de los desarrollos y dificulta su mantenimiento.[4]

Este fue el desafío al que se enfrentaban Dennis Ritchie y Ken Thompson, ingenieros e investigadores en los Laboratorios Bell de AT&T (Murray Hill, Nueva Jersey). Su trabajo se centraba en el desarrollo de un sistema operativo simple, eficiente y portable que mejorara las opciones existentes en la época, y el código ensamblador está estrechamente vinculado al procesador que lo ejecuta. Si bien el código ensamblador puede llegar a ser simple y eficiente, no consigue ser para nada portable, además de las desventajas que ya hemos mencionado anteriormente. Así que para el desarrollo de este nuevo sistema operativo hacía falta enfocarse en un paso previo: el desarrollo de un lenguaje de programación que cumpliera con estas mismas características —simple, eficiente y portable—, a la vez que cercano al bajo nivel.

[1] ASM es una abreviatura de *assembly language* (lenguaje ensamblador).

[2] El código máquina es un conjunto de instrucciones escritas con ceros y unos. Es el único lenguaje que el ordenador realmente entiende. A este tipo de lenguajes los conocemos como «lenguajes de bajo nivel».

[3] El código ensamblador es una representación de bajo nivel, cercana al código máquina, pero sin llegar a implementarse con unos y ceros. El código máquina está en forma binaria, mientras que el código ensamblador utiliza símbolos legibles.

[4] Los lenguajes de propósito general, en cambio, estaban escritos en lenguajes como COBOL o Fortran.

NOTA:

Un programa es portable cuando puede ejecutarse en diferentes tipos de computadoras o sistemas operativos sin necesidad de grandes cambios. El lenguaje ensamblador no es portable porque está estrechamente vinculado al tipo específico de hardware para el que fue escrito.

En aquella época ya existía un lenguaje llamado BCPL (*Basic Combined Programming Language*[5]) que aportaba un nivel de abstracción mayor a ensamblador. BCPL fue un lenguaje innovador y útil para ciertos tipos de programación, pero sus limitaciones no lo hacían adecuado para las exigencias del proyecto. Aunque BCPL era relativamente portable, se requería un lenguaje con mayor flexibilidad para adaptarse a diferentes arquitecturas de hardware. Además, no estaba lo suficientemente optimizado para el tipo de tareas de bajo nivel que requiere un sistema operativo, y su falta de control sobre el hardware no permitía la granularidad sobre la memoria necesaria en un sistema operativo.

Con el objetivo de superar las limitaciones de lenguajes anteriores (como BCPL) y ser más cercano al hardware que otros lenguajes de alto nivel, Ken Thompson desarrolla en 1969 el lenguaje B. B se diseñó para ser un lenguaje de programación simple y eficiente —orientado a máquinas de 16 bits— y fue clave para el desarrollo de Unix en sus primeras etapas al permitir a los desarrolladores escribir programas más eficientes que con otros lenguajes disponibles hasta este momento.

A medida que Unix fue creciendo, B empezó a mostrar limitaciones. El lenguaje no soportaba tipos de datos complejos ni contaba con un control preciso sobre la memoria, lo cual era necesario para manejar un sistema operativo más grande y complejo. Además, comenzaron a surgir problemas de portabilidad a otras máquinas.

Como resultado de estas limitaciones, Dennis Ritchie comenzó a trabajar en un lenguaje de programación más potente: —ahora sí— el lenguaje C, diseñado a partir de B pero con notables mejoras al aportar un sistema de tipos más robusto y una mayor capacidad de control sobre la memoria y los punteros,[6] crucial para la programación de sistemas operativos.

C, un lenguaje trascendente

C tiene un enorme peso en la industria tecnológica actual por sus características. Además de guardar una estrecha relación con Unix, ha conseguido adaptarse a las necesidades de la informática moderna (probablemente, no en la forma en la que esperas).

Fue en 1972 cuando se presentó al mundo con un conjunto de instrucciones reducido que funcionaban bajo los paradigmas de la programación imperativa, estructurada y procedural. Solo una treintena de instrucciones fueron necesarias para que el

[5] Lenguaje básico de programación combinada.

[6] ¿No sabes lo que es un puntero? No te preocupes, lo aprenderás en el capítulo 4.

lenguaje consiguiera abarcar operadores aritméticos y lógicos, de control de flujo, manipulación de punteros e incluso algunos elementos del preprocesador.[7] Con el paso de los años, aunque este conjunto de instrucciones ha crecido considerablemente para satisfacer las necesidades del mercado, el lenguaje sigue manteniendo la misma esencia que lo caracterizaba en sus orígenes.

A continuación veremos cuáles son las características que hacen de C un lenguaje tan único como interesante.

Eficiencia

C está diseñado para ser un lenguaje de bajo nivel, es decir, un lenguaje capaz de interactuar directamente con el hardware y la memoria. Gracias a ello, se consigue una gestión eficiente de recursos y una mayor velocidad en la ejecución de los programas.

Por si fuera poco, permite el uso directo de instrucciones de bajo nivel a través de ensamblador embebido,[8] lo que da paso a una mayor optimización en aplicaciones donde el rendimiento es un factor determinante.

Adicionalmente, los encargados de traducir el código escrito en C a unos y ceros (a los que llamamos «compiladores») están sumamente optimizados y generan un código realmente eficiente. Hablaremos sobre el proceso de compilación en el próximo capítulo.

En la actualidad, C sigue siendo el lenguaje más eficiente de la historia al conseguir lograr un equilibrio entre una relativa facilidad de implementación y un control preciso sobre el hardware. En el desarrollo de sistemas de alto rendimiento, C sigue siendo la opción vencedora.

Gestión completa de la memoria

A diferencia de la mayoría de lenguajes de programación que existen hasta la fecha, C es uno de los pocos que conceden a los desarrolladores el privilegio de gestionar la memoria[9] de forma completa a través de punteros, así como de funciones especialmente diseñadas para este propósito.[10]

Sin embargo, no todo es color de rosas. Como dijo tu amigo y vecino Spiderman, «un gran poder conlleva una gran responsabilidad». Gestionar la memoria no es una tarea sencilla y muchos de los errores que se encuentran en aplicaciones reales provienen de una gestión incorrecta de la memoria.

[7] Aprenderás más sobre el preprocesador en el capítulo 2.

[8] El ensamblador es un lenguaje de un nivel aún más bajo que C, cercano a los recursos de las computadoras pero sin llegar a convertirse en unos y ceros. Se trata de un lenguaje difícil de aprender y de implementar al estar directamente vinculado a las instrucciones y características de los procesadores.

[9] Memoria RAM.

[10] Hablaremos sobre punteros en el capítulo 4 y sobre funciones en el capítulo 9.

Portabilidad

Los programas escritos en C se pueden compilar y ejecutar en una amplia variedad de sistemas siempre que exista un compilador para el sistema en cuestión. Hay muchos compiladores en el mercado de diversa índole (demasiados, quizá), y gracias a ellos es posible escribir el código deseado una sola vez y llevarlo a multitud de entornos diferentes.

Un aspecto importante que se debe considerar es que la portabilidad no siempre implica compilación directa, ya que pueden necesitarse ciertas adaptaciones de acuerdo con la arquitectura del hardware en el que el programa va a ejecutarse. En cualquier caso, el lenguaje facilita la implementación de aquellos ajustes que a nivel de código puedan requerirse.

Integración e interoperatividad

Hablamos de integración cuando dos tecnologías son capaces de trabajar juntas dentro de un mismo proceso o aplicación compartiendo recursos (como la memoria y/o las estructuras de datos), y de interoperatividad cuando ambas trabajan juntas pero sin compartir recursos directamente. Puedes desarrollar con C de forma nativa en lenguajes como Java o Python gracias a la posibilidad de integración existente, y ejecutar desde otros lenguajes —como Rust,[11] JavaScript o Go— código escrito en C, con el objetivo de alcanzar niveles de eficiencia a los que los primeros no llegan.

Publicación de estándares y adopción

Como te comentaba al principio, las tecnologías de hoy en día cuentan con un ritmo de actualización vertiginoso, en cambio, C sobrevive al paso de los años con un ritmo de actualización mucho más lento. Los dos primeros estándares de C se publicaron entre 1989 y 1990 (C89 y C90)[12], y desde entonces, el ritmo de publicación de nuevos estándares roza la década: C99 en 1999, C11 en 2011, C17 en 2017 y C23 en 2024.

Esta estabilidad es una garantía de futuro. Como desarrollador o desarrolladora de software, puedes tomar la decisión coherente de apostar por una tecnología que sobrevive al paso de los años, y que ya tiene un enorme peso en la industria. Hoy por hoy no existe un lenguaje como éste, que consiga ofrecer un equilibrio tan perfecto entre escritura de código con una sintaxis sencilla, y a su vez, una gestión tan detallada de los recursos a tal nivel de eficiencia. C ha sido, es, y durante mucho tiempo seguirá siendo, la opción más adecuada para dar solución a problemas existentes en multitud de sectores e industrias totalmente diferentes.

---

11 Te recomiendo el manual imprescindible *Curso de Programación con Rust*, editado por ANAYA Multimedia.

12 Hasta este momento, a C se le conocía como K&R C en referencia a sus creadores (Brian Kernighan y Dennis Ritchie).

Empresas como META, X o LinkedIn, navegadores como Google Chrome o Firefox, programas de escritorio como GIMP, motores de bases de datos como MongoDB u Oracle, y sistemas operativos como macOS, Kindle OS o Linux. Todos ellos trabajan, de un modo u otro, con el lenguaje de programación C.

El nacimiento de C++

La creación y el desarrollo de C++ están directamente relacionados con la evolución de la programación y las necesidades de los desarrolladores. C destaca como lenguaje de programación eficiente y de alto rendimiento, que proporciona a los desarrolladores la capacidad de controlar los recursos físicos de los sistemas a muy bajo nivel. Sin embargo, a pesar de que el lenguaje C ofrece numerosas ventajas —y se presenta como la mejor opción para una amplia gama de contextos—, no es la solución más adecuada para ciertos tipos de desarrollos.

A medida que avanzaba la década de los 80, las aplicaciones de software comenzaban a ser más complejas, y con frecuencia, involucraban a equipos de desarrollos más grandes. Este escenario convirtió la gestión de la complejidad en proyectos de software en uno de los mayores desafíos.

Como respuesta a estas necesidades, Bjarne Stroustrup comenzó a trabajar —en 1979— en la creación de un lenguaje originalmente llamado «C con clases»,[13] para distribuir servicios de un núcleo de UNIX a lo largo de varios procesadores y redes de área local, y por qué no decirlo, también para facilitar la escritura de buenos programas y hacerla más agradable. Las necesidades del mercado eran evidentes y, en pleno auge del paradigma de la orientación a objetos,[14] «C con clases» se sumó al escenario como una joven promesa de alto potencial.

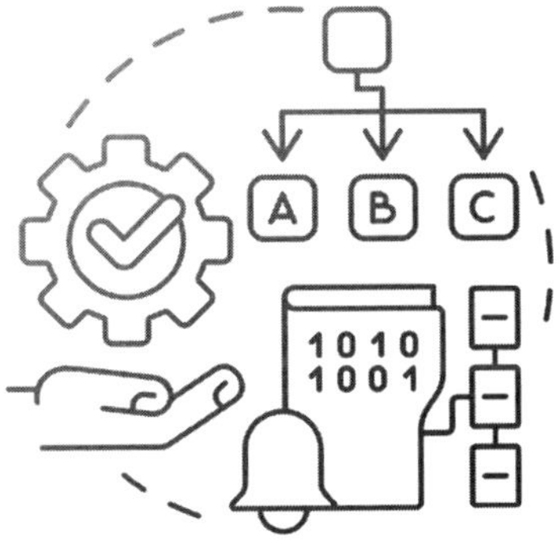

Figura 1.1. Programación Orientada a Objetos (POO)

[13] Muchos lenguajes implementan el paradigma de la programación orientada a objetos mediante el uso de clases.

[14] La programación orientada a objetos (POO) comenzó a ganar terreno como paradigma en desarrollo de software al prometer soluciones para la modularidad, reutilización de código, abstracción y facilidad de mantenimiento.

Años más tarde, en 1984, «C con clases» pasó a llamarse C++. El lenguaje fue evolucionando para solucionar problemas identificados por los usuarios en C y en otros lenguajes. Con un conjunto sólido de características, C++ comenzó a consolidarse como un lenguaje maduro y eficiente. El 14 de octubre de 1984 se produjo el primer lanzamiento comercial de C++, presentándose como lenguaje de programación de uso general que no solo mejoraba C, sino que también soportaba abstracción de datos y programación orientada a objetos.

C++, un lenguaje popular

En dependencia del contexto en el que te encuentres, el plan de formación que curses o los recursos de aprendizaje que consumas, entenderás C++ desde una perspectiva diferente y probablemente incompleta. C++ es un lenguaje poderoso y ampliamente extendido, que da respuesta a multitud de problemas de diversa índole y que cuenta con un espectro de colores con muchas variaciones. De antemano, déjame decirte que se trata de algo totalmente comprensible (¡existen miles de recursos publicados durante medio siglo!). Te pongo algunos ejemplos de afirmaciones que, si bien son correctas en su contexto, deben ser matizadas.

- **El nombre de C++ hace referencia a la operación de incremento ++ de C[15] y sugiere que se trata de una versión mejorada de C.** Si C++ fuera completamente mejor que C, ¿crees que C seguiría existiendo? Hay contextos en los que C continúa siendo el lenguaje de referencia y al que C++ no consigue llegar por cómo fue originalmente diseñado.
- **C++ es un «super conjunto» de C,** al incluir y ampliar el conjunto de instrucciones de C, lo que supone una ventaja que permite a los desarrolladores seguir utilizando el código existente de C y hacer una transición gradual a C++. Esta afirmación fue correcta en el lanzamiento de C++, pero también debes considerar lo siguiente: ambos lenguajes han ido evolucionando a distintos ritmos y en diferentes direcciones. Aunque se intenta mantener la compatibilidad entre ambos lenguajes, y C++ continúa siendo ligeramente un superconjunto de C, encontrarás ciertas incompatibilidades en momentos determinados en función de las versiones con las que trabajes.
- **C++ implementa el paradigma de la programación orientada a objetos.** Esta afirmación es correcta, pero no algunas de sus interpretaciones. C++ no es un lenguaje orientado a objetos, es un lenguaje que implementa el paradigma de la programación orientada a objetos (junto con otros paradigmas).

[15] Lo estudiaremos en el capítulo 5.

Estas sutilezas son solo algunas de las muchas que ejemplifican una realidad innegable: C++ es un lenguaje flexible y poderoso, capaz de adaptarse a una amplia variedad de contextos. En C++ siempre hay algo nuevo que descubrir.

A continuación exploraremos algunas de las características más relevantes del lenguaje.

Multiparadigma

C++ es un lenguaje multiparadigma que permite a los desarrolladores usar diferentes enfoques de programación según el problema que estén resolviendo.

Gracias a la herencia de su antecesor (el lenguaje C), C++ implementa los paradigmas de la programación imperativa, estructurada y procedural. La programación imperativa permite dar instrucciones al ordenador para realizar tareas específicas mientras que la programación estructurada y procedural es una suerte de programación imperativa que organiza el código en funciones y procedimientos.

Conforme se han publicado nuevas versiones, el lenguaje se ha equipado con nuevos paradigmas que le han situado en una posición aún más predominante: en 1991 se introdujo el paradigma de la programación genérica (gracias a las plantillas) y en 2011, los paradigmas de la programación funcional (con lambdas y funciones como objetos de primera clase) y de la programación concurrente (con soporte para hilos y sincronización).

Por supuesto, no podemos olvidarnos de la joya de la corona: el paradigma de la programación orientada a objetos. Gracias a este paradigma se consigue resolver una serie de problemas inherentes a la organización y gestión del código, sobre todo en proyectos más grandes y complejos. Mejora la modularidad, la reutilización del código y la capacidad para mantener aplicaciones a largo plazo. Profundizaremos en este paradigma en la cuarta parte de este libro (a partir del capítulo 16).

Eficiencia y gestión completa de la memoria

Uno de los objetivos de Bjarne Stroustrup fue el de diseñar un lenguaje que mantuviera los beneficios de C en términos de eficiencia, optimización y gestión completa de la memoria, pero que a su vez aportara una sintaxis más cómoda de programar, así como características que aumentaran la productividad de los desarrollos.

C++ respeta todos estos beneficios que C ofrece, y brinda una serie de mejoras que hacen que la gestión de memoria y la eficiencia del programa sean más fáciles y seguras, sin perder el control del bajo nivel, tales como plantillas, punteros inteligentes o el modelo RAII.[16]

[16] *Resource Adcquisition Is Initialization*, un patrón de diseño creado por Bjarne Stroustrup para C++, que más tarde se ha extendido a otros lenguajes de programación.

Herencia múltiple y polimorfismo

Tanto la herencia múltiple como el polimorfismo son conceptos estrechamente relacionados con el paradigma de la programación orientada a objetos. Probablemente es demasiado pronto para hablar de clases y objetos en profundidad, pero es importante que te vayan sonando estos conceptos. Cuando los leas en próximos capítulos, préstales mucha atención ya que aportan beneficios de reutilización.

Plantillas

Las plantillas (o *templates*, por su nombre en inglés) son una parte central de la programación genérica en este lenguaje. Permiten escribir código reutilizable y escalable, al facilitar el trabajo con diferentes tipos de datos bajo un mismo código sin perder rendimiento.

Biblioteca estándar (STL)

La biblioteca estándar, conocida popularmente como la STL (*Standard Template Library*), es una de las mayores ventajas de este lenguaje. Incluye una vasta colección de estructuras de datos y algoritmos listos para utilizar. El contenido de esta biblioteca está altamente optimizado y aumenta la productividad de los desarrolladores.

Concurrencia

En respuesta a las necesidades del mercado, C++11 introdujo un conjunto de herramientas para manejar la concurrencia y los procesos con varios hilos. Mediante el paradigma de la programación concurrente, C++ permite desarrollar aplicaciones seguras y de alto rendimiento, capaces de sacar el máximo partido al hardware en el que se implementan. Los servidores y los videojuegos son algunos de los contextos en los que C++ aporta un valor diferencial.

Publicación de estándares y adopción

C++ forma parte de los planes de formación de miles de universidades en todo el mundo, con estudiantes que en algún momento se han incorporado al mercado laboral. En 2022, el propio Bjarne Stroustrup estimó que el número de desarrolladores de C++ activos rondaba los cinco millones y medio, y la tendencia de adopción del lenguaje desde su creación ha sido claramente ascendente. Cada año, más y más desarrolladores escriben millones de líneas de código de C++ en proyectos nuevos o existentes y aumentan el peso del lenguaje en la industria.

Efectivamente, C++ es un lenguaje industrial. Originalmente fue ampliamente adoptado por empresas de telecomunicaciones y de programación de sistemas, y se extendió como la pólvora a todos los sectores. Finanzas, medicina, automoción, industria aeroespacial, biología, videojuegos, animación, realidad virtual... Aunque no lo sabías, C++ te acompaña en tu día a día. ¡Está en todas partes!

El ritmo de publicación de estándares de C++ es un poco más frenético que el de C. Desde 2011 se publica una nueva versión cada tres o cuatro años (aproximadamente): C++11, C++14, C++17, C++20, C++23, C++26... No obstante, a diferencia de otros lenguajes de programación actuales, las nuevas características de C++ suelen añadirse a las características ya existentes, lo que facilita el cambio de una versión a la siguiente.[17]

Conclusiones

Nunca unos lenguajes habían conseguido tanto, habían tenido tanto alcance ni habían afectado tanto a la industria. Hablar de lenguajes de programación que trascienden es hablar de C y C++, y el conocimiento que adquieras en este libro te servirá a futuro (trabajes o no con estos lenguajes).

Si nunca has programado, déjame terminar este capítulo contándote un secreto: en mi honesta y completamente sesgada opinión, C es el mejor lenguaje para aprender a programar y C++ es el mejor lenguaje con el que ampliar tu aprendizaje después de C. Así que agarra tu teclado y comienza a leer el próximo capítulo.

[17] Sin embargo, la actualización del lenguaje también depende de que exista un compilador que soporte esa nueva versión para la máquina en la que el programa se pretende ejecutar. Este hecho, sumado a la gran cantidad de código vigente en proyectos de gran envergadura, retrasa enormemente las actualizaciones a nuevas versiones.

2

Primer programa

En este capítulo aprenderás:

- Comprender qué es un archivo fuente.
- Identificar el punto de entrada de un programa.
- Escribir tu primer programa en C y C++.
- Entender el funcionamiento del proceso de compilación y cuáles son sus partes.
- Ejecutar tu primer programa.

Introducción

Si nunca has escrito una línea de código, las próximas páginas supondrán un antes y un después en tu carrera profesional: en este capítulo implementarás tu primer "¡Hola Mundo!". "¡Hola Mundo!" es un programa muy sencillo que muestra en pantalla dicho mensaje y suele ser el punto de partida para aprender la mayoría de los lenguajes de programación.

Quiero que este capítulo sea práctico y que, a su vez, sirva para establecer unos buenos cimientos, así que aprovecharemos la simpleza de este programa para explicar, paso a paso, qué sucede en cada momento. En primer lugar comenzaremos hablando sobre los archivos de código fuente. A continuación, implementaremos el programa "¡Hola Mundo!" en C, y aprovecharemos sus líneas para hablar sobre la función principal `main()`, el uso de librerías e instrucciones. También hablaremos sobre el proceso de compilación y, después, sobre la compatibilidad entre C y C++. Por último, implementaremos el programa "¡Hola Mundo!" en este último lenguaje.

Archivo fuente

Un archivo fuente es un fichero de texto que contiene código escrito en un determinado lenguaje de programación, donde implementarás el comportamiento de tus programas. Los archivos fuente en C son fácilmente reconocibles, pues su título siempre viene acompañado de la extensión .c, tan característica del lenguaje.

Crea un archivo fuente llamado main.c en el directorio que prefieras y ábrelo con Visual Studio Code.[1]

Figura 2.1. Archivo de código fuente para lenguaje C.

En el interior del archivo main.c escribiremos el código necesario para mostrar el mensaje "¡Hola Mundo!" en pantalla. Observa cómo el entorno de desarrollo consigue detectar que se trata de un archivo que contendrá código escrito en C.

1 Si utilizas un compilador de C en línea no podrás trabajar con archivos en local.

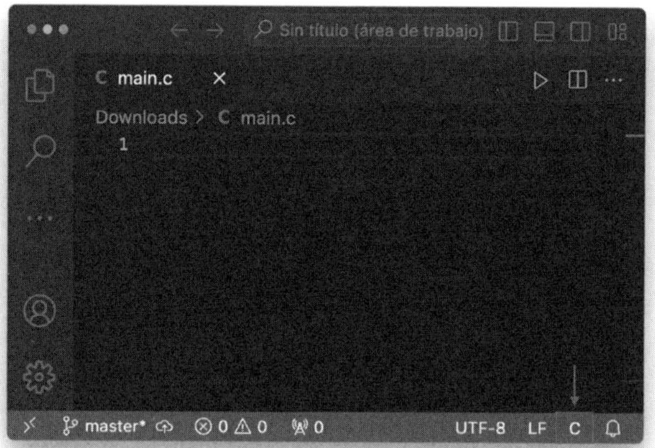

Figura 2.2. Visual Studio Code reconoce el lenguaje de programación gracias a la extensión del archivo.

Función principal

La función principal `main()` constituye el punto de entrada del programa y suele estar incluida en el archivo `main.c` (aunque no tiene por qué). Se trata de la primera función[2] que se ejecuta en cualquier programa de C estándar.

La función principal `main()` en su expresión más sencilla se estructura de la siguiente forma:

C

```c
int main(){
    return 0;
}
```

Escribe este fragmento de código en el interior del archivo fuente main.c. Ahora, presta atención a su sintaxis:

- **`int main()`** es la cabecera de la función principal. En los capítulos 9 y 14 explico por qué la cabecera de una función es tan importante.
- **Las llaves de apertura y cierre { }** delimitan el cuerpo de la función, es decir, el código que se ejecutará cuando la función `main()` entre en acción. Todo lo que escribas dentro de estas llaves quedará englobado en el ámbito de esta función principal e implementará la lógica de nuestro programa.
- **`return 0;`** es una instrucción que se utiliza para terminar la ejecución de una función y devolver un valor al sistema operativo o programa que haya invocado dicha función. Sabemos que se trata de una instrucción porque la línea termina en punto y coma `;` —y toda instrucción en C debe terminar, obligatoriamente, con un punto y coma `;`—. En la función `main()`, `return 0;` indica que el programa finaliza sin errores.

2 ¿El concepto de función no te resulta familiar? No te preocupes, profundizaremos en ello más adelante.

Entre la llave de apertura { y la palabra reservada `return` escribe la siguiente línea de código: `printf("¡Hola, Mundo!");`.

C

```
int main(){

    printf("¡Hola, Mundo! ");

    return 0;
}
```

Esta línea de código (`printf("¡Hola, Mundo!");`) contiene internamente las instrucciones necesarias para mostrar en pantalla la información que se encuentra entre las comillas dobles (¡Hola, Mundo!).

Si observas con detenimiento, verás que el código escrito en el cuerpo de la función principal (es decir, dentro del ámbito de `main()`) está ligeramente desplazado hacia la derecha. Esta práctica de desplazar el código cuando se abre un nuevo ámbito se llama indentación, y no solo mejora la legibilidad del código, sino que a efectos prácticos facilita su mantenimiento. La indentación puede lograrse con espacios y con tabulaciones: la elección de un método u otro dependerá de las preferencias del equipo de desarrollo o del estilo de codificación adoptado.

Antes de continuar, guarda los cambios y haz una pausa para entender en qué consiste el proceso de compilación.

TRUCO:

Guarda los cambios pulsando la combinación de teclas Ctrl + S en Windows o ⌘ + S en macOS.

Proceso de compilación

El proceso de compilación consiste en una serie de pasos a través de los cuales el código fuente —en este caso, escrito en C— se convierte en un programa ejecutable (escrito en lenguaje máquina, con instrucciones codificadas en números binarios). El responsable de realizar esta labor es el compilador y si bien existen muchos tipos (compiladores de código abierto, comerciales e integrados en IDEs,[3] algunos de los más conocidos son GCC (*GNU Compiler Collection*), Clang, MSVC (Microsoft Visual C++) o MinGW (*Minimalist GNU for Windows*).[4] La elección del compilador adecuado dependerá del sistema operativo, las

[3] IDE: *Integrated Development Environment* (en inglés, entorno de desarrollo integrado)

[4] Los compiladores para C++ incluyen características adicionales —respecto a los compiladores de C— que requieren pasos extra en el proceso de compilación, debido a características más avanzadas como la herencia, el polimorfismo y las plantillas. En la actualidad, la mayoría de compiladores extendidos soportan las características tanto de C como de C++.

características específicas del proyecto y la necesidad de optimización. Cualquiera de los compiladores mencionados te servirá para trabajar con la mayoría de ejemplos y ejercicios compartidos en este manual.

El compilador desempeña un rol fundamental en lenguajes compilados como C y C++, ya que su objetivo es verificar minuciosamente todos los elementos que potencialmente podrían causar errores en el programa. Cada vez que intentes compilar, imagina que hay un «mentor» que revisa tu trabajo. Este mentor es el compilador y te mostrará tantos mensajes de error como sean necesarios para ayudarte a perfeccionar tu código hasta que cumpla con los estándares de calidad establecidos.

Una vez que todas las comprobaciones se han realizado, el proceso de compilación da como resultado un archivo binario ejecutable listo para ser ejecutado por el sistema operativo para el que fue compilado. Un mismo código debe ser compilado para cada sistema operativo en el que vaya a utilizarse, de modo que el código pueda ser optimizado por el compilador correctamente.

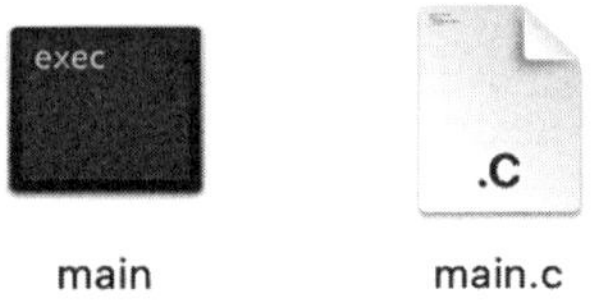

Figura 2.3. Archivo de código fuente y archivo ejecutable.

Decimos que todas estas comprobaciones se realizan en «tiempo de compilación», mientras que aquellas tareas llevadas a cabo mientras que el programa (el archivo binario) se ejecuta, se realizan en «tiempo de ejecución».

Parte del proceso de compilación

El proceso de compilación incluye un paso previo llamado preprocesamiento y un paso posterior llamado enlazado.

Preprocesamiento

El programa que acabas de implementar en main.c está supuestamente listo para ser compilado. Sin embargo, es probable que obtengas un aviso o mensaje de error al pulsar el botón de compilar ▶, similar al que te muestro a continuación:[5]

include the header <stdio.h> or explicitly provide a declaration for 'printf '

`<stdio.h>` es una biblioteca estándar[6] que proporciona las funciones necesarias para realizar operaciones de entrada y salida en C. `printf()` es una de esas

[5] Algunos compiladores más flexibles (o configurados con ciertas opciones) pueden, por conveniencia, solucionar automáticamente este error y no mostrar el mensaje en pantalla.

[6] Una biblioteca estándar es un conjunto de soluciones predefinidas para un lenguaje de programación.

funciones, y para que el compilador sepa cómo trabajar con ella debemos incluir `<stdio.h>`, que es el archivo de cabecera[7] en el que se encuentra.

Para incluir `<stdio.h>`, escribe la siguiente línea de código `#include <stdio.h>` al comienzo del archivo main.c, tal y como te muestro a continuación:

C

```c
#include <stdio.h>

int main(){

    printf("¡Hola, Mundo!");

    return 0;
}
```

`#include` es una directiva del preprocesador. De forma sencilla, podemos decir que las directivas del preprocesador son instrucciones especiales que comienzan con el símbolo # y carecen de punto y coma `;` al final de la línea. Antes de compilar, el preprocesador analiza estas instrucciones y manipula en consecuencia el código fuente antes de que este llegue al compilador.

Este paso es más que necesario. En el ejemplo del programa "¡Hola Mundo!", el compilador no sabe qué es `printf()` ni cómo debe manejarlo, a menos que le indiquemos explícitamente al preprocesador dónde se encuentra la definición de la función. El preprocesador se encarga de añadir al código fuente toda la información necesaria para que el compilador pueda trabajar con ella correctamente. Conforme avances en la lectura de este manual, aprenderás más sobre las directivas del preprocesador.

Compilación

Cuando estaba en el instituto no entendía por qué tenía que estudiar la asignatura de Lenguaje y Literatura. Yo quería ser ingeniero informático y pensaba que todo lo relacionado con el análisis de oraciones o el significado de las palabras no me iba a servir para nada. Honestamente, no veía cómo este conocimiento podría ayudarme en el futuro.

Esta visión cambió en el tercer año de carrera, cuando cursé una asignatura sobre compiladores.

En esta asignatura descubrí algo que me dejó boquiabierto: los compiladores, al igual que el análisis de texto, necesitan entender el código desde diferentes perspectivas: léxica, sintáctica y semántica. Fue entonces cuando me di cuenta de que, sin saberlo, todo lo que había aprendido sobre lenguaje y estructura tenía una aplicación directa a la hora de implementar —y de entender— el funcionamiento de compiladores e intérpretes.[8]

[7] Aprenderás más sobre archivos de cabecera en el capítulo 14..

[8] Un compilador traduce todo el código antes de ejecutar el programa y un intérprete traduce y ejecuta el código, línea a línea, en tiempo real.

El compilador toma como punto de partida el código generado por el preprocesador y comprueba que la estructura del programa cumpla con las reglas del lenguaje de programación. Estas comprobaciones pasan por tres tipos de análisis: un análisis léxico, un análisis sintáctico y un análisis semántico.

- Durante el **análisis léxico,** el compilador lee el código fuente (el archivo o los archivos con extensión .c) como una secuencia de caracteres y lo divide en una secuencia de tokens. *Grosso modo,* entiende un token como la unidad más básica de información que el compilador es capaz de procesar. Por ejemplo, las llaves de apertura y de cierre `{ }` o la palabra reservada `return` son tokens. Durante esta etapa se detectan, entre otros errores, aquellos relacionados con caracteres no válidos o no reconocidos, los comúnmente llamados errores de codificación.
- En la etapa del **análisis sintáctico,** el compilador organiza estos tokens en una estructura que respeta las reglas gramaticales del lenguaje. En resumidas cuentas, si el código estuviera mal estructurado, el compilador lo detectaría y generaría un error.
- Finalmente, durante el **análisis semántico,** el compilador verifica que el código no solo tenga una estructura correcta, sino que sea lógicamente válido y tenga un sentido.

CURIOSIDAD:

¡Pon a prueba al compilador! Elimina el punto y coma de la línea «printf("¡Hola Mundo!");», pulsa el botón de compilar ▶ y observa el mensaje que devuelve el compilador. Se trata de un error detectado en la etapa del análisis sintáctico. Restituye el código fuente a su estado original.

Enlazado

Después de la fase de compilación se produce un último paso llamado «enlazado». Este proceso adquiere mayor protagonismo cuando se trabaja con varios archivos de código fuente para un mismo programa (varios archivos con extensión .c), y consiste en combinar el código intermedio generado durante el proceso de compilación (con bibliotecas propias o externas) para dar paso a la generación del archivo final ejecutable.

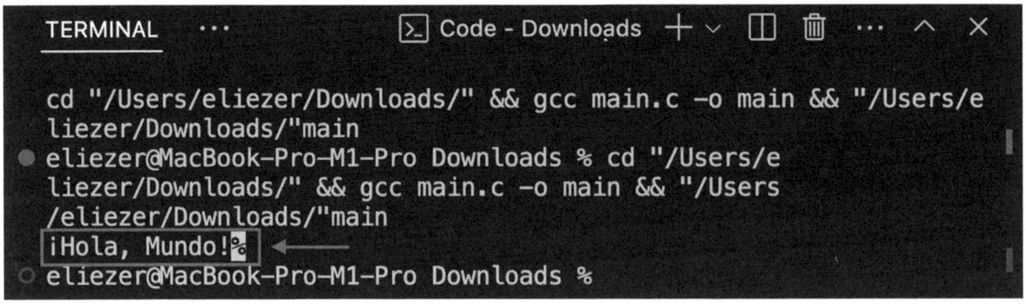

Figura 2.4. Ejecución del programa ¡Hola, Mundo! en C.

Para terminar, pulsa el botón de compilar ▶. Verás en la consola el mensaje ¡Hola, Mundo! en pantalla.

¡Enhorabuena! Ya has implementado tu primer programa en C.

ADVERTENCIA:

¿El programa no funciona? Asegúrate de haber escrito correctamente el código fuente en «main.c», así como de haber guardado los cambios.

En el mismo directorio donde creaste el archivo main.c encontrarás un nuevo archivo generado por el compilador: el programa ejecutable. Este archivo es un programa independiente que puedes ejecutar directamente, sin necesidad de acceder al código fuente.

NOTA:

En Windows, es posible que la ventana de la terminal se abra y se cierre tan rápido que dé la sensación de que el programa no funciona. Para hacer una pausa en la ejecución del programa que permita ver los resultados antes de que la ventana de la terminal se cierre, puedes hacer uso de la instrucción «system("pause");» en C, localizada en la biblioteca «<stdlib.h>».

```
#include <stdio.h>
#include <stdlib.h>

int main(){

    printf("¡Hola Mundo!");

    system("pause");
    return 0;
}
```

Compatibilidad entre C y C++

Cuando decimos que C++ es un superconjunto de C, nos referimos a que C++ incorpora todo el conjunto de instrucciones de C y añade características y funcionalidades adicionales tales como la programación orientada a objetos, las plantillas y el manejo avanzado de excepciones.

Esta decisión de diseño tiene una consecuencia inmediata: todo el código escrito en C debería poder compilarse en C++. ¿Lo comprobamos?

Crea un archivo de código fuente main.cpp en el directorio que prefieras e incluye en su interior el código de tu programa «¡Hola Mundo!» escrito en C.

```
#include <stdio.h>

int main(){

    printf("¡Hola Mundo!");

    return 0;
}
```

Guarda los cambios, y compila. Si todo ha ido bien, deberías ver el mensaje ¡Hola Mundo! en pantalla.

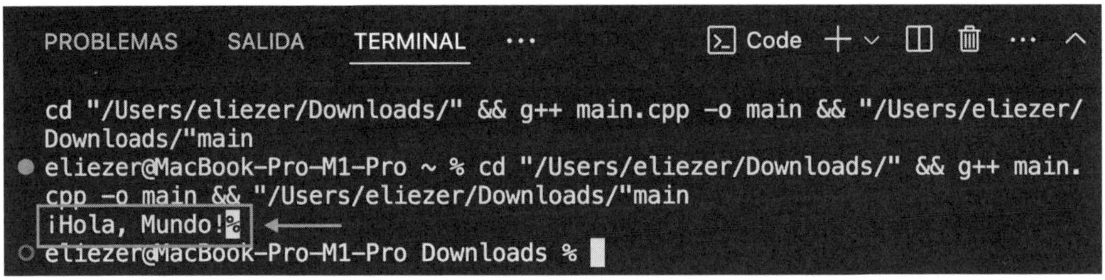

Figura 2.5. Ejecución del programa ¡Hola, Mundo! en C++.

Si bien en teoría todo el código válido en C debería compilarse en C++ sin modificaciones, en la práctica existen algunas excepciones y diferencias sutiles que pueden llegar a causar problemas.[9]

Por otro lado, si intentas compilar código escrito en C++ con un compilador de C obtendrás errores. La razón es muy sencilla: C++ introduce conceptos nuevos que no existían previamente en C y el compilador no entiende estas características adicionales.

Adaptación a C++

Aunque todo el código C debe poder compilarse en C++, debes saber que C++ fue diseñado con diferencias fundamentales en cuanto a filosofía de diseño y características, tales como la programación orientada a objetos o una sintaxis más flexible y moderna. Si bien es cierto que existen muchas similitudes, C++ cuenta con instrucciones concretas que debes conocer.

Para implementar el programa «¡Hola Mundo!» en C++, toma como referencia el código implementado antes y modifica (línea a línea) el contenido de main.cpp según las siguientes indicaciones:

- La biblioteca de entrada y salida en C++ es `<iostream>`. Incluye `<iostream>` en lugar de `<stdio.h>`.

[9] Las palabras clave reservadas, los prototipos de funciones y la aritmética de punteros son algunas de las características que podrían llegar a presentar problemas durante el proceso de compilación.

- Para imprimir el mensaje ¡Hola Mundo! en pantalla, usa `std::cout` en lugar de `printf`, de la siguiente forma: `std::cout << "¡Hola Mundo!";`[10]

NOTA:

Si necesitaste implementar «system("pause");» en tu código, la biblioteca equivalente en C++ es «<cstdlib>».

Tras realizar las modificaciones, deberías haber producido un código similar al que te muestro a continuación.

C++

```
#include <iostream>

int main(){

    std::cout << "¡Hola Mundo!" << std::endl;

    return 0;
}
```

Guarda los cambios, compila y ejecuta el código ▶. Si todo ha ido bien, observarás el mensaje `¡Hola, Mundo!` en pantalla. Además, el compilador habrá generado un archivo ejecutable en el mismo directorio en el que se encuentra main.cpp, con mismo título pero diferente extensión.

Comentarios en C y C++

Los comentarios son una forma de añadir notas o explicaciones dentro del código sin que afecten a su ejecución. Existen dos tipos de comentarios: de una sola línea y de varias líneas.

Comentarios de una sola línea

Los comentarios de una sola línea se inician con dos barras verticales inclinadas hacia la derecha `//`. Todo lo que esté a la derecha de `//` en esa línea será ignorado por el compilador. Por ejemplo:

C++

```
#include <iostream>

int main(){

    // std::cout << "¡Hola Mundo!";

    return 0;
}
```

[10] << es un operador de C++ llamado inserción de flujo. Échale un vistazo al capítulo 18 para entender cómo funciona.

Guarda los cambios, compila y ejecuta. Comprobarás que el mensaje ¡Hola Mundo! no se muestra en pantalla. Puedes utilizar este tipo de comentarios para desactivar temporalmente una línea de código.

Haz otra prueba: comenta solo la línea `#include <stdio.h>` de main.c.

C

```
// #include <stdio.h>

int main(){

    printf("¡Hola Mundo!");

    return 0;
}
```

Y comprueba los mensajes de error que la consola te devuelve.

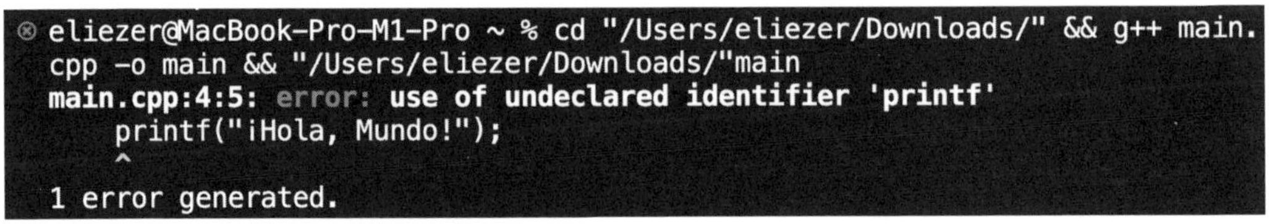

Figura 2.6. Mensaje de error «use of undeclared identifier 'printf'».

Tiene sentido. Para utilizar la función `printf()` es necesario incluir la biblioteca `<stdio.h>` y el compilador está ignorando la línea comentada.

También puedes utilizar los comentarios en línea para añadir explicaciones breves. Por ejemplo:

C

```
#include <stdio.h>

int main(){

    // El nombre de printf proviene de print-formatted (imprimir formateado)
    printf("¡Hola, Mundo!");

    return 0;
}
```

Comentarios de varias líneas

Si necesitas comentar varias líneas consecutivas, en vez de escribir `//` al comienzo de ellas puedes recurrir a los comentarios de varias líneas. Los comentarios de varias líneas comienzan con `/*` y finalizan con `*/` . Todo lo que se encuentre en su interior, será ignorado por el compilador.

C++

```
#include <iostream>

int main(){

    /* El prefijo <std::> simplemente indica que cout está definido en el
    espacio de nombres estándar de C++. El nombre de cout proviene de
    character output */

    std::cout << "¡Hola Mundo!";

    return 0;
}
```

Guarda los cambios, compila y ejecuta para comprobar que los comentarios de varias líneas son ignorados por el compilador.

Ejercicios

Ejercicio 2.01. Los archivos fuente en C y C++ no tienen por qué llamarse como la función principal que implementan (main). Implementa el programa «¡Hola Mundo!» en los archivos hola_mundo.c y hola_mundo.cpp y comprueba que funcionan correctamente.

Ejercicio 2.02. Tras compilar main.c, elimina la línea de código `printf("¡Hola Mundo!");`, Guarda los cambios. Sin compilar, haz doble clic en el ejecutable que habías generado previamente. ¿Por qué el mensaje ¡Hola Mundo! sigue apareciendo en pantalla?

Ejercicio 2.03. Comenta la línea `std::cout << "¡Hola Mundo!";`. Guarda los cambios, compila y vuelve a ejecutar. Comprueba que el mensaje ¡Hola, Mundo! ya no aparece en pantalla. ¿Por qué?

Ejercicio 2.04. Implementa un programa en C++ llamado nombre_completo que muestre tu nombre completo en pantalla.

Ejercicio 2.05. Abre main.cpp y comenta la línea `#include <iostream>`. Guarda los cambios y compila. ¿El código compila? ¿Por qué?

Parte 2

Elementos comunes

3

Concepto de variable, tipos de datos simples y constantes

En este capítulo aprenderás:

- El concepto de variable.
- Los tipos de datos primitivos simples.
- Las constantes.

Introducción

Los datos simples, también conocidos como datos primitivos, son fundamentales para la construcción de programas. Gracias a ellos es posible realizar operaciones básicas y manipular información de forma directa y controlada, pues sustentan los cimientos de estructuras más complejas en programación.

A lo largo de este capítulo abordaremos el concepto de variable, así como los tipos de datos simples y las constantes. Esta base no solo te permitirá adentrarte en conceptos más avanzados de C y C++, sino que también te ayudará a comprender el funcionamiento de los tipos en la mayoría de lenguajes de programación. Para finalizar, nos introduciremos a la muestra de valores por pantalla.

Concepto de variable

Si bien una variable es un espacio en memoria que se puede localizar a través de un identificador, me gusta ilustrar el concepto de variable mediante la idea de una simple caja, ya que se trata de un elemento de la vida cotidiana fácilmente reconocible.

Conceptualmente, una variable no es más que una caja que llamamos de una determinada forma y en la que almacenamos una cierta cantidad de información.

Figura 3.1. Modelo conceptual de caja.

Cada caja permitirá almacenar una cantidad de objetos en función de sus dimensiones. Una caja grande almacenará más objetos que una caja pequeña, y exactamente lo mismo ocurre con las variables. Cada variable tendrá un determinado tamaño, y este tamaño vendrá determinado por su tipo. De modo que una variable tendrá un nombre, un tipo (que definirá su tamaño) y podrá almacenar un determinado contenido.

Tipos de datos primitivos

El lenguaje C comenzó con un conjunto de instrucciones reducido formado únicamente por cuatro tipos:

- **int:** para valores enteros (sin parte fraccionaria).
- **float:** para valores reales (con parte fraccionaria).
- **char:** para caracteres.
- **void:** para representar la ausencia de tipo.

En la actualidad, tanto C como C++ incorporan nuevos tipos específicos para situaciones particulares, pero todos se basan—de un modo u otro— en estos cuatro tipos originales.

También debes saber que cada tipo de dato está diseñado para trabajar dentro de un rango determinado de valores.

A continuación veremos los tipos de datos primitivos más utilizados en las versiones actuales de C/C++, así como algunas consideraciones adicionales.

El tipo «int»

El tipo `int` permite representar valores enteros (sin coma decimal), tanto positivos como negativos: cuatro, menos ocho, quince, menos cuarenta y dos...

Existen muchos recursos formativos que indican que el tipo `int` admite valores en un rango que va de -32 768 a 32 767. Aunque no están equivocados, debes saber que se trata de una afirmación condicionada a la arquitectura utilizada.[1] En arquitecturas modernas —como aquellas basadas en x86 o en x64— el tipo `int` suele representar un rango de valores mucho más amplio.[2] Este mismo comportamiento —cambiar el rango de valores según la arquitectura— también se aplica al resto de tipos de C/C++ en general, y a los que veremos en este capítulo en particular.

Declaración y definición de enteros

Supongamos que deseamos modelar en código la edad de una persona. En C/C++ las variables se declaran y definen con la siguiente regla:

```
tipo nombre_variable = valor;
```

La edad de una persona suele estar comprendida entre los 0 años y los 120 años, así que parece que el tipo `int` es el más adecuado para representar este valor. Para declarar una variable de este tipo, escribe la palabra reservada `int`, seguida del identificador de la variable, el símbolo igual (=), el valor que quieras asignarle y termina la instrucción con punto y coma (`;`).

C/C++

```
int main(){
    int edad = 31;
    return 0;
}
```

Copia este fragmento de código en tu editor de código fuente favorito. Guarda los cambios, compila y ejecuta para comprobar que el código funciona correctamente tanto en un archivo con extensión .c, como en un archivo con extensión .cpp. Obtendrás un mensaje similar al que te muestro en la figura 3.2, si compilas código escrito en C, y en la figura 3.3, si compilas código escrito en C++.

1 El rango mencionado corresponde a arquitecturas en las que el tipo `int` ocupa 2 bytes (16 bits), y por lo tanto, tiene un rango de valores de -32 768 a 32 767, que es el rango de un entero con signo de 16 bits.

2 El tipo `int` suele ser de 4 bytes (32 bits), lo que permite representar valores en un rango mucho más amplio, típicamente de -2 147 483 648 a 2 147 483 647.

Figura 3.2. Compilación y ejecución exitosa en C.

Figura 3.3. Compilación y ejecución exitosa en C++.

ADVERTENCIA:

En C/C++ (y en muchos otros lenguajes de programación) el símbolo igual (=) no se usa para comparar una igualdad, sino para asignar el valor devuelto por la expresión de la derecha a la variable localizada a su izquierda.

Como puedes observar, la instrucción termina con el carácter punto y coma (`;`).

NOTA:

La instrucción «int edad = 31;» «construye» una caja de tamaño adecuado para almacenar un valor de tipo «int», y el operador de asignación la llena. Recuerda que solo estamos declarando y definiendo una variable, no mostrándola en pantalla. Si ejecutas el programa resultante no verás el contenido de esta variable en pantalla.

NOTA:

Al compilar, es común que el compilador muestre advertencias (warnings) para indicar que hay variables que no se están utilizando.

Echemos un vistazo a otro ejemplo. Supongamos que deseamos modelar en código la planta de un edificio en la que se encuentra un determinado ascensor. El edificio tiene plantas que van de la 0 a la 23, así como 4 plantas subterráneas dedicadas a aparcamientos de coches. Parece que el tipo `int` también sería viable para representar esta situación (valores positivos y negativos), así que la declaración y definición de la variable es tan directa como sencilla:

C/C++

```
int main(){
    int planta_ascensor = -1;
    return 0;
}
```

NOTA:

El identificador de una variable (es decir, su nombre) puede contener únicamente letras mayúsculas (de la 'A' a la 'Z'), letras minúsculas (de la 'a' a la 'z'), guión bajo (_) y cifras (del 0 al 9). Puede empezar con cualquiera de estos símbolos excepto con una cifra. No se permite el uso de 'ñ' o 'Ñ', tildes ni espacios. «vuelo_815» es un ejemplo de identificador y «815_Oceanic_Airlines», de nombre no permitido.

Como su propio nombre indica, el valor de una «variable» puede «variar» a lo largo del tiempo. Imagina que alguien se monta en el ascensor para subir a la planta 15. Una vez creada la variable, puedes utilizar su identificador para almacenar nuevos valores en su interior.

C/C++

```
1 int main(){
2     int planta_ascensor = -1;
3     planta_ascensor = 15;
4     return 0;
5 }
```

¡Cuidado! La línea 3 sobrescribe el valor con el que se creó la variable `planta_ascensor`. Este programa declara y define una variable con un valor y posteriormente lo modifica. Al finalizar el programa, la variable `planta_ascensor` tendrá el valor 15 en su interior.

Los tipos «float» y «double»

Los tipos `float` y `double` permiten representar valores de coma flotante (aquellos que tienen una coma decimal, conocidos en Matemáticas como números reales), tanto positivos como negativos. La diferencia entre ambos se manifiesta en términos de precisión, rango y uso de memoria. Si bien es cierto que ambos tipos sirven para trabajar con valores reales, `double` ofrece más precisión que `float` (puede trabajar con una mayor cantidad de decimales) y permite, en consecuencia, manejar números más grandes o pequeños que su alternativa. Por motivos obvios, el valor almacenado como `double` ocupa más espacio en memoria que el valor almacenado como `float`.

TRUCO:

En términos generales, elige «double» cuando la precisión sea importante (por ejemplo para cálculos científicos o financieros) y usa a «float» si necesitas optimizar el uso de la memoria (por ejemplo, al trabajar con gráficos) siempre y cuando la precisión no sea determinante.

Declaración y definición de números reales

Supongamos que deseamos modelar el sueldo bruto anual de un empleado. El sueldo de un empleado es realmente importante y está involucrado en cálculos financieros. Aunque su valor pueda caber en el tamaño de un `float` por los rangos que este tipo maneja, conviene elegir un `double` para incrementar la precisión en los cálculos y disminuir los posibles errores acumulados al realizar cálculos. Escribe la palabra reservada `double` para indicar su tipo, seguida del identificador de la variable, el símbolo igual (=) y el valor que quieras asignarle. Termina nuevamente la instrucción con punto y coma (`;`).

C/C++

```
int main(){
    double sueldo_bruto_anual = 30000.50;
    return 0;
}
```

ADVERTENCIA:

En C/C++ se utiliza el punto para separar la parte entera de la parte fraccionaria (30 000.50 ✓) en vez de la coma (30 000,50 ✗).

Supongamos que deseamos almacenar la velocidad a la que circula un coche por una autopista. En este contexto la precisión no es importante (de hecho, basta con un par de dígitos de precisión), así que un `float` parece la opción más adecuada.

C/C++

```
int main(){
    float velocidad_coche = 108.42;
    return 0;
}
```

Tanto el tipo `double` como el tipo `float` admiten valores negativos. Imagina que el empleado debe dinero a la empresa y el cálculo de la nómina resulta negativo o que el coche circula marcha atrás.

C/C++

```
int main(){
    double sueldo_bruto_anual = -1500.04;
    float velocidad_coche = -8.15;
    return 0;
}
```

Decimos que `float` es precisión simple y `double`, precisión doble.

Notación científica

Puedes recurrir a la notación científica para la definición de valores reales. Ambos tipos son números con parte entera y parte fraccionaria, y responden a la siguiente sintaxis:

```
[signo] [dígitos] [.] [exponente] [signo] [dígitos]
```

Por ejemplo, si eres un poco *nerd*, sabrás que la constante de Planck aparece en series como *Breaking Bad* y *The Big Bang Theory*. Puedes representarla con notación científica:

C/C++

```
int main(){
    double constante_planck = 6.626e-34;
    return 0;
}
```

El tipo «char»

Los caracteres en C/C++ se modelan a través del tipo `char`. Cada variable de tipo `char` permite almacenar un único carácter y siempre ocupa 1 byte en memoria, pero este byte no siempre implica necesariamente 8 bits. El estándar garantiza que un carácter siempre ocupará 1 byte, pero no la equivalencia entre byte y bits.[3]

Declaración y definición de caracteres

Para declarar y definir una variable de tipo carácter escribe la palabra reservada `char`, a continuación el identificador de la variable, el símbolo igual (=) y finalmente indica el carácter en cuestión entre comillas simples. Por ejemplo, supongamos la creación de una variable que almacenará la primera letra del nombre de una persona.

C/C++

```
int main(){
    char primera_letra = 'E';
    return 0;
}
```

También podemos declarar la variable en primer lugar y más tarde dotarla de contenido:

C/C++

```
int main(){
    char primera_letra;
    primera_letra = 'E';
    return 0;
}
```

ADVERTENCIA:

Declarar y definir variables en un único paso es más eficiente que primero declarar y posteriormente definir (aunque los pasos sean consecutivos). Ambas opciones con compatibles con los distintos tipos de datos.

No solo las letras mayúsculas y minúsculas cuentan como caracteres. En realidad, cualquier símbolo visible puede considerarse un carácter: letras, números, signos de puntuación, símbolos y espacios, entre otros. Por ejemplo:

3 Esta equivalencia varía en función de la arquitectura.

```
int main(){

    char punto = '.';
    char arroba = '@';
    char cifra = '7';
    char espacio = ' ';

    return 0;
}
```

TRUCO:

Puedes declarar y definir un listado de variables del mismo tipo en una sola línea, de la siguiente forma:

```
int main(){
    char punto = '.', arroba = '@', cifra = '7', espacio = ' ';
    return 0;
}
```

En este ejemplo, `edad` es una variable de tipo `char`, no de tipo `int`. Es decir, no guarda el número 7 como tal, sino el carácter `'7'`, que es un símbolo que lo representa.

ADVERTENCIA:

Una variable de tipo carácter debe almacenar únicamente un carácter. Si intentas guardar más de uno, el comportamiento resultante dependerá del compilador y podría no ser predecible (ej., «char iniciales = 'ELR' ☒);».

El tipo bool

El tipo `bool` sirve para representar valores lógicos (verdadero o falso) en C/C++, y es crucial para dirigir el flujo de un programa. Toma protagonismo al realizar comparaciones entre expresiones y en operaciones booleanas propiamente dichas (AND, OR y NOT).

A diferencia de C++, el lenguaje C no siempre ha representado los valores lógicos de la misma manera. A continuación veremos las diferentes formas de declarar y definir un valor lógico en ambos lenguajes.

Declaración y definición de valores lógicos antes de C99

El tipo `bool` no formaba parte del lenguaje en sus inicios. La forma más sencilla de representar dos posibles estados —verdadero y falso— era utilizar una variable de tipo entero: el valor `0` representaba falso y cualquier otro valor se interpretaba como verdadero.

Por ejemplo, supongamos que queremos indicar, haciendo uso de una variable, si un empleado debe tener acceso a una determinada sala de servidores. Asignaríamos 0 a la variable `acceso_a_sala_de_servidores` en caso de que el empleado no deba tener acceso:

C/C++

```
int main(){
    int acceso_a_sala_de_servidores = 0;
    return 0;
}
```

Y cualquier otro valor (generalmente 1, aunque podría ser cualquier otro) en caso contrario:

C/C++

```
int main(){
    int acceso_a_sala_de_servidores = 1;
    return 0;
}
```

Declaración y definición de valores lógicos a partir de C99

El uso de enteros para representar valores lógicos se volvió una práctica común y, con el tiempo, el lenguaje incorporó el tipo `bool` como un tipo estándar. El tipo se encuentra en el encabezado `<stdbool.h>` y ofrece una forma más explícita y legible de modelar valores booleanos al definir `true` (verdadero) como 1:

C

```
#include <stdbool.h>

int main() {
    bool acceso_a_sala_de_servidores = true;

    /* versión alternativa:
    bool acceso_a_sala_de_servidores = 1;
    */
    return 0;
}
```

Y `false` (falso) como 0:

C

```
#include <stdbool.h>

int main() {
    bool acceso_a_sala_de_servidores = false;

    /* versión alternativa:
    bool acceso_a_sala_de_servidores = 0;
    */
    return 0;
}
```

Declaración y definición de valores lógicos en C++

En C++, el tipo `bool` fue introducido desde la versión inicial del lenguaje, por lo que en C++98 (el primer estándar de C++), `bool` ya estaba presente sin necesidad de encabezado.

C++

```
1 int main(){
2     bool acceso_a_sala_de_servidores = true;
3     acceso_a_sala_de_servidores = false;
4     return 0;
5 }
```

ADVERTENCIA:

El orden es importante. Solo podrás trabajar con variables que previamente hayan sido declaradas. Intercambia las líneas 2 y 3, guarda los cambios, compila y ejecuta. Obtendrás este error de compilación: «error: 'acceso_a_sala_de_servidores' was not declared in this scope».

El tipo void

El tipo void es una palabra clave en C/C++ que representa la ausencia de valor. Puedes utilizar `void` en varios contextos pero no para crear una variable sin tipo. De hecho, si tratas de compilar este código:

C/C++

```
int main(){
    void variable_sin_tipo;
    return 0;
}
```

Obtendrás un error de compilación como el de la figura 3.4.

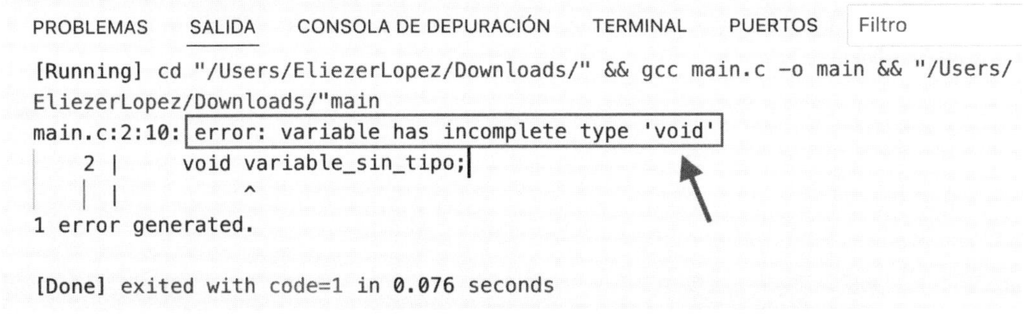

Figura 3.4. Error de compilación al declarar una variable de tipo 'void'.

La palabra reservada `void` cobrará protagonismo en próximas lecciones.

Modificadores de tipo

Los modificadores de tipo permiten ajustar el comportamiento y el tamaño del tipo que acompaña. Estos modificadores no definen nuevos tipos: solo alteran la forma en que el compilador los interpreta y los representa en memoria, y en la mayoría de casos, afectan solo a valores enteros.

En términos generales hablamos de cuatro modificadores que afectan al rango, al signo o al tamaño del tipo: `signed`, `unsigned`, `short` y `long`.

«unsigned»

Imagina que estás al frente del desarrollo de una plataforma para redactores de contenido. Este sistema registra el impacto de los artículos publicados y uno de los parámetros registra las visitas que un artículo recibe 24 h después de su publicación.

C/C++

```
int main(){
    int visitas_primer_dia = 95720;
    return 0;
}
```

Si un artículo supera los tres mil millones de visitas en su primer día, el redactor accede a ciertas campañas de publicidad de mayor prestigio. Sin embargo, en la arquitectura en la que se implementa el programa, el rango disponible de valores para un entero va desde -2 147 483 648 hasta 2 147 483 647. Nunca sería posible registrar un número tan alto de visitas.

El modificador `unsigned` elimina la posibilidad de representar valores negativos en el tipo que acompaña. De este modo, el rango disponible se utiliza para representar números positivos. El nuevo rango comienza en 0 y permite almacenar valores de hasta 4 294 967 295.[4]

C/C++

```
int main(){
    unsigned int visitas_primer_dia = 3000000000;
    return 0;
}
```

TRUCO:

Si declaras la variable solo con «unsigned» (sin el «int»), el compilador entenderá que te refieres a un entero sin signo.

«signed»

El modificar `signed` indica que el tipo entero puede almacenar valores con signo (tanto positivos como negativos). Dado que la mayoría de los tipos disponen de signo por defecto, su uso podría entenderse como redundante:

C/C++

```
int main(){
    signed char temperatura = -15;
    return 0;
}
```

Sin embargo, existen ocasiones en las que este modificador adquiere especial relevancia:

- Para indicar de forma explícita y legible que el tipo acepta valores negativos, por estilo de codificación o claridad.
- A la hora de implementar código portable que depende del tipo `char`.

NOTA:

«Espera, Eliezer... ¿No decías que los modificadores de tipo solo podían utilizarse con valores enteros?». Así es y, aunque no lo parezca, la declaración de la variable temperatura es correcta. Los caracteres se representan internamente como enteros y ocupan menos espacio que el tipo «int». Además, «char» puede ser «signed» o «unsigned» en función del compilador o la plataforma. Explorarás este asunto en más profundidad en el capítulo 5.

[4] En un entero de 32 bits.

«short»

El modificador `short` se utiliza para reducir el rango disponible del entero al que acompaña. Este modificador puede ser útil en situaciones en las que necesitamos ahorrar espacio en memoria y sabemos que los valores con los que trabajaremos se encontrarán en un rango pequeño.

C/C++

```
int main(){
    short int numero_perdido = 108;
    return 0;
}
```

«long»

`long` es un modificador de tipo que amplía el rango de valores disponibles del tipo al que acompaña.

C++

```
int main(){
    long int reproducciones_semanales = 4'815'162'342;
    return 0;
}
```

NOTA:

A partir de C++14 puedes utilizar la comilla simple (') como separador de dígitos para que los literales largos sean más legibles. Esta característica no se encuentra en versiones anteriores de C++, ni tampoco en C.

En situaciones en las que necesitas un entero aún más grande, puedes declarar una variable con dos modificadores de tipo `long`:

C/C++

```
int main(){
    long long int reproducciones_semanales = 4815162342108;
    return 0;
}
```

NOTA:

Existe una excepción donde «long» sí modifica un tipo en coma flotante o real: «long double», que amplía la precisión de «double». Se trata del único caso especial definido en el estándar.

Constantes

El contenido de una variable puede cambiar a lo largo de la ejecución del programa. Por ejemplo, puedes crear una variable de tipo `char` vacía, inicializarla más tarde y modificar su contenido tantas veces como sea necesario.

C/C++

```
int main(){
    char letra;
    letra = 'R';
    letra = 'U';
    letra = 'S';
    letra = 'T';
    return 0;
}
```

Sin embargo, existen ocasiones en las que el contenido de una variable nunca cambiará. Por ejemplo, supongamos una variable que almacena el valor de `PI`:

C/C++

```
int main(){
    float PI = 3.14;
    return 0;
}
```

La palabra reservada `const` permite declarar una constante, es decir, una variable cuyo valor no puede cambiarse después de su inicialización.

C/C++

```
int main(){
    const float PI = 3.14;
    return 0;
}
```

Si tratas de modificar el valor de la constante:

C/C++

```
int main(){
    const float PI = 3.1416;
    PI = 3.141598;
    return 0;
}
```

Obtendrás un error de compilación como el de la figura 3.5.

```
PROBLEMAS   SALIDA   CONSOLA DE DEPURACIÓN   TERMINAL   PUERTOS   Filtro
[Running] cd "/Users/EliezerLopez/Downloads/" && gcc main.c -o main && "/Users/
EliezerLopez/Downloads/"main
main.c:3:8: error: cannot assign to variable 'PI' with const-qualified type
'const float'
    3 |     PI = 3.141598;
      |     ~~ ^
main.c:2:17: note: variable 'PI' declared const here
    2 |     const float PI = 3.1416;
      |     ~~~~~~~~~~~~^~~~~~~~~~
1 error generated.
```

Figura 3.5. Error de compilación al tratar de modificar una constante.

ADVERTENCIA:

En C antiguo, las constantes también se implementaban a través de una directiva del preprocesador llamada «#define». En C/C++ moderno, «const» puede utilizarse de forma más adecuada en una mayor cantidad de contextos, mejora la legibilidad y aumenta la seguridad en los programas.

Mostrar valores en pantalla

En los capítulos 11 y 18 profundizaremos en el manejo de la entrada y salida estándar en C y C++, respectivamente. Sin embargo, es importante que desde ya te familiarices con la forma de mostrar información dinámica en pantalla. Por eso, en esta sección compartiré algunos consejos para que puedas visualizar en pantalla el contenido de tus variables.

Mostrar valores en C

En el capítulo anterior recurrimos a la función `printf()` para mostrar el mensaje ¡Hola, Mundo! en pantalla. Esta misma función también nos permite mostrar contenido de forma dinámica. Compila y ejecuta el siguiente código para comprobarlo:

C

```c
#include <stdio.h>

int main(){
    int edad = 31;
    printf("Edad: %d", edad);
    return 0;
}
```

`%d` es un especificador de formato que indica que se mostrará en pantalla un valor de tipo entero. Utiliza `%d` para enteros, `%f` para `float` y `double` y `%c` para `char`. Recuerda indicar —dentro de la función `printf()`— el contenido a mostrar, justo después de la coma: `printf("Edad: %d", edad);`

NOTA:

Aprende más sobre «printf()» en el capítulo 11.

Mostrar valores en C++

En el capítulo anterior también recurrimos a `std::cout` para mostrar en pantalla el mensaje ¡Hola, Mundo! en C++. `std::cout` no solo permite mostrar una cadena de texto fija, sino también contenido dinámico como el contenido de variables. Compila y ejecuta el siguiente código para comprobarlo:

C++

```
#include <iostream>

int main(){
    int edad = 30;
    std::cout << "Edad: " << edad;
    return 0;
}
```

Con `cout` no necesitamos indicar especificadores de formato, tan solo añadir el dato (en este caso, `edad`) al flujo de salida (con el operador de inserción <<).

NOTA:

Aprende más sobre «std::cout» en el capítulo 18.

Ejercicios

Ejercicio 3.01. Declara una variable en C que almacene el número favorito de Bender: 1729. Elige el tipo adecuado.

Ejercicio 3.02. Crea una variable de tipo `float` en C capaz de almacenar la cantidad de explosivo necesario para derribar una puerta (según Jesse Pinkman, 3.6).

Ejercicio 3.03. Define una constante que almacene el valor del número `e` en ambos lenguajes (e = 2.71828).

Ejercicio 3.04. En varios episodios de *Doctor Who* se repite el numero 4.73 como el número exacto de minutos que quedan antes de que algo explote o se abra un determinado portal. ¿Con qué tipo lo modelarías? ¿Por qué? Implemente tu código en C.

Ejercicio 3.05. ¿Qué ocurre si muestras en pantalla la variable del ejercicio 3.02? Oh, sorpresa... ¡Cuántos ceros!

Ejercicio 3.06. Declara una variable llamada nave en C++, de tipo carácter, e inicialízala con el valor ‹ `T` ›.

Ejercicio 3.07. Define una constante en C que almacene la letra inicial de Heisenberg.

Ejercicio 3.08. La velocidad de la luz en el vacío es una constante cuyo valor exacto es 299 792 458 m/s. Define una variable en C++ que lo almacene.

Ejercicio 3.09. Sustituye el especificador de formato que utilizaste en el ejercicio 3.05 por este otro: `%.2f`. ¿Qué ha ocurrido?

Ejercicio 3.10. Declara una variable `long long` en C, dótala de contenido e imprímela en pantalla con `%lld`.

Ejercicio 3.11. Declara una variable de tipo `float` y asígnale este valor: 1.7976931348623157e+308. Muestra su información en pantalla en C. ¿Qué ocurre? Comprueba si el valor mostrado en pantalla cambia si implementas el código en C++.

Ejercicio 3.12. Rescata el ejercicio 3.04. ¿Tu respuesta variaría en función del lenguaje (C / C++)?

Ejercicio 3.13. Declara una variable de tipo `bool` llamada `apagado` y asígnale el valor `false` en C.

Ejercicio 3.14. Convierte el ejercicio 3.10 a código C++.

Ejercicio 3.15. ¿Por qué todos los programas terminan con la instrucción `return 0;`?

Ejercicio 3.16. Modela un entero que almacene el identificador 47.

Ejercicio 3.17. Declara cuatro variables que almacenen los caracteres R2-D2 en C++.

Ejercicio 3.18. Muestra la información del ejercicio anterior en pantalla. El resultado esperado debe ser R2-D2.

Ejercicio 3.19. Muestra en pantalla las letras de tu nombre (una letra en cada fila).

Ejercicio 3.20. ¿Puedes crear una variable que almacene tu edad entera y sin signo?

Ejercicio 3.21. ¿Qué tipo elegirías para implementar el código postal de una ciudad?

Ejercicio 3.22. ¿Y al contrario? ¿Qué ocurre si asignas un valor de tipo `int` a una variable de tipo real?

Ejercicio 3.23. Encuentra el modo de mostrar los caracteres E3.23 en pantalla, en referencia al ejercicio 3.23 del presente capítulo.

Ejercicio 3.24. Muestra el contenido de un booleano en pantalla. ¿Qué especificador de formato utilizarías? ¿Por qué?

Ejercicio 3.25. ¿Te has dado cuenta de que los identificadores en C/C++ son *case_sensitive*? Esto quiere decir que C/C++ diferencia entre mayúsculas y minúsculas. Recupera el ejercicio 3.06 e intenta utilizar la variable `NAVE` (que no está declarada) en lugar de `nave`. ¿Qué error de compilación obtienes?

Ejercicio 3.26. Declara dos variables enteras y asígnales valores distintos.

Ejercicio 3.27. Crea una variable `char` que almacene el carácter de nueva línea `\n`.

Ejercicio 3.28. ¿Cuántos hermanos o hermanas tienes? Declara una variable e inicialízala con tu respuesta.

Ejercicio 3.29. Declara una variable `double` para representar un precio con impuestos.

Ejercicio 3.30. Construye las variables de tipo `char` necesarias para formar las palabras VIDA PLENA. No olvides incluir el espacio. Muestra el mensaje en pantalla.

Ejercicio 3.31. Crea una variable que almacene el nivel actual de batería de tu móvil.

Ejercicio 3.32. Declara una variable de tipo short y cambia su valor dos veces.

Ejercicio 3.33. Crea una variable `char` para representar una respuesta (S/N).

Ejercicio 3.34. Seguro que al mirar el móvil te entretuviste en redes sociales... ¡No te distraigas! Mantén el foco.

Ejercicio 3.35. ¿Aceptas los términos y condiciones en todos los programas que instalas en tu equipo? Crea una variable de tipo `bool` que represente si un usuario ha aceptado los términos y condiciones.

Ejercicio 3.36. Declara una constante entera llamada `MAX_USUARIOS` con el valor 108 y trata de modificar su contenido.

Ejercicio 3.37. ¿Qué ocurre si asignas un valor de tipo `float` a una variable entera? Muestra su contenido en pantalla y estudia su comportamiento.

Ejercicio 3.38. Declara una variable capaz de almacenar el salario mensual bruto de un empleado.

4

Punteros

En este capítulo aprenderás:

- Qué es un puntero y para qué se utiliza.
- Cómo declarar un puntero y qué ocurre si no se inicializa.
- Cómo definir un puntero y acceder al valor que apunta.
- Qué es un puntero nulo y cuál es su propósito.
- Qué es un puntero constante y cómo usarlo según sus distintas combinaciones con la palabra reservada «const».

Introducción

Imagina que la variable `cantidad_existencias` modela el número de unidades de un determinado producto.

C/C++

```
int main(){
    int cantidad_existencias = 2342;
    return 0;
}
```

La declaración de una variable de un tipo específico implica, a efectos prácticos, la reserva en memoria del espacio necesario para almacenar un valor de ese tipo en una ubicación concreta de la memoria. A esta ubicación la llamamos «dirección de memoria».

Tabla 4.1 Representación que ejemplifica la reserva de espacio para variables de diferente tipo en la memoria RAM.

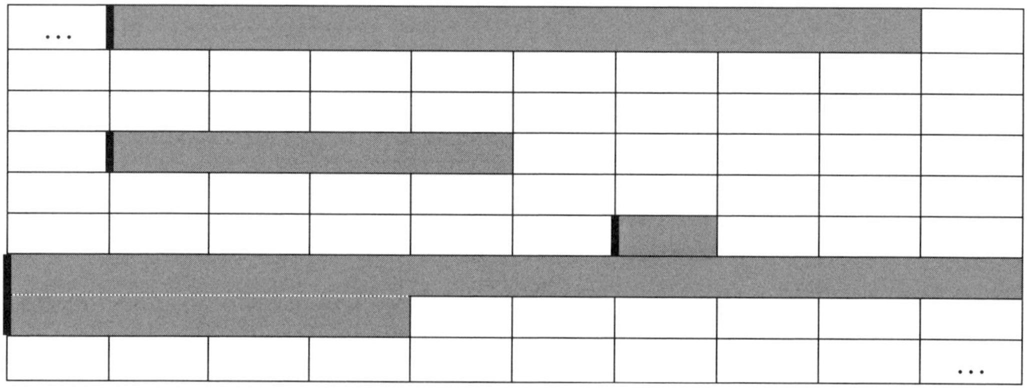

Un puntero (o apuntador) no es más que una variable capaz de almacenar una dirección de memoria.

Declaración y definición

Imagina que varios proveedores necesitan acceder al contenido de `cantidad_existencias`. Cada proveedor podría tener su puntero que apunte a la zona de la memoria en la que se encuentra la variable `cantidad_existencias`.

Para declarar un puntero, escribe el tipo del valor al que apunta (`int`), el símbolo de asterisco (`*`) y el nombre que recibirá el puntero. Por ejemplo:

C/C++

```
int main(){
    int cantidad_existencias = 2342;
    int* proveedor1;
    return 0;
}
```

El puntero está declarado, pero no definido. Utiliza el símbolo ampersand (`&`) para tomar la dirección de memoria en la que se encuentra `cantidad_existencias` y almacenarla en `proveedor1`:

C/C++

```
int main(){
    int cantidad_existencias = 2342;
    int* proveedor1 = &cantidad_existencias;
    return 0;
}
```

De este modo, estamos diciendo «toma la dirección de memoria de la variable `cantidad_existencias`» y almacénala en una variable de tipo puntero a entero (`int *`) llamada `proveedor1`.

Imprime el puntero en pantalla para observar la dirección de memoria de `cantidad_existencias` con el especificador de formato `%p` en C, y directamente con el operador de inserción de flujo << en C++ `(std::cout << proveedor1;)`.

C

```
#include <stdio.h>

int main(){
    int cantidad_existencias = 2342;
    int* proveedor1 = &cantidad_existencias;

    printf("%p\n", proveedor1);

    return 0;
}
```

La dirección de memoria se mostrará en formato hexadecimal.

TRUCO:

La secuencia de escape «\n» añade un salto de línea.

Podemos crear tantos punteros como sean necesarios.

C/C++

```
int main(){

    int cantidad_existencias = 2342;

    int* proveedor1 = &cantidad_existencias;
    int* proveedor2 = &cantidad_existencias;
    int* proveedor3 = &cantidad_existencias;

    return 0;
}
```

Los punteros `proveedor1`, `proveedor2` y `proveedor3` almacenarán el mismo contenido: la dirección de memoria donde se encuentra `cantidad_existencias`. A través de ella podrán acceder a su contenido. Compruébalo mostrando el contenido de los punteros en pantalla. Ten en cuenta que tu programa reservará memoria en una dirección diferente a la mía. Por eso, el valor que verás en pantalla será distinto al que veo yo, aunque los tres valores mostrados deberán ser iguales.

```
[Running] cd "/Users/EliezerLopez/Downloads/" && gcc
main.c -o main && "/Users/EliezerLopez/Downloads/
"main
0x16fcdee78
0x16fcdee78
0x16fcdee78

[Done] exited with code=0 in 0.257 seconds
```

Figura 4.1. Los punteros «proveedor1», «proveedor2» y «proveedor3» almacenan la misma dirección de memoria.

Continuemos con otro ejemplo. El número áureo aparece en series como *Los Simpsons* o *Doctor Who*.

C/C++

```
int main(){

    float recurso_visual_en_los_simpsons = 1.61803;
    float numero_misterioso_en_doctor_who = 1.61803;

    return 0;
}
```

Aunque ambas variables almacenen el mismo valor, se tratan de variables independientes y cada una se localiza en una ubicación de memoria distinta.

Tabla 4.2 Representación gráfica de la memoria RAM al almacenar el mismo valor en dos variables independientes.

	recurso_visual_en_los_simpsons								
numero_misterioso_en_doctor_who									

Por ende, cada variable tendrá su propia dirección de memoria.

C/C++

```
int main(){
    float recurso_visual_en_los_simpsons = 1.61803;
    float* puntero_a_recurso_visual = &recurso_visual_en_los_
simpsons;

    float numero_misterioso_en_doctor_who = 1.61803;
    float* puntero_a_numero_misterioso = &numero_misterioso_en_
doctor_who;

    return 0;
}
```

NOTA:

Muestra el contenido de cada puntero en pantalla para comprobarlo.

Puedes reutilizar un puntero para apuntar a nuevas variables, pero todas deben ser del mismo tipo que el puntero.

C/C++

```
int main(){
    float recurso_visual_en_los_simpsons = 1.61803;
    float numero_misterioso_en_doctor_who = 1.61803;

    float* numero_aureo = &recurso_visual_en_los_simpsons;
    numero_aureo = &numero_misterioso_en_doctor_who;

    return 0;
}
```

En este ejemplo, el puntero `numero_aureo` apunta en primer lugar al contenido de la variable `recurso_visual_en_los_simpsons` y, en segundo lugar, al contenido de la variable `numero_misterioso_en_doctor_who`. Puedes mostrar el contenido del puntero en pantalla a lo largo del programa para comprobarlo.

C++

```
#include <iostream>

int main(){

    float recurso_visual_en_los_simpsons = 1.61803;
    float numero_misterioso_en_doctor_who = 1.61803;

    float* numero_aureo = &recurso_visual_en_los_simpsons;
    std::cout << numero_aureo << std::endl;

    numero_aureo = &numero_misterioso_en_doctor_who;
    std::cout << numero_aureo << std::endl;

    return 0;
}
```

TRUCO:

«<< std::endl;» añade un salto de línea al flujo de salida.

Acceso

Ya aprendiste cómo tomar la dirección de memoria de variables y almacenarlas en punteros. Ahora tienes los conocimientos para dar el siguiente paso: acceder desde el puntero al valor de la variable a la que apunta. Rescata el ejemplo de los proveedores:

C/C++

```
int main(){

    int cantidad_existencias = 2342;

    int* proveedor1 = &cantidad_existencias;
    int* proveedor2 = &cantidad_existencias;
    int* proveedor3 = &cantidad_existencias;

    return 0;
}
```

Imagina que necesitas copiar el valor de `cantidad_existencias` a través del puntero `proveedor1`. Recurre al operador de «desreferenciación» (`*`) para indicar que no quieres tomar el valor que el puntero almacena (es decir, la dirección de memoria), sino el valor que se encuentra en la dirección de memoria que almacena.

C/C++

```
int main(){
    int cantidad_existencias = 2342;
    int* proveedor1 = &cantidad_existencias;

    // ...

    int numero_de_existencias = *proveedor1;

    return 0;
}
```

De este modo, `numero_de_existencias` obtendrá una copia del valor contenido en `cantidad_existencias`. Puedes comprobarlo mostrando su contenido en pantalla.

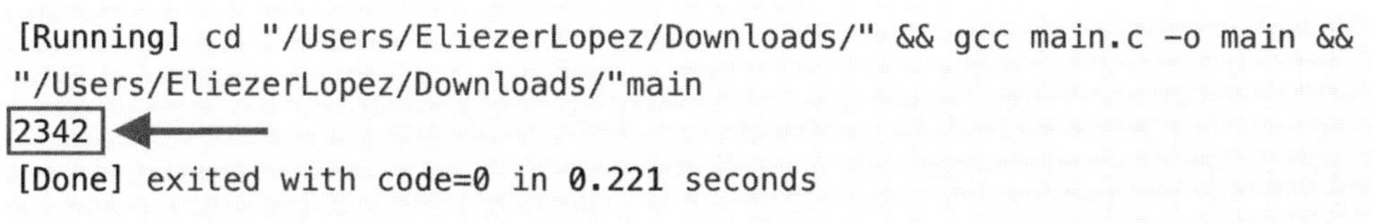

Figura 4.2. Contenido de la variable «numero_de_existencias» en pantalla

De hecho, también puedes mostrar en pantalla el contenido de la variable `cantidad_existencias` desde alguno de los punteros que almacena su referencia. Compruébalo con el siguiente código:

C

```
#include <stdio.h>

int main(){
    int cantidad_existencias = 2342;
    int* proveedor1 = &cantidad_existencias;

    // ...

    printf("Contenido de cantidad_existencias: %d \n",
           cantidad_existencias);
    printf("Contenido de cantidad_existencias (desde proveedor1):
           %d \n", *proveedor1);

    return 0;
}
```

ADVERTENCIA:

Si varios punteros apuntan a la misma variable, cualquier cambio en el valor de esa variable se reflejará en todos los punteros que la referencian.

Punteros nulos

Un puntero que se declara pero no se inicializa, apunta a una dirección de memoria aleatoria, no controlada por el programa en el que el puntero se declara. Compila el siguiente programa que declara un puntero, no lo inicializa y muestra su contenido en pantalla:

C

```
#include <stdio.h>

int main(){

    int* proveedor;
    printf("%p", proveedor);

    return 0;
}
```

Imagina que, por error, accedes al valor al que apunta la dirección contenida en `proveedor`, y lo modificas. Esto no solo podría hacer que el programa falle, sino que también podría afectar negativamente al sistema completo al alterar sin control una determinada zona de la memoria (podrías estar afectando, incluso, a partes críticas de la memoria). Para mitigar estos errores se introdujo el concepto de puntero nulo.

Un puntero nulo es un puntero que no apunta a ninguna dirección válida de memoria. Se utiliza para indicar que el puntero no está asignado o que aún no se ha inicializado con una dirección de memoria válida.

Para declarar un puntero nulo en C, asígnale la constante `NULL`.

C

```
#include <stdio.h>

int main(){

    int* proveedor = NULL;
    printf("%p", proveedor);

    return 0;
}
```

Muestra su contenido en pantalla para comprobar que, efectivamente, el puntero ya no contiene dirección de memoria alguna.

C++ hereda `NULL` de C, pero en C++11 se introdujo la constante `nullptr` para resolver algunos problemas que `NULL` arrastra desde C[1]. `nullptr` tiene tipo propio,[2] evita ambigüedades y mantiene la coherencia con el estilo de C++ moderno.

1 `NULL` no tiene tipo. Se trata solo de una constante literal (`0`), así que el compilador no puede ayudarte a detectar errores si utilizas mal los punteros.

2 El tipo es `std::nullptr_t`, creado especialmente para este propósito.

C++

```
#include <iostream>

int main() {

    int* proveedor = nullptr;

    return 0;
}
```

TRUCO:

Presta atención a la mayoría de ejemplos con los que hemos trabajado: las variables y punteros se inicializan en el momento de su declaración. Esta práctica reduce el riesgo de errores difíciles de detectar y mejora la legibilidad del código.

Punteros constantes

La palabra reservada `const` indica explícitamente que algo no debe cambiar. No se limita al uso de variables de tipos primitivos, sino que también se utiliza en punteros (y en muchas otras construcciones de lenguaje). Copia el siguiente programa en tu editor de código fuente:

C/C++

```
int main(){
    double numero_perdido = 481516.2342;
    double* p_numero_perdido = &numero_perdido;
    return 0;
}
```

A través del puntero, podemos cambiar el contenido de la variable `numero_perdido`. Se trata de un puntero normal.

C++

```
#include <iostream>

int main(){

    double numero_perdido = 48.15;
    double* p_numero_perdido = &numero_perdido;

    *p_numero_perdido = 15.16;

    std::cout << numero_perdido << std::endl;

    return 0;
}
```

Sin embargo, también podemos tener un puntero a un dato constante, lo que te permitirá modificar el puntero, pero no cambiar el valor apuntado.

C/C++

```
int main(){
    double numero_perdido = 48.15;
    const double* p_numero_perdido = &numero_perdido;

    *p_numero_perdido = 15.16; // NO puedes cambiar el valor apuntado
    p_numero_perdido = nullptr; /* SÍ puedes apuntar a otra dirección
                                (o a ninguna) */

    return 0;
}
```

Si cambias el `const` de lugar y lo sitúas entre el asterisco y el nombre del puntero (`double * const p_numero_perdido`) estarás creando un puntero constante a un dato que puede variar. Justo la situación contraria:

C/C++

```
int main(){
    double numero_perdido = 48.15;
    double* const p_numero_perdido = &numero_perdido;

    *p_numero_perdido = 15.16; // SÍ puedes cambiar el valor apuntado
    p_numero_perdido = nullptr; /* No puedes apuntar a otra dirección
                                (o a ninguna) */

    return 0;
}
```

Por último, puedes declarar un puntero constante que apunte a un valor que también lo sea. Seguro que te imaginas la consecuencia: no puedes mover el puntero ni tampoco modificar el dato.

C/C++

```
int main(){
    double numero_perdido = 48.15;
    const double *const p_numero_perdido = &numero_perdido;

    *p_numero_perdido = 15.16; // NO puedes cambiar el valor apuntado
    p_numero_perdido = nullptr; /* NO puedes apuntar a otra dirección
                                (o a ninguna) */

    return 0;
}
```

Ejercicios

Ejercicio 4.01. Declara un puntero a `int` que almacene la dirección de memoria de otra variable `edad`. Inicializa `edad` a través del puntero y muestra su información en pantalla en C (también a través del puntero).

Ejercicio 4.02. Declara un puntero a entero que tome la dirección de memoria del valor 42 (`&42`). ¿Qué crees que ocurre? Muestra el contenido del puntero en pantalla en C y C++.

Ejercicio 4.03. Los programas implementados en C y C++ almacenan sus valores en memoria, esto quiere decir que la información no se almacena de forma permanente. Ejecuta el ejercicio 4.02, apaga tu equipo y vuelve a ejecutar el mismo ejercicio unas horas más tarde. Comprueba que la dirección de memoria en cada ejecución es diferente.

Ejercicio 4.04. Crea un puntero nulo en C, de tipo `float*`, y dótalo más tarde de valor.

Ejercicio 4.05. Asigna `nullptr` a un puntero de tipo `char*` en C++.

Ejercicio 4.06. Crea dos variables `parte1` y `parte2` que almacenen los valores `48.15` y `16.42`. Utiliza punteros para intercambiar sus valores en C++.

Ejercicio 4.07. Muestra la diferencia entre `const int*` e `int* const` en C++.

Ejercicio 4.08. Crea un puntero a puntero para simular una doble referencia: una variable `int` que pasa por dos capas de punteros antes de usarse.

Ejercicio 4.09. Define `letra_inicial` con la primera letra de tu nombre en mayúsculas en C++. Utiliza un puntero para cambiar su valor a la primera letra en minúscula. Deja constancia del antes y el después mostrando cada situación en pantalla.

Ejercicio 4.10. Intenta cambiar el valor de un `const double*` en C++.

Ejercicio 4.11. Intenta «desreferenciar» un puntero nulo en C y observa qué ocurre.

Ejercicio 4.12. Inicializa un puntero con `nullptr` en C++, asígnale una dirección y accede al valor.

Ejercicio 4.13. Rescata el ejercicio 3.26 e intercambia el contenido de las variables haciendo uso de punteros.

Ejercicio 4.14. Declara un puntero constante a una variable que almacene el valor entero 108.

Ejercicio 4.15. Crea una variable `double` con el sueldo mensual al que aspiras y un puntero constante a ella.

Ejercicio 4.16. Declara un puntero constante a una constante `char` que almacene el valor `@`.

Ejercicio 4.17. Intenta cambiar el contenido de las variables y punteros mencionados en los ejercicios 4.14, 4.15 y 4.16.

Ejercicio 4.18. Rescata el ejercicio 4.01 y declara un puntero que apunte al puntero ya creado. Muestra el valor de la variable `edad` en pantalla a través del segundo puntero.

Ejercicio 4.19. Declara un puntero nulo en C++ e intenta mostrar su contenido en pantalla. ¿Qué ocurre?

5

Operadores

En este capítulo aprenderás:

- Cómo implementar sumas, restas, multiplicaciones y divisiones.
- Qué son los operadores de incremento y decremento y cuáles son sus variaciones.
- Qué son los operadores compuestos de asignación y para qué se utilizan.
- Para qué sirven los operadores de comparación y cómo implementarlos.
- Qué son los operadores lógicos, cómo se modelan y en qué se diferencian de los operadores de comparación.
- Cómo realizar conversiones entre tipos numéricos.
- Cuál es la jerarquía de precedencia y asociatividad de operadores.

Introducción

Los operadores en C y C++ pueden clasificarse en diferentes tipos según su funcionalidad. En este capítulo distinguiremos los cinco grandes grupos que de entrada debes conocer: operadores aritméticos, de incremento o decremento, de asignación, de comparación y lógicos.[1]

Aritméticos

Las operaciones aritméticas se modelan a través de los operadores aritméticos de suma (+), resta (-), producto (*), división (/) y módulo (%). A continuación, veremos cómo se implementan y cuáles son las restricciones que cada operador presenta.

Suma

El operador (+) permite sumar dos valores del mismo tipo en su comportamiento más primitivo.[2] Abre tu editor de código fuente y comprueba su funcionamiento con los tipos `int`, `float` (o `double`) y `char`.

El Halcón Milenario acaba de aterrizar en Tatooine. Tras hacer el inventario, descubres que a bordo hay ocho droides astromecánicos y cuatro droides de protocolo. Aunque cumplen funciones distintas, ambos son droides, así que puedes sumarlos para obtener el número total de droides en la nave. Almacenamos por un lado los valores obtenidos y por otro, la suma de ambos en una nueva variable.

C/C++

```
int main() {
    int droides_astromecanicos = 8, droides_de_protocolo = 4;
    int total_de_droides = droides_astromecanicos +
                           droides_de_protocolo;
    return 0;
}
```

El resultado no siempre tiene por qué ser almacenado. También se puede mostrar en pantalla o utilizar en una nueva operación: es posible concatenar varias sumas en las que el resultado de una operación se incorpora como operando de otra, e incluir valores enteros sin necesidad de almacenarlos en una variable.

1 Existen otros operadores que ya hemos visto en capítulos anteriores (por ejemplo, los operadores de dirección (&) o de «desreferenciación» (*)), y otros que aprenderemos más adelante.

2 En C++ es posible implementar comportamientos adaptados a tipos de datos creados de forma personalizada.

C/C++

```
int main() {
    int droides_astromecanicos = 8, droides_de_protocolo = 4,
        droides_de_limpieza = 108;
    int total_de_droides = droides_astromecanicos +
        droides_de_protocolo + 23 + droides_de_limpieza;
    return 0;
}
```

La única restricción que debes respetar es la siguiente: todos los operandos deben ser del mismo tipo.

NOTA:

Es posible involucrar variables de diferentes tipos en una misma operación. Sin embargo, debes tener en cuenta que se producen conversiones de tipo implícitas. Hablaremos sobre ellas más adelante.

En otro rincón de la galaxia, el Mandaloriano ha completado varias misiones y recibe su paga en lingotes de Beskar, el metal más valioso de la galaxia. El valor por captura es de 4.8 lingotes y el valor por entrega segura es de 15.16 lingotes. El valor total que el Mandaloriano debe recibir es la suma de ambos valores.

C/C++

```
int main(){
    double beskar_por_captura = 4.8;
    double beskar_por_entrega_segura = 15.16;
    double total_beskar = beskar_por_captura +
                          beskar_por_entrega_segura;
    return 0;
}
```

NOTA:

¿Estás compilando, ejecutando y mostrando en pantalla los valores de cada uno de los ejemplos para C y C++? Ya sabes, este es el camino...

El comportamiento del operador (+) con valores numéricos parece estar claro. Sin embargo, ¿qué ocurre si lo utilizamos con variables de tipo `char`? Hagamos una prueba: crea una variable que almacene la letra `M` y súmale el valor `4`.

C/C++

```
int main(){
    char inicial_mandaloriano = 'M';
    char sorpresa = inicial_mandaloriano + 4;
    return 0;
}
```

Si muestras el contenido de `sorpresa` en pantalla, obtendrás la siguiente salida: `Q`. Este comportamiento se debe a que los caracteres en C/C++ se almacenan internamente como números enteros según la tabla ASCII.

NOTA:

La tabla ASCII (American Standard Code for Information Interchange) es un estándar que asigna un número a cada carácter, lo que permite a los ordenadores almacenar y transmitir texto. Si quieres consultarla, puedes encontrarla fácilmente en internet. Te recomiendo visitar el sitio web elcodigoascii.com.ar.

Según esta tabla, la letra `M` tiene el valor numérico 77, y al sumar 4 obtenemos 81, que corresponde al carácter `Q` en ASCII. Al realizar operaciones aritméticas con variables de tipo `char`, en realidad estás manipulando sus códigos numéricos subyacentes, lo que puede producir otros caracteres al final de la operación.

Resta

El operador (-) permite restar dos valores del mismo tipo en su comportamiento más primitivo. Sus operaciones se escriben de forma similar a como se codifica una suma y respetan las mismas reglas de tipado vistas anteriormente.

Supongamos que Walter White dispone de 23 barriles metálicos llenos de dinero, enterrados en el desierto. En un giro de acontecimientos, su socio Todd Alquist roba parte del dinero. El programa es fácil de implementar:

C/C++

```
int main(){
    int barriles_enterrados = 8, barriles_robados = 7;
    int barriles_restantes = barriles_enterrados - barriles_robados;
    return 0;
}
```

Si en lugar de barriles hablamos de millones de dólares también podemos implementar fácilmente la operación.

C/C++

```
int main(){
    double dinero_total = 80'000'000.0, dinero_robado = 11'000'000.0;
    double dinero_restante = dinero_total - dinero_restante;
    return 0;
}
```

NOTA:

Es una buena práctica escribir también la parte decimal del número, incluso si es cero. Esta práctica evitará conversiones de tipo no controladas, que mencionaremos más adelante.

Al igual que ocurre con el operador +, - también puede trabajar con caracteres.

C/C++

```
int main(){
    char batman = 'B', joker = 'J';
    int caos = batman - joker;
}
```

CURIOSIDAD:

El resultado de una operación entre dos caracteres puede recogerse como «char» y como «int». «char» indicará el carácter según la tabla ASCII e «int» su posición dentro de la tabla.

Por último, vale la pena mencionar que el operador - también puede usarse con un solo valor para invertir su signo (de hecho, ya lo utilizaste en el capítulo 3 al declarar números negativos, como en `int planta_ascensor = -1;`). Incluso puedes recurrir a él para cambiar el signo de un valor o variable ya negativo, por ejemplo: `int planta_ascensor = -(-1);`.

Multiplicación

En el capítulo anterior aprendiste a utilizar el operador * para declarar punteros y «desreferenciarlos». En estos casos, el operador actúa sobre un único operando, por lo que se considera un operador unario. Ahora bien, cuando * se emplea para multiplicar dos valores, su función cambia: se convierte en un operador binario ya que interviene sobre dos operadores. Después de implementar la suma y la resta, estoy seguro de que no hace falta mostrar ejemplos con cada uno de los tipos primitivos mencionados anteriormente.

Supongamos que tu avión se estrella en una isla del Pacífico Sur. Sayid —uno de los supervivientes— decide calcular cuántas raciones de comida necesita el grupo para sobrevivir.

C/C++

```
int main(){

    int raciones_por_dia = 2, supervivientes = 23, dias = 4;
    int raciones_necesarias = raciones_por_dia * supervivientes *
                              dias;
    return 0;
}
```

División

La división se implementa a través del operador / y su comportamiento varía según el tipo de sus operandos.

División real

Cuando ambos operandos son de tipo `float` o `double`, el operador / proporcionará una división exacta tan precisa como número de decimales acepte el tipo de dato elegido.

C++

```
#include <iostream>
using namespace std;
int main(){
    float dividendo = 10, divisor = 3;
    cout << dividendo/divisor << endl;
    return 0;
}
```

CURIOSIDAD:

En C++, un «namespace» (espacio de nombres) es un ámbito que agrupa identificadores. Por ejemplo, «cout» y «endl» pertenecen al espacio de nombres «std». Para no tener que escribir «std::cout o std::endl» cada vez, puedes indicar al compilador que usarás todo lo que hay dentro del espacio de nombres «std», escribiendo: «using namespace std;».

Este programa devuelve en pantalla el resultado mostrado en la figura 5.1.

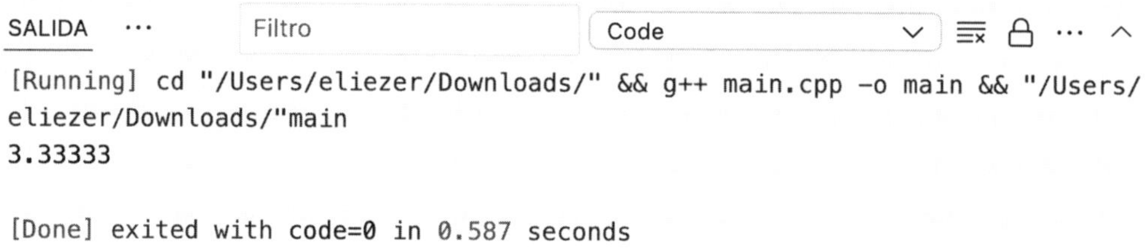

Figura 5.1. Resultado de la división real en pantalla.

División entera

Cuando los operandos son de tipo `int`, la operación devuelve el cociente (y solo el cociente) como resultado de la división.

C++

```
#include <iostream>
using namespace std;

int main(){
    int dividendo = 10, divisor = 3;
    int cociente = dividendo / divisor;
    cout << cociente << endl;
    return 0;
}
```

En este ejemplo, el valor almacenado en la variable `cociente` es 3. Para obtener el resto, deberás recurrir al operador módulo.

Módulo

El operador módulo (`%`), también conocido como operador de resto, sirve para calcular el resto de una división cuando ambos operandos son de tipo entero. Complementa el ejemplo anterior y calcula el resto a través del operador módulo.

C++

```
#include <iostream>
using namespace std;

int main(){
    int dividendo = 10, divisor = 3;
    int cociente = dividendo / divisor;
    int modulo = dividendo % divisor;
    cout << "Cociente: " << cociente << endl;
    cout << "Resto: " << cociente << endl;
    return 0;
}
```

ADVERTENCIA:

Si alguno de los operandos es negativo, el signo del resultado del operador «%» puede variar según el compilador en versiones de C anteriores a C99. A partir del estándar C99, el comportamiento está definido: el resultado del resto (a % b) siempre tiene el mismo signo que el dividendo (a).

Incremento y decremento

Los operadores unarios de incremento (`++`) y decremento (`--`) se utilizan para aumentar o disminuir el valor de una variable en una unidad. Hacen el código más limpio y expresivo y son fundamentales para estructuras de control. Además, pueden mejorar el rendimiento de programas escritos en C++ cuando se implementan correctamente.

Ponte en situación. Comienza tu jornada laboral y tu bandeja de entrada de correo electrónico amanece con 23 correos pendientes de leer (`int bandeja_de_entrada = 23;`).

Los operadores de incremento y decremento pueden colocarse antes o después de la variable que modifican. Así, tenemos las siguientes opciones: preincremento (`++bandeja_de_entrada`), el postincremento (`bandeja_de_entrada++`), el predecremento (`--bandeja_de_entrada`) y el postdecremento (`bandeja_de_entrada--`).

Preincremento

El preincremento aumenta el valor de la variable antes de usarla en la expresión en la que se encuentra. Supongamos que deseamos incrementar en una unidad el número de correos pendientes de leer y almacenar el nuevo valor en una segunda variable.

C/C++

```
1 int main(){
2     int bandeja_de_entrada = 23;
3     int correos_no_leidos = ++bandeja_de_entrada;
4     return 0;
5 }
```

La línea 3 modificará en primer lugar el contenido de la variable `bandeja_de_entrada` (lo incrementará en una unidad) y, a continuación, devolverá este nuevo valor (`24`) con el que inicializar la variable `correos_no_leidos`.

Como resultado, la variable `bandeja_de_entrada` contendrá el valor 24 y la variable `correos_no_leidos`, también.

Postincremento

En cambio, el comportamiento del postincremento es diferente.

C/C++

```
int bandeja_de_entrada = 23;
int correos_no_leidos = bandeja_de_entrada++;
```

El postincremento aumenta el valor de la variable después de haberla usado en una expresión. El contenido de `bandeja_de_entrada` (`23`) se asigna a la variable `correos_no_leidos`, y a continuación se incrementa. Como resultado, la variable `bandeja_de_entrada` contendrá el valor `24` y la variable `correos_no_leidos`, el valor `23`. Puedes imprimir los valores en pantalla para comprobarlo.

Predecremento

En consonancia con lo comentado unas líneas atrás, el predecremento disminuye en una unidad el valor de una variable antes de que se utilice en una expresión.

C/C++

```
int bandeja_de_entrada = 23;
int correos_no_leidos = --bandeja_de_entrada;
```

Como resultado, la variable `bandeja_de_entrada` contendrá el valor `22` y la variable `correos_no_leidos`, también.

Postdecremento

En contraposición, el postdecremento trabaja dentro de la expresión con el valor original, y después lo decrementa.

C/C++

```
int bandeja_de_entrada = 23;
int correos_no_leidos = bandeja_de_entrada--;
```

En esta ocasión, la variable `bandeja_de_entrada` contendrá el valor `22` y la variable `correos_no_leidos`, el valor `23`.

Asignación

Los operadores de asignación son un conjunto de operadores que se utilizan para asignar valores a las variables. Ya hemos trabajado con el operador de asignación por excelencia (=), pero existen varios operadores de asignación combinados que permiten escribir código más conciso y, en ocasiones, también más eficiente.

Asignación estándar

El operador (=) se utiliza para asignar un valor a una variable. La expresión en el lado derecho del operador se evalúa, y su valor se asigna a la variable del lado izquierdo.

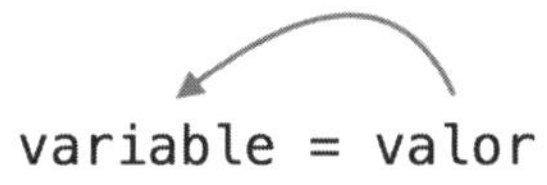

Figura 5.2. Dirección de la asignación.

Asignación de suma

Supongamos que disponemos de los precios de dos productos que sumamos para obtener el total.

C/C++

```
float precio1 = 4.80, precio2 = 15.16;
float total = precio1 + precio2;
```

Si más tarde añadimos un nuevo precio, una posible implementación para actualizar el valor total podría ser `total = total + precio3`. Es decir, al total que teníamos, le sumamos `precio3` y reutilizamos la variable total para almacenar el valor actualizado.

C/C++

```
float precio1 = 4.80, precio2 = 15.16;
float total = precio1 + precio2;
// ...
float precio3 = 23.42;
total = total + precio3;
```

Pues bien, cuando necesitas sumar un valor a una variable ya existente y guardar en ella el valor actualizado, puedes recurrir al operador de asignación de suma (+=).

```
total += precio3; // Equivalente a: total = total + precio3;
```

Es común utilizar este operador en sumas acumulativas como la que acabamos de ver.

Asignación de resta

En línea con el operador anterior, el operador de asignación de resta (-=) resta el valor del lado derecho al valor de la variable del lado izquierdo del operador y asigna el resultado a la variable del lado izquierdo.

```
variable -= valor;
```

Supongamos que tienes 20 € en la billetera. Desayunas con un buen café y a media mañana compras un bocadillo.

C/C++

```
double cartera = 20.0;
cartera -= 2.80;           // Coste del café
cartera -= 4.50;           // Coste del bocadillo
```

Asignación de multiplicación

Imagina que necesitas calcular el valor acumulado de una inversión con interés compuesto durante los primeros tres años. El operador (*=) puede serte de utilidad.

C/C++

```
double capital = 4815.16;      // Capital inicial
double interes = 1.04          // Interés del 4% anual

capital *= interes;            // Capital al finalizar el primer año
capital *= interes;            // Capital al finalizar el segundo año
capital *= interes;            // Capital al finalizar el tercer año
```

Asignación de división

Finalmente, supongamos que necesitas calcular cuánto le toca pagar a cada persona tras dividir la cuenta de una cena con amigos.

C/C++

```
double importe = 120.0;
int num_personas = 4;

importe /= num_personas;          // Reutilizamos la variable ya creada
```

ADVERTENCIA:

En este ejemplo, la operación involucra dos tipos (double e int). El denominador convierte su valor de tipo entero a «double» solo para poder realizar la operación.

Comparación

Los operadores de comparación permiten comparar valores del mismo tipo y determinar la relación que existe entre ellos. C/C++ distingue seis operadores:

- Igualdad (==)
- Desigualdad (!=)
- Mayor que (>)
- Menor que (<)
- Mayor o igual que (>=)
- Menor o igual que (<=)

Estos operadores siempre devuelven un valor booleano: `true` si la comparación resulta verdadera, o `false` en caso contrario.

Imagina que estás al frente del desarrollo de un sistema de autenticación para un cajero automático. El sistema debe verificar si el pin introducido coincide con el pin almacenado.

C++

```
int main(){
    int pin_introducido = 4815;
    int pin_almacenado = 1623;
    bool es_igual = pin_introducido == pin_almacenado;
    return 0;
}
```

La variable `es_igual` almacenará `false`, que es el valor devuelto por la comparación.

NOTA:

Este código está escrito en C++, no en C. ¿Sabes por qué? La razón es sencilla: en C, para poder usar el tipo «bool», es necesario incluir la biblioteca «<stdbool.h>». Como el código no incluye esa cabecera, podemos deducir que se trata de C++, donde «bool» es un tipo nativo del lenguaje.

Veamos otro ejemplo. Supongamos el desarrollo de un sistema de pagos donde el usuario debe introducir cuánto va a pagar por un producto. El sistema debe comprobar si el importe pagado es suficiente para cubrir el precio.

C/C++

```
double precio = 10.00;
double importe;
bool es_suficiente = importe >= precio;
```

ADVERTENCIA:

Los valores de tipo «float» o «double» no siempre se representan con precisión exacta.

```
double a = 0.1 + 0.2;
double b = 0.3;
bool resultado = a == b;
```

Matemáticamente, 0.1 + 0.2 == 0.3. Sin embargo, en C/C++ esto no siempre es cierto debido a la representación interna (es decir, a la precisión) de los números reales.

Lógicos

Las operaciones booleanas se implementan a través de los operadores lógicos (`&&`, AND), (`||`, OR lógico) y (`!`, NOT lógico), especialmente relevantes en programación. Cada operador lógico implementa su respectiva tabla de verdad y, junto con los operadores de comparación, sirve como fundamento para la toma de decisiones.

Operador «&&»

El operador AND lógico evalúa dos expresiones booleanas[3] y devuelve `true` solo si ambas expresiones son verdaderas.

Tabla 5.2. Tabla de verdad para AND.

A	B	A && B
true	true	true

[3] Una expresión booleana es aquella que devuelve `true` o `false`.

A	B	A && B
true	false	false
false	true	false
false	false	false

A y B pueden ser literalmente valores booleanos, e incluso, expresiones más complejas que terminan devolviendo un valor booleano.[4]

C/C++

```
bool verdadero = true && true;
bool verdadero2 = true && verdadero;
bool falso = (8 > 15) && false;
```

Imagina que solo puedes acceder a tu cuenta bancaria si dispones de una tarjeta autorizada y además introduces el pin correcto.

C/C++

```
bool tarjeta_autorizada = true, pin_correcto = false;
bool acceso_concedido = tarjeta_autorizada && pin_correcto;
```

CURIOSIDAD:

C y C++ intentan ser lenguajes eficientes. Por eso, cuando se utiliza el operador lógico «&&» (AND), si el primer operando se evalúa como falso, el segundo ni siquiera se evalúa. Esto se debe a que el resultado de toda la expresión ya está determinado: será falso. A este comportamiento se le conoce comúnmente como cortocircuito.

Operador «||»

El operador OR lógico evalúa dos expresiones booleanas. Devuelve `true` si alguna de las expresiones es verdadera.

Tabla 5.3. Tabla de verdad para OR.

A	B	A || B
true	true	true
true	false	true
false	true	true
false	false	false

[4] Recuerda que para usar el tipo bool en C debes incluir la biblioteca `<stdbool.h>`

Supongamos que un cliente obtiene un descuento si es miembro del club o si tiene un cupón de descuento. Implementar esta casuística con el operador (||) es así de fácil:

C/C++

```
bool es_miembro_del_club = false, tiene_cupon_descuento = true;
bool obtiene_descuento = es_miembro_del_club || tiene_cupon_descuento;
```

CURIOSIDAD:

Este operador cortocircuita cuando el primer operando es verdadero. Por ejemplo, «x > 0 | | y > 0» siendo x mayor que cero.

Operador «!»

Finalmente el operador NOT (o de negación) invierte el valor de verdad de su operando. Por ejemplo,

Tabla 5.4. Tabla de verdad para NOT.

A	!A
true	false
false	true

Como puedes observar, este operador trabaja sobre un único operando. Veamos cómo funciona con un ejemplo muy sencillo. Imagina que viajas en la Tantive IV (una corbeta CR90) y tu trabajo es comprobar si los escudos están activos. Si no lo están, debes activarlos para proteger la nave.

C/C++

```
bool escudos_activos = false;
bool hay_que_activar_escudos = !escudos_activos;
```

Precedencia y asociatividad de operadores

En C/C++ encontramos dos conceptos que marcan el orden en el que los operadores son evaluados dentro de una expresión: la precedencia y la asociatividad. Por un lado, la precedencia determina qué operador se evalúa primero cuando existen varios operadores en una misma expresión sin paréntesis. La asociatividad, por su parte, define el orden en que los operadores se evalúan cuando tienen la misma precedencia.

En la tabla 5.5. encontrarás una clasificación de los operadores explicados a lo largo de este capítulo por su nivel de precedencia (de mayor prioridad a menor) y su asociatividad.

Tabla 5.5. Nivel de precedencia de los operadores.

Operadores	Descripción	Asociatividad
`()`	Paréntesis (agrupan expresiones)	-
`++ --` (postfijo)	Incremento / decremento	De izquierda a derecha
`++ --` (prefijo) `+ -` (unario) `!`	Unarios y lógico (NOT)	De derecha a izquierda
`* / %`	Aritméticos (multiplicación, división)	De izquierda a derecha
`+ -`	Aritméticos (suma, resta)	De izquierda a derecha
`< <= > >=`	Comparación (relacionales)	De izquierda a derecha
`== !=`	Comparación (igualdad)	De izquierda a derecha
`&&`	Lógico (AND)	De izquierda a derecha
`= += -= * = /= %=`	Asignación	De derecha a izquierda

Según la precedencia y asociatividad de los operadores,

- `4 + 8 * 15` devuelve `124`.
- `16 % 4 + 8 * 15` devuelve `120`.
- y `(4 + 8 * 15 < 16 && 23 - 43 < 108) && 32 / 4 == 15`, devuelve `false`.

Conversiones de tipos

Vamos a implementar una fórmula muy sencilla que convierte una temperatura en grados Celsius a su valor equivalente en grados Fahrenheit. Tomaremos 8° C para nuestro ejemplo. La fórmula que queremos implementar es muy sencilla: F = (9/5 * C) + 32.

```
float grados_celsius = 8;
float grados_fahrenheit = (9 / 5) * grados_celsius + 32;
cout << "La temperatura en Fahrenheit es: " << grados_fahrenheit << endl;
```

Si compilas y ejecutas este código escrito en C++, verás que el resultado obtenido es `40`. Sin embargo, toma tu calculadora y comprueba tú mismo que la solución debería ser `46.8`. Antes de seguir leyendo, intenta averiguar por qué el código implementado no calcula correctamente el valor.

ADVERTENCIA:

No sigas leyendo hasta que descubras por qué el resultado es incorrecto.

En este fragmento de código se está dando una conversión de tipo implícita y no una conversión de tipo que naturalmente esperarías que se diera.

- `float grados_celsius = 8;` declara una variable de tipo `float` y la define con un valor entero. Este valor debe convertirse a `float` para poder ser almacenado en la variable. Se produce una conversión implícita de `int` a `float`.
- `(9 / 5)` es una división entera, no real. Ambos operandos (numerador y denominador) son de tipo entero, así que la división es entera. Esperarías que el resultado fuera `1.8`, en cambio, el valor obtenido corresponde al cociente de la división.

En C/C++ las conversiones de tipo pueden ser implícitas o explícitas, dependiendo de si el compilador las realiza automáticamente o si el propio desarrollador las indica explícitamente.

Implícitas

Este par de reglas te ayudarán a entender cuándo el compilador intentará realizar una conversión de tipos:

- Los tipos más pequeños que `int` (como `short` o `char`) se convierten a `int` antes de operar.
- En operaciones mixtas, el tipo más grande gana. Por ejemplo, en este fragmento de código, la variable a se convierte implícitamente a `double`:

C/C++

```
int a = 16;
double b = 4.8;
double c = a + b; // 'a' se convierte implícitamente a double
```

Los tipos se promocionan en esta dirección: `bool` → `char` → `short` → `int` → `unsigned int` → `long` → `unsigned long` → `long long` → `float` → `double` → `long double`.

NOTA:

Puedes evitar la conversión explícita de la línea 5 añadiendo al valor su parte fraccionaria y la letra «f: float grados_celsius = ***8.0f****;». El sufijo «f» indica que el literal es de tipo «float», debido a que, por defecto, los literales con parte fraccionaria se crean de tipo «double».*

Explícitas

Las conversiones explícitas[5] en C son sencillas de aplicar. Solo necesitas escribir el tipo de dato al que quieres convertir, entre paréntesis, justo antes del valor que deseas transformar.

En el ejemplo de la conversión de grados Celsius a Fahrenheit tiene sentido convertir los valores `9` y `5` a `float`.

[5] También conocidas como *casts*, o directamente *casting*.

C/C++

```
float grados_fahrenheit = ( (float)9 / (float)5) * grados_celsius + 32;
```

ADVERTENCIA:

Aunque esta conversión explícita garantiza que la expresión devuelva el valor correcto, aún pueden producirse conversiones implícitas en otras partes del código.

De hecho, el valor `32`, que es de tipo `int`, participa en una suma junto a otros valores de distinto tipo. En ese caso, el compilador realiza automáticamente conversiones implícitas que también deberás considerar.

Ejercicios

Ejercicio 5.01. Ten en cuenta las conversiones implícitas que se producen en esta expresión: `char letra = 'l' - ('L' - 'T');`. ¿Qué resultado se almacena en la variable `letra`?

Ejercicio 5.02. Declara una variable `double` con el valor `4.81516`, conviértela a `int` usando una conversión explícita y muestra en pantalla cómo se pierde la parte decimal.

Ejercicio 5.03. ¿Qué resultado da este ejercicio?

C/C++

```
int main(){
    int numero_perdido = 10;
    int resultado = ++ numero_perdido * 4 == 16 || numero_perdido
                    -- < 8;
    return 0;
}
```

Ejercicio 5.04. Declara un `bool`, niega su valor dos veces y comprueba el resultado.

Ejercicio 5.05. Usa `*p += *q` para sumar dos variables usando punteros.

Ejercicio 5.06. Declara dos variables de tipo `double`, implementa `a *= b + 2.5` y analiza el resultado.

Ejercicio 5.07. Utiliza el operador de igualdad para comparar si dos valores enteros son iguales y guarda el resultado en una variable de tipo `bool`. Implementa este programa en ambos lenguajes.

Ejercicio 5.08. Declara una variable de tipo `char` con la primera letra de tu nombre, súmale `1` y muestra el nuevo carácter. Utiliza el operador de incremento para implementar la solución de este ejercicio.

Ejercicio 5.09. Declara una variable de tipo `int`, asígnale un valor y utiliza `*p += 42` para incrementarlo desde el puntero.

Ejercicio 5.10. El desbordamiento ocurre cuando una operación aritmética genera un valor que supera el rango máximo que puede almacenar una variable de un tipo de dato determinado. Por otro lado, existen constantes definidas en la cabecera `<limits.h>` en C o `<climits>` en C++ que permiten conocer el máximo y mínimo valor que puede almacenar cada tipo de dato primitivo, como `INT_MAX` para el máximo de un `int` o `CHAR_MIN` para el mínimo de un `char`.

C

```
#include <stdio.h>
#include <limits.h>

int main() {
    int a = INT_MAX;
    int b = 1;
    int resultado = a + b;
    printf("Resultado = %d\n", resultado);
    return 0;
}
```

Compila y ejecuta este programa para comprobar que, aunque no presenta errores de compilación ni de ejecución, su comportamiento es incorrecto debido al desbordamiento que se produce.

Ejercicio 5.11. ¿Sabías que puedes utilizar algunos operadores aritméticos con punteros? Se llama aritmética de punteros y aprenderemos a trabajar con ella en el capítulo 6. Mientras tanto, haz la siguiente prueba: define un puntero, inicialízalo con la dirección de memoria de una variable y súmale a esta dirección de memoria el valor `1`. ¿Qué crees que ocurre?

Ejercicio 5.12. Declara un entero con el valor `108` y usa (`--`) para decrementarlo.

Ejercicio 5.13. Divide el resultado obtenido en el ejercicio 5.12 entre `4` utilizando el operador de módulo (`%`). Imprime el resto obtenido en pantalla.

Ejercicio 5.14. ¿Se produce algún cortocircuito en el ejercicio 5.03? ¿Por qué?

Ejercicio 5.15. Declara una variable de tipo `float` con el valor `15.16`. Realiza `valor += 4.8;`. ¿Qué resultado obtienes? ¿Cómo funciona el operador (+=) en C/C++?

Ejercicio 5.16. Declara una variable con el valor `16`. Divide su valor entre `2` y vuelve otra vez a dividirlo. Almacena el resultado obtenido en la misma variable. Utiliza el operador (/=) para implementar la solución.

Ejercicio 5.17. Utiliza la variable `double precio = 108.0;` y aplica un 23 % de descuento utilizando operadores compuestos.

Ejercicio 5.18. Rescata los ejemplos de este capítulo y muestra los valores de cada una de las variables en pantalla.

6

Arrays y cadenas de caracteres

En este capítulo aprenderás:

- Qué es un array y para qué se utiliza.
- Cómo funcionan los arrays estáticos y dinámicos a bajo nivel.
- Cómo se representan y gestionan las cadenas de caracteres en memoria.
- Qué papel juega la aritmética de punteros en la manipulación de datos.
- Cuál es la relación entre arrays, cadenas de caracteres y punteros en C/C++.

Introducción

Los arrays y las cadenas de caracteres son estructuras simples que se usan para almacenar y manipular colecciones de datos del mismo tipo y sirven de fundamento para estructurar datos más complejos, optimizar el uso de la memoria y desarrollar algoritmos eficientes en programación. A lo largo de este capítulo aprenderás qué es un array, cómo funcionan los arrays estáticos y dinámicos de bajo nivel, y cómo se representan y gestionan las cadenas de caracteres a nivel de memoria. También descubrirás la importancia de la aritmética de punteros y comprenderás la estrecha relación que existe entre arrays, cadenas de caracteres y punteros en C/C++.

¿Qué es un array?

Un array[1] es un conjunto de elementos de un mismo tipo, posicionados de forma consecutiva en memoria[2] y agrupados bajo un mismo identificador.

Tabla 6.1. Representación gráfica de un array: elementos posicionados de forma consecutiva en memoria.

Un array puede ser unidimensional o multidimensional. Decimos que un array es unidimensional cuando los elementos se organizan en una sola fila, y multidimensional cuando los elementos se organizan en forma de tabla o en estructuras de varias dimensiones.[3]

Vas a comprender fácilmente la utilidad de los arrays con un ejemplo sencillo. Imagina que necesitas guardar tu sueldo bruto en el mes de marzo. Con una variable sería más que suficiente, como se muestra en la tabla 6.2.

Tabla 6.2. Representación gráfica de una variable.

4 815.16
sueldo_bruto_marzo

En cambio, si quieres guardar el sueldo de cada mes a lo largo de un año, lo más práctico es usar un array, al permitir almacenar varios valores del mismo tipo bajo un solo nombre. Cada posición del array representa, de forma conceptual, un mes del año, y su contenido corresponde al sueldo recibido en ese mes.

[1] También conocido como «arreglo», por su traducción al español.

[2] Esta alineación permite optimizar la caché del procesador.

[3] En realidad, un array multidimensional es un array unidimensional que almacena otros arrays como elementos.

Tabla 6.3. Representación gráfica de un array unidimensional.

8416.04	1088.44	4815.16	4808.04	2315.16	1044.88	8404.15	2316.08	1548.16	1084.08	2315.16	1088.44

`sueldos_mensuales_brutos`

Puedes ir un paso más allá y guardar los sueldos mensuales de varios empleados a lo largo de un año. En este caso, lo ideal es utilizar un array bidimensional, donde cada fila represente a un empleado y cada columna a un mes del año.

Tabla 6.4 Representación gráfica de un array bidimensional.

...	...	...	...	...	...	...	...	...	...	...	...
...	...	...	...	...	...	...	...	...	...	...	...
...	...	...	...	...	...	...	...	...	...	...	...
...	...	...	...	...	...	...	...	...	...	...	...

De esta forma, puedes organizar y acceder fácilmente a la información salarial de cada persona en cualquier momento del año, manteniendo los datos estructurados y accesibles de forma clara.

Arrays estáticos de bajo nivel

Los arrays estuvieron presentes en C desde el origen del lenguaje, en forma de arrays estáticos de bajo nivel.

- Se les llama estáticos porque su tamaño se define en tiempo de compilación (mientras desarrollas el código de tu programa) y no puede cambiar durante la ejecución (cuando el programa ya ha sido compilado).
- Son de bajo nivel porque gestionan los datos directamente en memoria, almacenándolos de forma continua y sin intermediarios que controlen su acceso o manipulación.

Para declarar un array estático de bajo nivel, utilizamos una sintaxis parecida a la usada para declarar una variable: primero indicamos el tipo de dato, seguido del nombre del identificador. Luego, añadimos un par de corchetes `[]` donde indicamos la cantidad de elementos que contendrá el array.[4]

C

```
int main(){
    double sueldos[12];
    return 0;
}
```

[4] Esta cantidad también determina cuánta memoria se reservará para almacenarlos.

ADVERTENCIA:

El array «sueldos» tiene un tamaño constante (12), conocido en tiempo de compilación, por lo que es válido tanto en C como en C++. Sin embargo, si en lugar de un valor literal se utilizara una variable para definir el tamaño, el comportamiento dependería del lenguaje y del estándar. En C, esto no era posible hasta C99, donde se introdujeron los Variable Length Arrays (VLA), que permiten definir el tamaño en tiempo de ejecución. Aun así, no todos los compiladores los admiten. En C++, los VLA están prohibidos y el tamaño del array debe ser siempre una constante en tiempo de compilación. Cuando el tamaño solo se conoce en tiempo de ejecución, lo recomendable es utilizar memoria dinámica, como veremos más adelante.

El array `sueldos` ha sido declarado, pero aún no se le han asignado valores.[5] Existen dos formas de inicializar un array: inicialización completa, donde se asignan valores a todos sus elementos, e inicialización parcial, donde solo se asignan los primeros y el resto se rellena automáticamente con ceros (en el caso de tipos numéricos).

La inicialización completa se realiza asignando un valor a cada uno de los elementos en el momento de la declaración, utilizando llaves `{ }`:

```
tipo nombre_array[tamaño] = {valor1, valor2, valor3, ..., valorN};
```

Un ejemplo de inicialización para el vector sueldos podría ser este:

C

```
int main(){
    double sueldos[12] = {4815.16, 2342.48, 1516.23, 4248.15,
                          1623.42, 4815.16, 2342.04, 815.16,
                          2342.08, 8416.15, 1084.42, 2316.04};
    return 0;
}
```

TRUCO:

Si no indicas el tamaño del array pero usas una lista de inicialización, el compilador lo inferirá automáticamente: «double sueldos[] = {4815.16, 2342.48, 1516.23, 4248.15, 1623.42, 4815.16, 2342.04, 815.16, 2342.08, 8416.15, 1084.42, 2316.04};».

ADVERTENCIA:

El compilador siempre debe conocer el tamaño del array de bajo nivel en el momento de su declaración.

[5] En este momento, el array contiene valores basura, es decir, lo que sea que estuviera almacenado en esa zona de memoria en el momento de reservarla.

La inicialización parcial ocurre cuando asignamos valores solo a algunos elementos del array, empezando desde el principio. Los elementos no inicializados se completan automáticamente con ceros, siempre que el array sea de tipo numérico.[6]

Supongamos que queremos inicializar el array `sueldos` únicamente con los sueldos correspondientes al primer trimestre del año.

C

```c
int main(){
    double sueldos[12] = {4815.16, 2342.48, 1516.23};
    return 0;
}
```

NOTA:

¿Cómo va tu aprendizaje? Si tienes dudas, te recomiendo retroceder y reforzar bien los fundamentos vistos hasta ahora. A continuación, empezaremos a conectar conceptos y a profundizar en ellos.

Las posiciones de un array se organizan mediante índices que empiezan en `0` y aumentan de uno en uno. El primer elemento del array se encuentra en el índice `0`, el segundo en el índice `1`, y así sucesivamente hasta `n-1`, siendo `n` el número total de elementos del array.[7]

Tabla 6.5. Representación gráfica del array «sueldos».

8416.04	1088.44	4815.16	4808.04	2315.16	1044.88	8404.15	2316.08	1548.16	1084.08	2315.16	1088.44
0	1	2	3	4	5	6	7	8	9	10	11

Cada índice permite acceder a una posición del array. Para acceder al primer elemento, escribe el identificador del vector y entre corchetes el índice al que quieres acceder: `identificador[indice]`. Por ejemplo, puedes acceder al primer elemento del vector sueldos y mostrarlo en pantalla como se muestra a continuación.

C

```c
#include <stdio.h>

int main(){
    double sueldos[12] = {4815.16, 2342.48, 1516.23, 4248.15,
                          1623.42, 4815.16, 2342.04, 815.16,
                          2342.08, 8416.15, 1084.42, 2316.04};
    printf("%.2f", sueldos[0]);
    return 0;
}
```

6 Cuando los elementos no inicializados son de tipo `char`, se rellenan con `\0`; si son punteros, con `NULL`; y si forman parte de estructuras más completas, cada campo se completa con `0` o `NULL`, según su tipo.

7 Sí, así es. La primera posición se identifica con el índice `0`, no con el `1`. Esto es clave porque afecta directamente cómo accedemos y recorremos estructuras lineales como arrays o listas.

Este acceso es de lectura y escritura. No solo puedes consultar los valores almacenados, también puedes trabajar con ellos modificarlos directamente. Por ejemplo, imagina que el sueldo del mes de julio aumenta en un 15 %.

C

```
int main(){
    double sueldos[12] = {4815.16, 2342.48, 1516.23, 4248.15,
                          1623.42, 4815.16, 2342.04, 815.16,
                          2342.08, 8416.15, 1084.42, 2316.04};
    sueldos[6] *= 1.15; // Aumentamos su valor en un 15%
    return 0;
}
```

TRUCO:

Para evitar que el vector se modifique, declaralo con «const» e inicialízalo al mismo tiempo: «const double sueldos[12] = { / ... * / };». Todos los valores deben asignarse en el momento de la declaración.*

Ya sabes trabajar con arrays estáticos unidimensionales de bajo nivel. Si necesitas añadir más dimensiones, simplemente añade un par de corchetes por cada nueva dimensión. Por ejemplo, imagina que tienes una casa en propiedad con tres habitaciones, y en cada una hay cuatro sensores de temperatura colocados en diferentes puntos. En vez de almacenar los valores en tres arrays independientes:

C

```
int main(){
    float sensores_salon[4], sensores_cocina[4],
          sensores_dormitorio[4];
    return 0;
}
```

Puedes crear una matriz donde cada fila represente una habitación y cada columna el valor recogido por cada uno de los sensores instalados:

C

```
int main(){
    float sensores[3][4];
    return 0;
}
```

En realidad, un array bidimensional no es más que un array de arrays (es decir, cada elemento del array principal es otro array). Para inicializarlo, debes inicializar cada uno de los arrays en cada una de las posiciones. Es importante destacar que todos los arrays internos deben tener el mismo tamaño, porque en C y C++ los arrays multidimensionales requieren dimensiones fijas y uniformes.

C

```c
int main(){
    float sensores[3][4] = {
                            {23.42, 23.0, 23.08, 23.15},   // Salón
                            {23.04, 23.08, 23.16, 23.15}, // Cocina
                            {18.23, 18.16, 19.15, 18.04}   // Dormitorio
                            };
    return 0;
}
```

Para acceder al tercer sensor de la cocina, basta con ir a la fila `1` (que representa la cocina) y a la columna `2` (que corresponde al tercer sensor), ya que los índices comienzan en `0`. Este acceso es tanto de lectura como de escritura, así que puedes consultar la información y también modificarla.

C

```c
int main(){
    float sensores[3][4] = {
                            {23.42, 23.0, 23.08, 23.15},   // Salón
                            {23.04, 23.08, 23.16, 23.15}, // Cocina
                            {18.23, 18.16, 19.15, 18.04}   // Dormtorio
                            };

    sensores[1][2] = 42.0; // Qué calor...
    return 0;
}
```

De forma similar, un array tridimensional utiliza tres pares de corchetes (por ejemplo `int cubo[4][8][16];`). Cada nueva dimensión permite representar estructuras más complejas, como volúmenes, secuencias organizadas jerárquicamente o matrices en varios niveles. Eso sí, a medida que aumentas el número de dimensiones, también se incrementa la complejidad para recorrer y manipular los datos de forma correcta.

Cadenas de caracteres de bajo nivel

Una cadena de caracteres es simplemente un array de tipo `char` que termina con un carácter nulo `\0`. Por ejemplo, para almacenar la palabra `ANAYA`, necesitas un array con seis elementos: cinco para las letras y uno extra para el carácter terminador `\0`.

C

```c
int main(){
    char editorial[6] = {'A', 'N', 'A', 'Y', 'A', '\0'};
    return 0;
}
```

Puedes inicializar la cadena letra por letra o directamente con una cadena entre comillas dobles. Esta última forma es más sencilla y legible.

C

```c
int main(){
    char editorial[] = "ANAYA";
    // El compilador añade \0 automáticamente
    return 0;
}
```

ADVERTENCIA:

Las comillas dobles «" "» se usan para representar cadenas de caracteres, y las comillas simples «' '» para un solo carácter. Por ejemplo «"E"» es una cadena de caracteres que contiene la letra «E» y el carácter terminador, y «'E'» es un carácter individual.

El carácter `\0` marca el final de una cadena y permite que un array de `char` sea reconocido y tratado correctamente como tal. Si falta, las funciones que trabajan con cadenas[8] no sabrán dónde termina la cadena, y al recorrerla, seguirán leyendo memoria sin control (lo que puede causar desbordamientos o comportamientos indefinidos).

Por ejemplo, La función `printf()` sabe hasta dónde imprimir una cadena gracias al carácter terminador `\0`.

C

```c
#include <stdio.h>

int main(){
    char hola_mundo[] = "¡Hola, Mundo!";
    printf("%s\n", hola_mundo);
    return 0;
}
```

TRUCO:

El especificador «%s» se usa en «printf()» para mostrar una cadena de caracteres. La letra «s» viene de «string», que significa «cadena» en inglés.

Aritmética de punteros

La aritmética de punteros es una de las características más poderosas y, también, una de las más peligrosas. Como ya comenté en el primer capítulo, gestionar la memoria no es una tarea sencilla y muchos de los errores que se encuentran en aplicaciones reales provienen de una gestión incorrecta de la memoria. Por eso, presta especial atención a esta sección: aquí empezarás a aprender cómo trabajar con la memoria de forma segura y precisa.

8 Las veremos en el capítulo 12.

La aritmética de punteros es un conjunto de operaciones aritméticas que permite manipular direcciones de memoria directamente. Como vimos en el capítulo 4, un puntero simplemente es una variable que guarda una dirección, y con esta dirección puedes desplazarte por la memoria, e incluso, leer o escribir datos.[9] Con aritmética de punteros podemos, por ejemplo, sumar o restar valores a un puntero, comparar dos punteros o calcular la distancia entre ellos. Gracias a estas operaciones es posible recorrer de forma eficiente arrays y otras estructuras cuyos elementos están almacenados de forma consecutiva.

Ahora bien, ¿qué relación hay entre los arrays y los punteros? Muy simple: un array es, en realidad, una especie de puntero constante al primer elemento. Aunque no son exactamente lo mismo (por ejemplo, un array no se puede reasignar como sí puede hacerse con un puntero), en muchos contextos un array se convierte automáticamente en un puntero.

Recupera el vector `sueldos` y asigna su identificador a un puntero del mismo tipo:

C

```c
int main(){
    double sueldos[12] = {4815.16, 2342.48, 1516.23, 4248.15,
                          1623.42, 4815.16, 2342.04, 815.16,
                          2342.08, 8416.15, 1084.42, 2316.04};
    double* p_sueldos = sueldos;
    return 0;
}
```

En este ejemplo, `p_sueldos` se convierte en un puntero al primer elemento de `sueldos`. El puntero `p_sueldos` apunta al primer `double` del array. Puedes comprobarlo mostrando el valor al que apunta en pantalla.

C

```c
#include <stdio.h>

int main(){
    double sueldos[12] = {4815.16, 2342.48, 1516.23, 4248.15,
                          1623.42, 4815.16, 2342.04, 815.16,
                          2342.08, 8416.15, 1084.42, 2316.04};
    double * p_sueldos = sueldos;
    printf("%.2f\n", *p_sueldos);
    return 0;
}
```

Gracias a esta dirección base podemos desplazarnos a lo largo del vector. Recuerda que el lenguaje asume que los demás elementos del array están en posiciones consecutivas de la memoria y además el compilador conoce el tamaño de cada elemento (gracias al tipo del array).

9 Siempre y cuando sepas lo que haces y tengas permiso para hacerlo.

Suma 1 a la dirección base del array para acceder al segundo elemento.

C

```
#include <stdio.h>

int main(){
    double sueldos[12] = {4815.16, 2342.48, 1516.23, 4248.15,
                          1623.42, 4815.16, 2342.04, 815.16,
                          2342.08, 8416.15, 1084.42, 2316.04};
    double * p_sueldos = sueldos;
    printf("Enero: %.2f\n", *p_sueldos);
    printf("Febrero: %.2f\n", *(p_sueldos+1));
    return 0;
}
```

Para acceder al tercer elemento, súmale 2. Y así, sucesivamente.

ADVERTENCIA:

Ten mucho cuidado. Si te despistas, podrías acceder a una posición fuera del array, y eso provoca un comportamiento indefinido. Según el estándar de C, esto puede hacer que leas basura, provoques un fallo de segmentación o, lo que es peor, que parezca que todo funciona correctamente (algo especialmente peligroso). Haz una pequeña prueba: intenta acceder a «(p_sueldos + 12)» y observa qué ocurre. Recuerda que el array tiene 12 posiciones, numeradas del 0 al 11.*

La aritmética de punteros puede complicarse tanto como quieras o necesites. Por ejemplo, toma la dirección del primer y último elemento del vector sueldos:

C

```
#include <stdio.h>

int main (){
    double sueldos[12] = {4815.16, 2342.48, 1516.23, 4248.15,
                          1623.42, 4815.16, 2342.04, 815.16,
                          2342.08, 8416.15, 1084.42, 2316.04};
    double *primer_elemento = &sueldos[0];
    double *ultimo_elemento = &sueldos[11];
    return 0;
}
```

Puedes calcular cuántos elementos tiene un vector restando la dirección del primer elemento a la del último.

```
int numero_de_elementos = ultimo_elemento - primer_elemento + 1;
```

NOTA:

Al restar dos punteros, el resultado indica la cantidad de elementos entre ellos, sin incluir el último. Por eso, si quieres contar también el último elemento, debes sumar «1» al resultado.

Arrays dinámicos de bajo nivel

Como aprendiste recientemente, los arrays estáticos de bajo nivel deben tener un tamaño fijo definido en tiempo de compilación. Esta limitación provoca un problema clave: la falta de flexibilidad. Si durante la ejecución necesitas más espacio, no podrás ampliar el array. Y si reservas más memoria de la necesaria por precaución, estarás desperdiciando recursos que quizá no llegues a usar. Los arrays dinámicos de bajo nivel solucionan este problema. A diferencia de los arrays estáticos, puedes cambiar su tamaño durante la ejecución del programa.

Para trabajar con arrays dinámicos, incluye la cabecera `<stdlib.h>`. Esta biblioteca te proporcionará las funciones necesarias para reservar, redimensionar y liberar memoria en tiempo de ejecución.[10]

Reserva de memoria

La reserva de memoria para arrays dinámicos de bajo nivel se realiza mediante la función `malloc()`.[11] Esta función[12] recibe, entre paréntesis, el tamaño en bytes de la memoria que desea reservar.[13]

Por ejemplo, supongamos que quieres almacenar un número entero en memoria. ¿Sabes cuánto espacio ocupa exactamente? Probablemente no lo sepas (y yo tampoco).[14] Para resolver esta duda utilizaremos el operador `sizeof()`, que nos indica cuántos bytes ocupa un tipo de dato o una variable en memoria.[15]

`sizeof(int)` nos devuelve el tamaño (en bytes) que ocupa un entero en memoria. Ese es precisamente el valor que necesitamos proporcionarle a la función `malloc()`.

```
malloc(sizeof(int));
```

10 Además de la gestión de memoria, `<stdlib.h>` también ofrece funciones para convertir cadenas en números, generar números aleatorios y realizar ordenaciones y búsquedas, entre otras utilidades

11 El nombre de esta función proviene del término en inglés *memory allocation*, que significa asignación de memoria.

12 Aunque aún no hemos estudiado en detalle el concepto de función, es importante que comiences a familiarizarte con él. Lo veremos en profundidad en el capítulo 9.

13 Este valor se denomina argumento.

14 El tamaño real depende de la arquitectura del hardware y del compilador que estés utilizando.

15 Aunque parezca una función, `sizeof()` es en realidad un operador.

La función `malloc()` reserva dinámicamente una zona de memoria y devuelve un puntero que apunta al inicio de esa zona. Para poder utilizar esa memoria más adelante, es necesario guardar el puntero que nos devuelve. Declara un puntero del mismo tipo que el dato que quieras guardar en la memoria reservada.

```
int *numeros_lost = malloc(sizeof(int));
```

¿Todo claro hasta aquí? ¡Prepárate que vienen curvas! La función `malloc()` devuelve un puntero genérico (`void *`). Esto significa que en la línea anterior se está produciendo una conversión implícita de un puntero genérico (`void *`) a puntero a entero (`int *`). Como ya sabes, es recomendable hacer esta conversión de forma explícita.

```
int *numeros_lost = (int *)malloc(sizeof(int));
```

TRUCO:

En C puro, la recomendación actual es no usar casting explícito. Sin embargo, si tu código puede ser compilado también en un compilador de C++, debes usar casting explícito.

¿Y qué pasa si quieres reservar espacio para guardar dos números en lugar de uno? Muy sencillo: solo tienes que multiplicar el tamaño de un entero por la cantidad de números que quieras almacenar. Aquí tienes el código completo:

C

```
#include <stdlib.h>

int main(){
    int *numeros_lost = (int *)malloc(2*sizeof(int));
    return 0;
}
```

ADVERTENCIA:

Si «malloc()» no consigue reservar la memoria solicitada, devolverá «NULL», y usar ese puntero sin verificarlo podría causar errores en tu programa. En el capítulo 7 aprenderás a usar estructuras condicionales para verificar si un puntero contiene un valor válido.

Reserva de memoria e inicialización

Es probable que ya te hayas dado cuenta de que `malloc()` reserva espacio en memoria, pero no la inicializa. Por eso, la memoria asignada puede contener valores aleatorios que ya existían en esas posiciones.

La función `calloc()` permite reservar espacio en memoria e inicializarlo automáticamente a un valor predeterminado.[16] La cabecera[17] de `calloc()` es la siguiente:

16 Por defecto, las variables numéricas se inicializan a cero, los valores booleanos se inicializan como falso y los punteros se inicializan a `NULL` (especialmente útil si trabajas con arrays de punteros).

17 La cabecera de una función indica cómo debemos utilizarla.

```
void * calloc(size_t numero_de_elementos, size_t tamaño_elemento);
```

NOTA:

El tipo «size_t» es un entero sin signo. Según la arquitectura puede ser un «unsigned int» o un «unsigned long».

Una reserva de memoria similar a la que vimos en el apartado anterior, pero que además inicializa el contenido a un valor por defecto, sería la siguiente:

```
int *numeros_lost = (int *)calloc(2, sizeof(int));
```

NOTA:

Como puedes observar, «malloc()» recibe un solo argumento mientras que «calloc()» recibe dos. Gracias a esta diferencia, con «calloc()» no necesitas realizar cálculos manuales para determinar el tamaño total de memoria.

Asignación de valores a elementos de memoria

Supongamos que quieres guardar los números de la serie *Perdidos*. Intenta seguir este ejemplo con `malloc()` mientras yo te lo muestro con `calloc()`.

```
int *numeros_lost = (int *)calloc(6, sizeof(int));
```

Al igual que con los arrays estáticos de bajo nivel, existen dos formas de asignar valores a los elementos de un array dinámico: usando la notación `[ ]` o la aritmética de punteros. En este ejemplo, asignaremos los primeros elementos utilizando la notación de array `[ ]` y los tres siguientes mediante aritmética de punteros, para que puedas ver cómo funciona cada opción.

C

```c
#include <stdlib.h>

int main() {
    int *numeros_lost = (int *)calloc(6, sizeof(int));

    numeros_lost[0] = 4;
    numeros_lost[1] = 8;
    numeros_lost[2] = 15;
    *(numeros_lost + 3) = 16;
    *(numeros_lost + 4) = 23;
    *(numeros_lost + 5) = 42;

    return 0;
}
```

Ajuste dinámico de memoria

Ya sabes reservar espacio en memoria y asignar valores dentro de ese espacio. Sin embargo, esto ya lo podías hacer con los arrays estáticos de bajo nivel. La verdadera ventaja de trabajar con memoria dinámica es poder ajustar el tamaño del espacio reservado según se necesite.

Imagina que reservaste memoria para almacenar los sueldos de un empleado durante seis meses (`double *sueldos_de_enero_a_junio = (double *)malloc(6 * sizeof(double));`) y ahora quieres ampliar el registro para guardar los sueldos de otros seis meses más. Para conseguirlo necesitarás redimensionar el bloque de memoria que habías reservado inicialmente a través de la función `realloc()`.

`realloc()` recibe dos parámetros: el puntero al bloque de memoria actual y el nuevo tamaño (en bytes) que queremos reservar.

C

```c
#include <stdlib.h>

int main(){
    double *sueldos = (double *)malloc(6 * sizeof(double));
    // Asignamos valores para los primeros 6 meses...
    *sueldos = (double *)realloc(sueldos, 12*sizeof(double));
    return 0;
}
```

ADVERTENCIA:

Cuando «realloc()» falla, devuelve «NULL». Si asignas directamente el resultado de «realloc()» al puntero original –como te muestro en el ejemplo– sin comprobar antes si la operación tuvo éxito, podrías perder la referencia al bloque de memoria válido que habías reservado. En este caso, ese bloque quedaría ocupado en memoria sin ningún puntero que lo apunte, por lo que ya no podrías liberar dicha memoria más adelante. Esta situación se conoce como fuga de memoria.

Liberación de la memoria reservada

Toda memoria reservada debe ser liberada. Esto debe ser así y cuanto antes lo aprendas mejor. Una gran parte de los problemas que se producen en C y C++ en producción vienen derivados de una mala gestión de la memoria. Dominar el ciclo completo de reserva y liberación es fundamental para escribir código seguro, eficiente y robusto.

`free()` es una función que libera un bloque de memoria previamente reservado con `malloc()`, `calloc()` o `realloc()`. Simplemente llama a `free()` y pásale como parámetro el puntero que apunta al bloque de memoria que quieres liberar.

C
```
#include <stdlib.h>

int main(){
    double *sueldos = (double *)malloc(6 * sizeof(double));
    // Trabajamos con el array...
    free(sueldos);
    return 0;
}
```

Después de liberar la memoria, el puntero sigue existiendo, pero ya no apunta a una zona válida, motivo por el que es recomendable asignarlo a `NULL` inmediatamente. Así evitarás accesos accidentales a memoria que ya ha sido liberada.

C
```
#include <stdlib.h>

int main(){
    double *sueldos = (double *)malloc(6 * sizeof(double));
    // Trabajamos con el vector...
    free(sueldos);
    sueldos = NULL; // También puedes usar nullptr a partir de C++11
    return 0;
}
```

Ejercicios

Ejercicio 6.01. ¿Qué ocurre si declaras y defines esta cadena estática de bajo nivel: `const char vacio[] = "";`?

Ejercicio 6.02. ¿Qué diferencia hay entre `*(p_sueldos+1);` y `(*p_sueldos)+1;`?

Ejercicio 6.03. Declara una cadena y defínela con tu nombre de usuario en internet (en minúsculas). Cópialo carácter por carácter, en una nueva cadena.

Ejercicio 6.04. Declara un array estático capaz de almacenar estos valores: `[4, 8, 15, 16, 23, 42]`. Invierte el orden de ellos en un nuevo vector.

Ejercicio 6.05. Modifica la cadena que creaste en el ejercicio 6.03. y cambia sus letras impares por su letra mayúscula equivalente.

Ejercicio 6.06. Crea una cadena de caracteres en memoria dinámica que contenga el título de este libro.

NOTA:

A diferencia de la memoria estática, en memoria dinámica debes asegurarte tú mismo de añadir el carácter «\0» al final para marcar el final de la cadena.

Ejercicio 6.07. Declara una cadena de caracteres que contenga tu nombre y tu primer apellido juntos, sin espacio entre ellos. Añade posteriormente un espacio entre el nombre y el primer apellido. ¿Creaste la cadena con memoria estática o dinámica? ¿Por qué?

Ejercicio 6.08. Escribe `LOST` en un array de diez caracteres y rellena el resto con espacios.

Ejercicio 6.09. Copia el array del ejercicio 6.08 carácter por carácter usando punteros.

Ejercicio 6.10. Copia el primer carácter de tu nombre en un array vacío.

Ejercicio 6.11. Crea un array de enteros con dos valores. Suma los dos primeros elementos y almacena el resultado en una variable.

Ejercicio 6.12. Toma el array invertido que obtuviste en el ejercicio 6.04 e intercambia manualmente el primer y último número.

Ejercicio 6.13. Declara una cadena de caracteres y asígnale tu dirección de correo electrónico. Si subes este ejercicio al repositorio de ejercicios, te suscribiré a mi boletín de correo personal.

Ejercicio 6.14. Reserva memoria para tres valores de tipo `double` con `malloc()` e incluye en cada posición el precio de los juegos de *Play Station* que te gustaría tener.

Ejercicio 6.15. Redimensiona el array creado en el ejercicio 6.14 con `realloc()` para almacenar seis precios.

Ejercicio 6.16. Invierte el array del ejercicio anterior y guarda el resultado en un nuevo array.

Ejercicio 6.17. ¿En cuántos ejercicios de esta lección has trabajado con memoria dinámica? Repásalos y libera la memoria que reservaste con `free()`.

Ejercicio 6.18. Declara un array de tres cadenas con memoria estática (`char palabras[3][30]`) e incluye tu nombre en la primera cadena, tu primer apellido en la segunda y tu segundo apellido en la tercera. Muestra el contenido de estas cadenas en pantalla.

Ejercicio 6.19. Implementa el ejercicio anterior con memoria dinámica y ocupa el espacio estrictamente necesario. Recuerda liberar memoria.

Ejercicio 6.20. Declara una cadena de caracteres con tu nombre. Súmale `1` a cada letra e imprime el resultado en pantalla.

Ejercicio 6.21. Declara un array de quince elementos e inicialízalos a `0`.

Ejercicio 6.22. Recupera la cadena que declaraste y definiste en el ejercicio 6.13. Prueba qué ocurre si accedes a las posiciones `n-1`, `n` y `n+1`. Muestra el contenido en pantalla.

Ejercicio 6.23. Cuando usas `realloc()` para reducir el tamaño de un array, el contenido anterior se conserva únicamente hasta el nuevo tamaño solicitado; todo lo que quede fuera de ese nuevo límite se pierde, aunque los datos eliminados no necesariamente desaparecen de la memoria de forma inmediata. Para comprobarlo, crea un array dinámico en el que almacenes los números 4, 8, 15, 16, 23 y 42; luego reduce su tamaño y observa qué sucede.

Ejercicio 6.24. Crea una matriz dinámica de 4x8 utilizando `malloc()` y asigna manualmente valores a cada elemento mediante aritmética de punteros. Para hacerlo, primero declara un puntero doble que representará la matriz y reserva memoria para los cuatro punteros que apuntarán a las filas (`int **matriz = (int **)malloc(4 * sizeof(int *));`). Luego, reserva memoria para las ocho columnas de cada fila de forma individual. Una vez creada la matriz, accede y asigna valores a los elementos usando aritmética de punteros con la forma `*(*(puntero + fila) + columna)`.

7

Sentencias condicionales

En este capítulo aprenderás:

- Qué son las sentencias condicionales y cómo se usan.
- Cómo utilizar la estructura «if-else» para ejecutar bloques de código según condiciones.
- Cuándo emplear la estructura switch para simplificar múltiples decisiones basadas en un mismo valor.
- Qué es el operador ternario (? :) y cómo usarlo para escribir decisiones concisas en una sola línea.

Introducción

Hasta ahora, todos los programas que has escrito han seguido una ejecución secuencial: se ejecutan línea por línea, en el orden en que han sido escritas. Sin embargo, en muchos casos los programas deben ser capaces de adaptarse a distintas situaciones. Para lograr un comportamiento más flexible y dinámico, necesitamos introducir decisiones en el flujo del programa.

En C y C++, contamos con sentencias condicionales que nos permiten tomar decisiones. Las principales herramientas que encontramos en estos lenguajes son:

- La estructura `if-else`
- La estructura `switch`
- El operador ternario (`? :`)

Estructura «if-else»

La estructura `if-else` es la estructura condicional más básica del lenguaje y conduce el flujo del programa entre dos posibles caminos en base a una condición: si la condición se evalúa como verdadera se ejecutará el bloque de código asociado a `if`; y si la condición se torna falsa, entonces se ejecutará el bloque de código asociado a `else`.

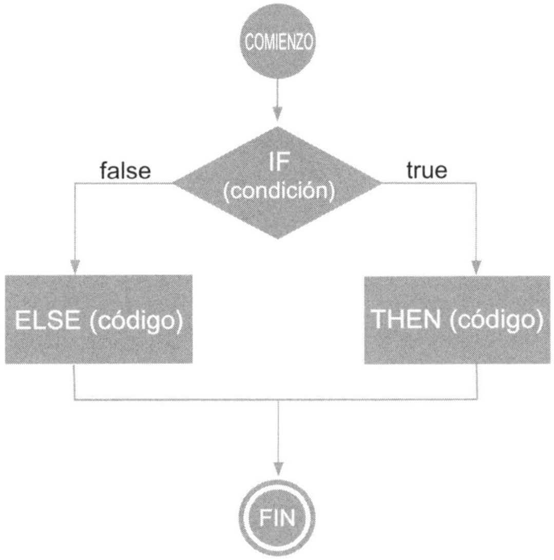

Figura 7.1. Estructura «if-else».

La sintaxis de la estructura `if-else` es la siguiente:

C/C++

```
if (expresion_condicional){
    // Bloque de código que se ejecuta si la condición es verdadera
} else {
    // Bloque de código que se ejecuta si la condición es falsa
}
```

La toma de decisiones se implementa según el valor devuelto por `expresion_condicional`, que puede ser desde una variable booleana cuyo contenido sea `true` o `false`, hasta una expresión compleja con todo tipo de operadores relacionales y lógicos, o incluso el valor devuelto por una función como veremos más adelante. Veamos algunos ejemplos.

Imagina que lideras el desarrollo de una herramienta que genera estadísticas sobre los asistentes a eventos. Para calcular la edad promedio, decides almacenar las edades de todos los asistentes en un array dinámico. La organización ha vendido cien entradas, así que esperas recibir al menos cien asistentes.

```
float *edades_asistentes = (float *)calloc(100, sizeof(float));
```

Como vimos en el capítulo anterior, las funciones `malloc()`, `calloc()` y `realloc()` devuelven `NULL` si no logran reservar memoria. Como buen desarrollador o desarrolladora de software, comprueba siempre si el valor devuelto es `NULL` antes de usar el puntero. Esto lo puedes conseguir fácilmente con una sentencia `if-else`.

C/C++

```
if (edades_asistentes == NULL) {
    // ...
} else {
    // ...
}
```

Aunque es importante controlar los errores, el bloque `else` es opcional. Solo trabajamos con el puntero si su valor no es `NULL`.

C/C++

```
if (edades_asistentes != NULL) {
    // ...
}
```

NOTA:

El primer código maneja el error explícitamente y el segundo solo actúa si todo va bien y omite (o deja para más adelante) el manejo de errores.

Veamos otro ejemplo. Imagina que estás al frente de un equipo de ventas. Tu programa debe mostrar un mensaje en pantalla dependiendo de si se ha alcanzado el objetivo de ventas o no. Para ello, debe pedir al usuario que introduzca un valor por teclado.

C++

```cpp
#include <iostream>
using namespace std;

int main() {
    int numero_de_ventas_realizadas;

    cout << endl << "Introduce el número de ventas realizadas este
                    mes: ";
    cin >> numero_de_ventas_realizadas;

    if (numero_de_ventas_realizadas > 108) {
        cout << "¡Objetivo superado! Que alguien avise a Recursos
                Humanos: tenemos a un vendedor imparable."
             << endl << endl;
    } else {
        cout << "Sin ventas no hay banquete... este mes toca dieta
                empresarial." << endl << endl;
    }

    return 0;
}
```

Compila y ejecuta este programa para comprobar su funcionamiento.

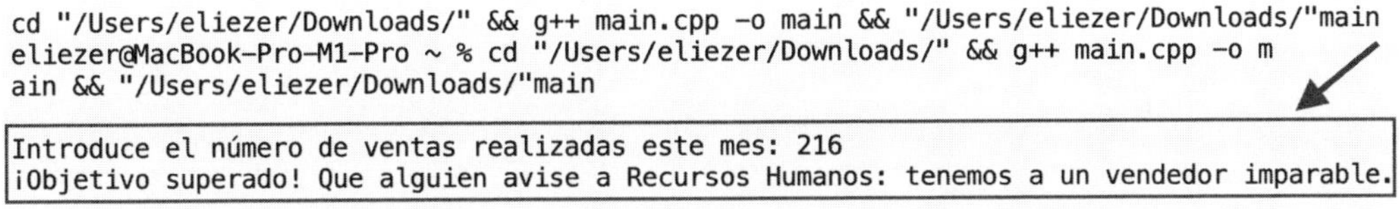

Figura 7.2. Ejecución del programa «Número de ventas realizadas».

NOTA:

Intenta comprender qué hace este código. Una parte importante de tu desarrollo profesional consistirá en leer y entender código escrito por otras personas, y en descubrir cómo funciona. Una vez lo hayas intentado, puedes consultar los capítulos 11 y 18 para profundizar en el funcionamiento de las funciones que recogen información desde el teclado.

Las condiciones también pueden anidarse. Por ejemplo, piensa en un sistema que evalúa la nota de un alumno en un examen. Podemos comprobar diferentes condiciones anidando sentencias:

```c
#include <stdio.h>

int main() {
    float nota;

    printf("Introduce la nota del estudiante: ");
    scanf("%f", &nota);
    // Lee el capítulo 11 para saber cómo trabaja scanf()

    if (nota > 10 || nota < 0) {
        puts("Nota no válida");
    } else {
        if (nota >= 9 && nota <= 10) {
            puts("Sobresaliente");
        } else {
            if (nota >= 7 && nota < 9) {
                puts("Notable");
            } else {
                if (nota >= 6 && nota < 7) {
                    puts("Bien");
                } else {
                    if (nota >= 5 && nota < 6) {
                        puts("Insuficiente");
                    } else {
                        puts("Suspenso");
                    }
                }
            }
        }
    }

    return 0;
}
```

NOTA:

*«puts()» es una función que imprime una cadena de caracteres «(const char *str)» en la salida estándar (normalmente la pantalla), seguida automáticamente de un salto de línea «(\n)». Si solo quieres imprimir una cadena simple, «puts()» es más rápido y fácil.*

Cuando necesitas comprobar varias condiciones excluyentes, es común encadenar varios bloques `else` con nuevas condiciones `if`. Para mejorar la legibilidad y evitar un exceso de anidamiento, el lenguaje permite agrupar estas comprobaciones mediante la estructura `else if(expresion_condicional)`.

TRUCO:

Si un bloque solo contiene una instrucción, puedes omitir las llaves «{}» para simplificar el código.

C

```c
#include <stdio.h>

int main() {
    float nota;

    printf("Introduce la nota del estudiante: ");
    scanf("%f", &nota);

    if (nota > 10 || nota < 0) puts("Nota no válida");
    else if (nota >= 9) puts("Sobresaliente");
    else if (nota >= 7) puts("Notable");
    else if (nota >= 6) puts("Bien");
    else if (nota >= 5) puts("Suficiente");
    else puts("Suspenso");

    return 0;
}
```

Mucho mejor, ¿verdad? Compila el código y ejecuta el programa resultante para comprobar su funcionamiento.

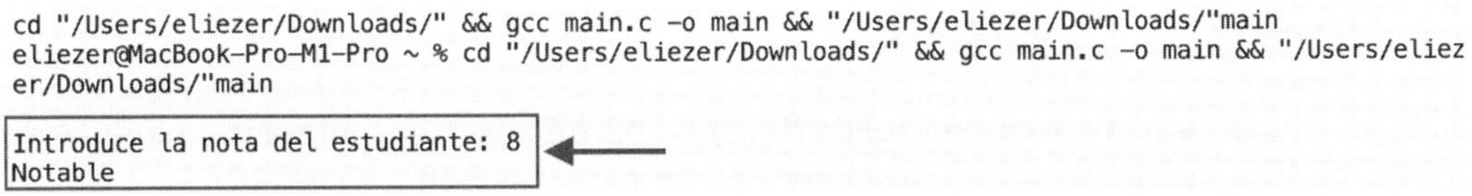

Figura 7.3. Ejecución del programa «Comprobación de la nota del estudiante».

ADVERTENCIA:

Si utilizas «Visual Studio Code» junto con «Code Runner», asegúrate de que la terminal integrada esté habilitada para entrada desde teclado (puedes activar esta opción desde los ajustes del editor). Como alternativa, también puedes ejecutar directamente el archivo ejecutable del programa desde la terminal para introducir los valores manualmente.

Vamos con un último ejemplo. Imagina que trabajas en la Dirección General de Tráfico y necesitas crear un programa sencillo que compruebe si una persona puede obtener el permiso de conducir.

C++

```cpp
#include <iostream>
using namespace std;

int main(){
    int edad = 23;
    bool examen_teorico_aprobado = true,
         examen_practico_aprobado = false;

    if (edad >= 18 && examen_teorico_aprobado
                   && examen_practico_aprobado){
        cout << "¡Enhorabuena! Bienvenido al mundo real: gasolina
        cara, multas y parkings imposibles." << endl;
    } else {
        cout << "No cumples los requisitos, pero sigues siendo el
        copiloto más elegante." << endl;
    }
    return 0;
}
```

NOTA:

¿Te has fijado? No es necesario comprobar si «examen_teorico_aprobado == true» ni «examen_practico_aprobado == true». Estas variables ya contienen un valor booleano («true o false»), por lo que se pueden usar directamente en la condición.

Estructura «switch»

`switch` es una estructura de control de flujo que permite ejecutar diferentes bloques de código en función de un valor con el que se compara. En ciertas ocasiones se trata del contenido de una variable y, en otras, del resultado de una expresión. En cualquier caso, la sintaxis de la estructura `switch` es la siguiente:

C/C++

```c
switch (expresion_a_evaluar) {
    case constante1:
        // Código a ejecutar si expresion_a_evaluar == constante1
        break;
    case constante2:
        // Código a ejecutar si expresion_a_evaluar == constante2
        break;
    // ...
    default:
        /* Código a ejecutar si expresion_a_evaluar no coincide con
        ningún case*/
}
```

Su funcionamiento es muy sencillo: se analiza el resultado de `expresion_a_evaluar` (o el contenido de la variable que se haya dispuesto entre paréntesis) y se va realizando una comparación en cada caso.

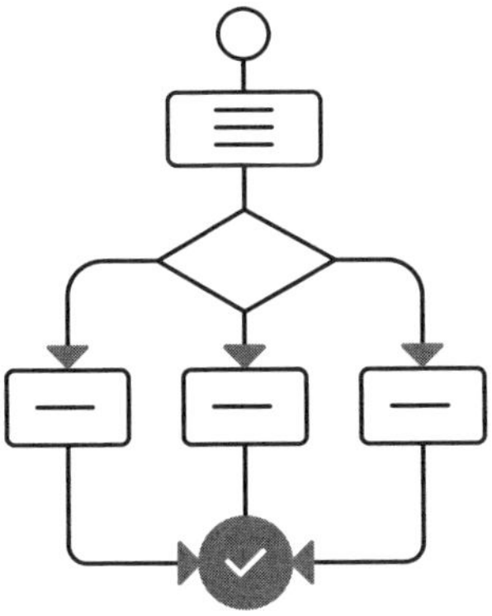

Figura 7.4. Estructura «switch».

Cada `case` representa un valor constante con el que se compara el resultado de la expresión evaluada. Cuando se encuentra un `case` que coincide, el programa ejecuta el bloque de instrucciones asociado a ese caso. Tras ejecutar ese bloque, el uso de la instrucción `break` permite salir del `switch` para evitar que se sigan evaluando otros casos innecesariamente.

Finalmente, si ningún `case` coincide con el valor de la expresión, se ejecuta el bloque de `default` siempre y cuando haya sido definido. El `default` actúa como una opción por defecto, útil para gestionar entradas no previstas o errores de selección.

Veamos cómo se aplica con un ejemplo práctico. Imagina que quieres ofrecer al usuario de una aplicación la posibilidad de elegir entre varias opciones mediante un menú. En este caso, la estructura `switch` es la opción más adecuada, porque permite manejar múltiples alternativas de forma clara, ordenada y eficiente.

C++

```
#include <iostream>
using namespace std;

int main() {
    int opcion;

    cout << "\n=== Menú Principal ===\n";
    cout << "1. Consultar base de datos de clientes\n";
    cout << "2. Generar informe de ventas\n";
    cout << "3. Configurar parámetros del sistema\n";
    cout << "4. Salir\n" << endl;
```

continuación C++

```
    cout << "Selecciona una opción: ";
    cin >> opcion;

    switch (opcion) {
        case 1: cout << "Consultando base de datos de clientes..."
                     << endl;
                break;
        case 2: cout << "Generando informe de ventas..." << endl;
                break;
        case 3: cout << "Abriendo configuración del sistema..."
                     << endl;
                break;
        case 4: cout << "Saliendo del sistema. ¡Hasta pronto!"
                     << endl;
                break;
        default: cout << "Opción no válida..." << endl;
    }

    return 0;
}
```

Como puedes observar, la opción `default` no requiere una instrucción `break`. Comprueba que el código compila y ejecuta correctamente.

```
===== Menú Principal =====
1. Consultar base de datos de clientes
2. Generar informe de ventas
3. Configurar parámetros del sistema
4. Salir

Selecciona una opción:
```

Figura 7.5. Ejecución del programa «Menú principal».

NOTA:

La etiqueta «default» puede colocarse en cualquier parte dentro de un «switch». Sin embargo, si no está al final, asegúrate de incluir una instrucción «break» para evitar que el programa continúe ejecutando los siguientes casos.

Tanto en la estructura `if-else` como en la estructura `switch` es importante que las comparaciones se realicen entre valores del mismo tipo. Por ejemplo, supongamos que se muestra un mensaje en pantalla en función de un carácter que representa el tipo de acceso de un usuario.

C

```
#include <iostream>
using namespace std;

int main() {
    char tipo_de_empleado;

    cout << endl << "Introduce el tipo de empleado (A =
                Administrativo, T = Técnico, D = Directivo): ";
    cin >> tipo_de_empleado;

    switch (tipo_de_empleado) {
        case 'A': cout << "Área administrativa." << "\n\n"; break;
        case 'a': cout << "Área administrativa." << "\n\n"; break;
        case 'T': cout << "Área técnica." << "\n\n"; break;
        case 't': cout << "Área técnica." << "\n\n"; break;
        case 'D': cout << "Área directiva." << "\n\n"; break;
        case 'd': cout << "Área directiva." << "\n\n"; break;
        default: cout << "Tipo de empleado no reconocido." << "\n\n";
    }
    return 0;
}
```

TRUCO:

Para mostrar dos saltos de línea en pantalla, es más eficiente usar «\n\n» que «<< endl << endl.».

Como puedes apreciar, los caracteres se escriben entre comillas simples, en concordancia con el tipo de dato que se está comparando.

```
Introduce el tipo de empleado (A = Administrativo, T = Técnico, D = Directivo): D
Área directiva.
```

Figura 7.6. Ejecución del programa «Área a la que pertenece un tipo de empleado».

Además, en casos como éste, es recomendable anticiparse y prever que el usuario podría no introducir la información tal como se espera, motivo por el que consideramos en este ejemplo tanto letras mayúsculas como letras minúsculas.

NOTA:

¿Quieres experimentar? Define «tipo_de_empleado» con «t» y elimina su instrucción «break». Comprueba cómo se muestran dos mensajes en pantalla. ¿Qué crees que está pasando?

Veamos un último ejemplo. ¿Serías capaz de implementar un sistema que evalúe la nota de un estudiante con la estructura `switch` en vez de `if-else`? Tómate un momento para pensarlo. Cuando lo hayas reflexionado, continúa leyendo.

- La nota incluye decimales y eso complica el uso de estructuras como `switch`, porque comparar valores decimales con exactitud no siempre es fiable. Los números con parte fraccionaria (`float` y `double`) tienen una precisión muy alta, lo que hace difícil encontrar coincidencias exactas. Por tanto, no es práctico ni viable usar este tipo de dato directamente en un `switch`.
- Por otro lado, si usas un `int` para representar la nota, perderás precisión al solo permitir valores enteros. Como esta opción no refleja fielmente la realidad, la descartamos.

En cambio, esta solución mixta sí que funciona... ¿Qué está pasando?

C++

```
#include <stdio.h>

int main() {
    float nota;

    printf("Introduce la nota del estudiante: ");
    scanf("%f", &nota);

    switch(nota){
        case 5: puts("Suficiente"); break;
        case 6: puts("Bien"); break;
        case 7: puts("Notable"); break;
        case 8: puts("Notable"); break;
        case 9: puts("Sobresaliente"); break;
        case 10: puts("Matrícula de honor"); break;
        default: puts("Suspenso");
    }

    return 0;
}
```

Este programa podría funcionar debido a un comportamiento particular del compilador[1], que convierte implícitamente el valor `float` en `int`. Al eliminar la parte fraccionaria, se obtiene un valor entero que puede coincidir con alguno de los `case` y por eso el `switch` responde correctamente. Sin embargo, esta solución no es adecuada desde el punto de vista del tipo de dato ni del uso correcto de la estructura `switch`.

1 Si no compila, dale la enhorabuena al compilador. ¡Ha hecho bien su trabajo!

TRUCO:

Usa la estructura «if-else» cuando necesites evaluar rangos de valores. En cambio, recurre a «switch» cuando quieras comprobar valores concretos de una variable.

Operador ternario

El operador ternario ofrece una manera breve y elegante de escribir una condición en C/C++. Se trata del único operador que toma tres operandos y responde a la siguiente sintaxis:

```
condición ? expresión_si_verdadero : expresión_si_falso;
```

Su principal ventaja es la simplicidad: permite evaluar una condición y devolver un valor en una sola línea. Veamos un ejemplo sencillo que calcula el mayor de dos números y lo asigna a una variable.

C/C++

```
int main(){
    int a = 4, b = 8, mayor;
    mayor = (a > b) ? a : b;
}
```

Si se cumple la condición, se elige la primera opción; de lo contrario, se elige la segunda. Es como si leyeras una pregunta y su correspondiente respuesta: «¿Es `a` mayor que `b`? Si es así, elige el valor de `a`, si no, elige el de `b`». Veamos otro ejemplo en el que se determina si un número es par o impar.

NOTA:

Un número es par si el resto de dividirlo entre dos es igual a cero.

C/C++

```
int numero = 15;
const char* tipo = (numero % 2 == 0) ? "par" : "impar";
```

Por último, veamos un último ejemplo en el que se asigna un mensaje diferente a un array de caracteres en función del valor de una variable booleana.

C/C++

```
bool es_administrador = true;
const char* mensaje_de_acceso = es_administrador ? "Acceso completo"
: "Acceso limitado";
```

Como puedes comprobar, el operador ternario facilita la escritura de condiciones simples en una sola línea.

Ejercicios

Ejercicio 7.01. Implementa un programa que verifique si un número entero es positivo. Y, si lo es, muestre el mensaje Es positivo en pantalla.

Ejercicio 7.02. Escribe un programa que determine si un número es par o impar y muestre el resultado en pantalla.

Ejercicio 7.03. Implementa un programa que lea un número del 1 al 7 y muestre el día de la semana al que corresponde. Resuelve el ejercicio tanto con la estructura `if-else` como con la estructura `switch`. ¿Qué opción crees que es más adecuada?

Ejercicio 7.04. Escribe un programa que determine el menor de dos números usando el operador ternario.

Ejercicio 7.05. Escribe un programa que lea tres números enteros desde el teclado y determine cuál de ellos es el mayor.

Ejercicio 7.06. En el capítulo 6 declaraste varios arrays dinámicos sin verificar si las funciones `malloc()`, `calloc()` o `realloc()` lograron reservar memoria correctamente. Asegúrate de comprobar el contenido de los punteros antes de usarlos para evitar errores relacionados con la gestión de memoria.

Ejercicio 7.07. Implementa un programa que indique si una tienda está abierta. Si la hora es mayor o igual que 9:00 h y menor que 21:00 h deberá mostrar Abierto, si no, Cerrado.

Ejercicio 7.08. Imagina que eres el ingeniero encargado de diseñar la interfaz de pantalla de un vehículo. Tu tarea es mostrar al conductor si tiene suficiente combustible. Si el nivel de combustible baja del 15 %, deberás mostrar el mensaje: Sigue así y te tocará empujar...; en caso contrario, el mensaje será: Todo en orden, seguimos en marcha.

Ejercicio 7.09. Escribe un programa que determine si un empleado tiene derecho a una bonificación navideña. Si ha trabajado con clientes durante más de 180 días en el año, se le mostrará el mensaje:
¡Enhorabuena! Estas Navidades te toca jamón del bueno... del que hace llorar al cuñado. En caso contrario, se mostrará: Por poco... pero lo justo para que el jamón lo vea otro.

Ejercicio 7.10. Crea un programa que determine si un trabajador puede acceder a un área restringida. Si su nivel de acceso es mayor o igual que tres, debe mostrarse el mensaje Acceso permitido; en caso contrario, se mostrará Acceso denegado. Resuelve el ejercicio con dos enfoques distintos: primero con una estructura if-else y luego con el operador ternario.

Ejercicio 7.11. Escribe un programa que determine si un proyecto está en riesgo. Para ello, comprueba si se ha gastado más del 80 % del presupuesto y queda menos del 50 % del tiempo disponible. Si se cumplen ambas condiciones, debe mostrar el mensaje ¡Alerta! El dinero vuela y el tiempo se escapa; en caso contrario, el mensaje será Todo bajo control.

Ejercicio 7.12. Implementa un programa que almacene tres notas de un estudiante en un array y verifique si todas son mayores o iguales que cinco. Si lo son, mostrará Estudiante aprobado, si no, Estudiante suspenso.

Ejercicio 7.13. Implementa un programa que guarde ocho notas de un estudiante en un array. Luego, calcula la media de esas ocho notas y verifica si es suficiente para aprobar. Si la media es igual o superior a cinco, debe mostrar el mensaje: El estudiante ha aprobado. En caso contrario: El estudiante ha suspendido.

Ejercicio 7.14. Declara y define un array con cuatro precios. Comprueba si están ordenados de forma estrictamente creciente usando operadores lógicos y condicionales.

Ejercicio 7.15. Guarda en un array los resultados de ocho sensores de temperatura. Si el valor del cuarto sensor es mayor que la media de todos los demás, debe mostrar ¡PELIGRO! Revisa el cuarto sensor.

Ejercicio 7.16. Guarda cinco caracteres en un array. Comprueba si el primer carácter es igual al último y si el segundo es igual al penúltimo. Además, verifica que el carácter central sea un guion bajo (_). Si se cumplen todas estas condiciones, se debe mostrar el mensaje: Formato correcto.

Ejercicio 7.17. Declara un array con tres enteros. Si el cuadrado del primero es igual a la suma del cuadrado de los otros dos, muestra Teorema de Pitágoras válido en pantalla.

Ejercicio 7.18. Declara un array de ocho caracteres y verifica si es un palíndromo (es decir, si el primero es igual al último, el segundo al cuarto, etc.). Si lo es, muestra El array es un palíndromo en pantalla.

Ejercicio 7.19. Declara un array para almacenar una clave de caja fuerte formada por cuatro dígitos. Si los cuatro dígitos son diferentes entre sí y están en orden creciente, muestra en pantalla: Clave válida. En caso contrario, muestra: Clave no válida.

Ejercicio 7.20. Declara y define un array de cuatro valores reales y comprueba si los dos primeros suman lo mismo que los dos últimos. Si es así, muestra Sumas equilibradas.

8

Bucles

En este capítulo aprenderás:

- Qué son los bucles y cómo permiten repetir instrucciones mientras se cumpla una condición.
- Cuáles son las tres estructuras de repetición disponibles en C y C++: while, do-while y for.
- Cómo funciona cada una de estas estructuras y en qué casos se recomienda su uso.
- Para qué se utilizan las instrucciones break y continue dentro de los bucles y cómo afectan su ejecución.

Introducción

Así como las sentencias condicionales permiten tomar distintos caminos según la condición que se cumpla, los bucles son estructuras de control que repiten un bloque de código mientras se mantenga cierta condición.

En C y C++ existen tres estructuras de control repetitivas: `while`, `do-while` y `for`. Al finalizar este capítulo, sabrás cómo utilizar cada una de ellas y conocerás también otras palabras clave que influyen en su funcionamiento y que es importante tener en cuenta.

Bucle «while»

El bucle `while` es, probablemente, la estructura de repetición más simple en C y C++. Mientras[1] se cumpla una determinada condición, el bloque de código asociado se ejecutará una y otra vez.

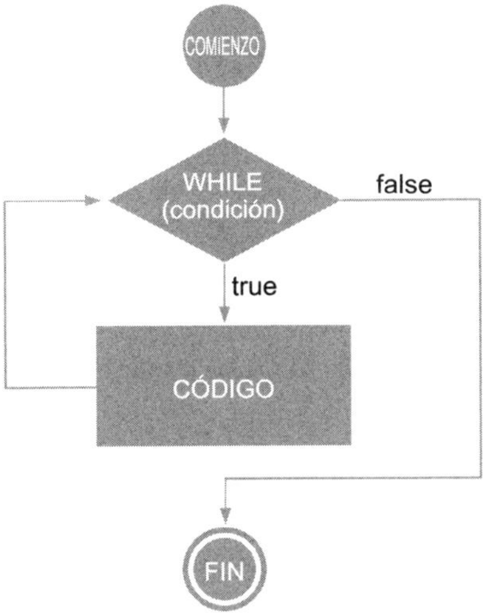

Figura 8.1. Funcionamiento del bucle «while».

La sintaxis básica del bucle `while` refleja directamente su funcionamiento

C/C++

```
while (expresion_condicional){
    // Bloque de código a ejecutar
}
```

Mientras la condición sea verdadera, el bloque de código se ejecuta repetidamente. El bucle `while` es de tipo precondicional, lo que significa que la condición se evalúa antes de cada ejecución del cuerpo del bucle.

[1] *while* significa "mientras" en inglés.

NOTA:

En el bucle «while», al igual que en cualquier otro tipo de bucle, cada repetición del bloque de código se denomina «iteración».

Por ejemplo, supongamos que queremos que el usuario introduzca un número par. Mientras el valor introducido no lo sea, seguiremos pidiéndole un nuevo número por teclado.

NOTA:

Un número es par cuando el resto de dividirlo entre dos es cero. En cambio, es impar cuando esa división deja un resto distinto de cero, es decir, igual a uno.

C++

```
int numero;
while((numero%2) != 0){
    cout << "Introduce un número par: ";
    cin >> numero;
}
```

Si compilas y ejecutas este código,[2] obtendrás un comportamiento inesperado que dependerá del valor aleatorio (o «valor basura») que tenga la variable `numero` al momento de ser declarada, ya que no ha sido inicializada.

NOTA:

Algunos compiladores modernos pueden avisarte con una advertencia si detectan que estás usando una variable no inicializada, pero no lo impiden.

Como la condición del bucle se evalúa antes de que el usuario introduzca un valor y la variable no ha sido inicializada, esto puede causar un comportamiento inesperado. Para evitarlo, conviene asignar a la variable un valor inicial que garantice que el bucle se ejecute al menos una vez y así se pueda solicitar un número al usuario. Por ejemplo, podríamos inicializar la variable con `-1`.

C/C++

```
int numero = -1;
while((numero%2) != 0){
    cout << "Introduce un número par: ";
    cin >> numero;
}
```

[2] Recuerda incluir el código dentro de la función `main()` y asegurarte de incluir las bibliotecas necesarias.

NOTA:

Prueba a inicializar la variable con un número par y verás que el bloque de código dentro del «while» no se ejecuta en ningún momento.

El bucle `while` se utiliza con frecuencia en situaciones donde no sabemos de antemano cuántas veces debe repetirse una acción. Un ejemplo típico es leer datos del usuario hasta que decida detener la entrada:

C++

```
char continuar = 's';
while (continuar == 's' || continuar == 'S') {
    printf("¿Quieres continuar? (s/n): ");
    scanf(" %c", &continuar); /* Explicación de esta línea en el
    capítulo 11 */
}
```

Otro caso común es el de validar la entrada del usuario, asegurándose de que introduzca un valor correcto antes de continuar.

C

```
int edad;

printf("Introduce tu edad: ");
scanf("%d", &edad);

while (edad < 0 || edad > 120) {
    printf("La edad introducida está fuera de los parámetros
    definidos. Introduce un nuevo valor: ");
    scanf("%d", &edad);
}
```

Compila y ejecuta el programa resultante para ver el comportamiento del bucle `while` (figura 8.2).

```
cd "/Users/eliezer/Downloads/" && gcc main.c -o main && "/Users/eliezer/Downloads/"main
eliezer@MacBook-Pro-M1-Pro ~ % cd "/Users/eliezer/Downloads/" && gcc main.c -o main && "/Users/
eliezer/Downloads/"main
Introduce tu edad: -42
La edad introducida está fuera de los parámetros definidos. Introduce un nuevo valor:
```

Figura 8.2. Validación de la entrada a través del bucle «while».

NOTA:

Fíjate en cómo la variable «edad» se declara sin asignarle un valor inicial arbitrario. En lugar de eso, dejamos que sea el propio usuario quien proporcione el primer valor y así se respeta la lógica del bucle «while», que evalúa la condición antes de ejecutar su contenido.

Bucle «do-while»

En el ejemplo del número par, se producía un comportamiento inesperado porque la variable no tenía un valor inicial. Fue necesario asignarle un valor por defecto para que el bucle pudiera comenzar a funcionar correctamente.

C++

```
int numero = -1;
while((numero%2) != 0){
    cout << "Introduce un número par: ";
    cin >> numero;
}
```

Otra opción consiste en solicitar al usuario un primer valor antes del bucle, y solo si se cumple la condición, ejecutar el bucle.

/C++

```
int numero;
cout << "Introduce un número par: ";
cin >> numero;

while((numero%2) != 0){
    cout << "Introduce un número par: ";
    cin >> numero;
}
```

Sin embargo, en este enfoque estaríamos repitiendo código, lo cual no es una buena práctica. Si lo analizas, el bucle `while` se ejecuta tantas veces como sea necesario mientras la condición se cumpla. No podemos saber cuántas iteraciones hará (dependerá de cómo interactúe el usuario con el programa), pero sí sabemos que al menos una vez debería ejecutarse para mostrar un mensaje y analizar el valor introducido.

En situaciones como esta, donde necesitamos que el bloque de código se ejecute al menos una vez, lo más adecuado es utilizar un bucle `do-while`.

C/C++

```
do {
    // Bloque de código que se repite al menos una vez
} while(expresion_condicional);
```

El bucle `do-while` es una estructura postcondicional, lo que significa que primero ejecuta el bloque de código y luego evalúa la condición. Es especialmente útil en situaciones donde necesitamos que el código se ejecute al menos una vez, como en menús interactivos o en la validación de entradas del usuario.

ADVERTENCIA:

La estructura «do-while» termina con punto y coma «;».

Por ejemplo, el caso del número par puede resolverse con un bucle `do-while` sin necesidad de asignar un valor inicial a la variable en el momento de su declaración, como se muestra a continuación:

C++

```
int numero;
do{
    cout << "Introduce un número par: ";
    cin >> numero;
} while((numero%2) != 0);
```

En cualquier tipo de bucle, es fundamental que la condición cambie en algún momento para que el bucle pueda finalizar. En el caso del bucle `do-while` esta precaución se acentúa aún más, ya que el bloque de código se ejecuta al menos una vez antes de evaluar la condición. Por eso, resulta crucial asegurarse de que dentro del bloque `do` haya alguna instrucción que modifique la condición, evitando así caer en lo que se conoce como un bucle infinito.

Por ejemplo, imagina un caso sencillo en el que una variable se incrementa de dos en dos, comenzando en `1`. Si establecemos como condición que el bucle termine al alcanzar un número par específico, como `108`, la condición nunca se cumplirá.

C

```
int numero = 1;
do {
    printf("Valor: %d\n", numero);
    numero += 2;
} while (numero != 108);
```

El bucle se ejecutará indefinidamente, ya que al comenzar en un número impar y sumar siempre `2`, la variable solo tomará valores impares y nunca llegará a `108`.

Bucle «for»

Supongamos que deseas mostrar en pantalla todos los valores comprendidos entre `1` y `108` (ambos incluidos) con un bucle `while`.

C/C++

```
#include <iostream>
using namespace std;

int main() {
    int numero = 1;

    while (numero <= 108) {
        cout << numero << endl;
        numero++;
    }

    return 0;
}
```

A menudo, un bucle se construye a partir de cuatro elementos fundamentales:

1. Inicialización de una variable (`int numero = 1;`).
2. Evaluación de una condición en cada iteración (`numero <= 108`).
3. Ejecución de un bloque de código mientras la condición se mantenga (`cout << numero << endl;`).
4. Actualización de la variable de control para acercarse al final del bucle (`numero++`).

Estos cuatro pasos garantizan que el bucle tenga un punto de inicio, una lógica de control clara y una salida definida. En situaciones como ésta, donde conocemos de antemano cuántas veces debe repetirse una acción, es fácil predecir el número de iteraciones que se producirán.[3]

Cuando esto ocurre, lo más adecuado es utilizar un bucle `for`, ya que está diseñado precisamente para este tipo de escenarios: recorrer un rango conocido de valores, con una estructura compacta que agrupa la inicialización, la condición y la actualización de la variable en una sola línea.

El bucle `for` es una estructura de control muy utilizada para repetir un bloque de instrucciones un número determinado de veces. Su sintaxis es la siguiente:

C/C++

```
for(inicialización; condición; incremento){
    // Cuerpo
}
```

El funcionamiento del bucle está determinado por las cuatro partes fundamentales que acabamos de mencionar: inicialización, condición, incremento y cuerpo. Primero se inicializa la variable de control; luego, se evalúa la condición. Mientras esta sea verdadera, se ejecuta el bloque de código y se actualiza la variable de control (normalmente mediante un incremento o decremento). A continuación, se vuelve a evaluar la condición. El ciclo continúa hasta que la condición resulte falsa, momento en el cual el bucle finaliza.

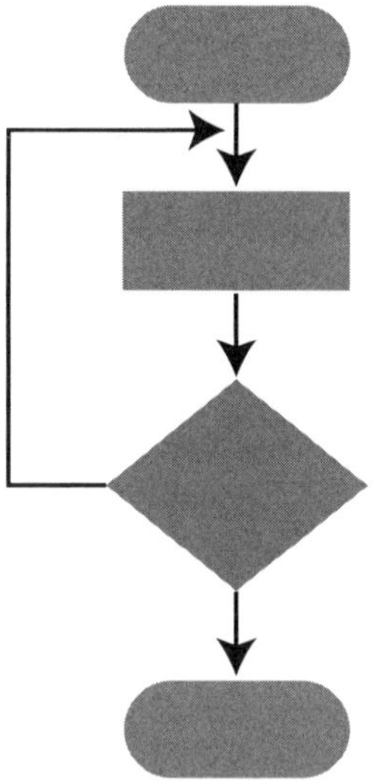

Figura 8.3. Funcionamiento del bucle «for».

Vamos a mostrar nuevamente en pantalla todos los valores del `1` al `108` (ambos incluidos), pero esta vez usaremos un bucle `for`, ya que conocemos de antemano el número exacto de repeticiones.

1. Declaramos una variable que actúa como contador para llevar el control de las repeticiones.

[3] El bucle comienza en `1` y termina en `108`, por lo que sabemos que se ejecutará exactamente ciento ocho veces.

C/C++

```
for(int contador = 1; condición; incremento){
    // Cuerpo
}
```

2. A continuación, comprobamos si se cumple la condición.

C/C++

```
for(int contador = 1; contador <= 108; incremento){
    // Cuerpo
}
```

3. Escribimos el bloque de código que se ejecutará mientras la condición sea verdadera.

C++

```
for(int contador = 1; contador <= 108; incremento){
    cout << contador << endl;
}
```

4. Actualizamos el valor de la variable de control para preparar la siguiente iteración.

C++

```
for(int contador = 1; contador <= 108; contador++){
    cout << contador << endl;
}
```

5. Por último, se vuelve a evaluar la condición. Si el resultado es verdadero, se repite el cuerpo del bucle (paso 3) y se actualiza la variable de control (paso 4). Si es falso, el bucle finaliza.

ADVERTENCIA:

La variable del contador está declarada dentro del propio bucle «for». Esto es válido a partir de los estándares C99 (en C) y C++98 (en C++). En versiones anteriores, la declaración de la variable debe hacerse antes del bucle, y solo su inicialización puede ir dentro del encabezado del «for».

```
int contador;
for(contador = 1; contador <= 108; contador++){
    cout << contador << endl;
}
```

Aunque normalmente hablamos de incrementar el contador, también podríamos iniciarlo en 108, establecer 1 como condición de parada y hacer que decremente.

C++

```
for(int contador = 108; contador >= 1; contador--){
    cout << contador << endl;
}
```

También puedes modificar el incremento y adaptarlo a tu necesidad. Por ejemplo, imagina que quieres sumar solo los números impares entre `1` y `108`.

C++

```
int total = 0;
for (int numero = 1; numero <= 108; numero += 2){
    total = total + numero;
}
cout << "La suma de los números impares es: " << total << endl;
```

Figura 8.4. Resultado de la ejecución.

Veamos otro ejemplo: imagina que necesitas sumar todos los valores que hay en un array.

C/C++

```
int numeros[] = {4, 8, 15, 16, 23, 42};
```

Para lograrlo, debemos recorrer el array, tomar el valor de cada elemento y sumarlo a una variable que acumule el total.

C/C++

```
int numeros[] = {4, 8, 15, 16, 23, 42};
int total = 0;
```

El array `numeros` contiene `6` elementos, ubicados en las posiciones que van del índice `0` al `5`. Para recorrerlo, utilizaremos un bucle `for` y declararemos una variable llamada `indice` que nos permitirá llevar la cuenta de la posición actual. Esta variable se inicia con el valor `0`, lo que indica que comenzamos desde la primera posición del array.

C/C++

```
int numeros[] = {4, 8, 15, 16, 23, 42};
int total = 0;
for (int indice = 0; condicion; incremento){
    // Cuerpo
}
```

La condición del bucle será que `indice` sea menor que la cantidad total de elementos del array, que en este caso es `6`.

C/C++

```
int numeros[] = {4, 8, 15, 16, 23, 42};
int total = 0;
for (int indice = 0; indice < 6; incremento){
    // Cuerpo
}
```

NOTA:

Ten en cuenta que el operador «menor que» «<» excluye el valor «6», por lo que el bucle se detendrá después de procesar el índice «5».

En cada iteración, aumentamos el valor de `indice` en `1` para pasar al siguiente elemento del array.

C/C++

```
int numeros[] = {4, 8, 15, 16, 23, 42};
int total = 0;
for (int indice = 0; indice < 6; ++indice){
    // Cuerpo
}
```

TRUCO:

En C++, usar el preincremento «++indice» suele ser más eficiente que el postincremento «indice++».

Por último, sumamos el valor de cada posición del array a la variable `total`.

ADVERTENCIA:

La variable «total» debe inicializarse en cero para asegurarnos de que tenga un valor válido desde la primera iteración, y también para que la suma final sea correcta, sin arrastrar valores residuales o aleatorios que puedan haber quedado en la memoria. Al ser un valor neutro no altera el resultado al ser añadido.

C/C++

```
int numeros[] = {4, 8, 15, 16, 23, 42};
int total = 0;
for (int indice = 0; indice < 6; ++indice){
    total = total + numeros[indice];
}
```

Vamos a dar un paso más: crea un nuevo programa, recupera el vector de números y muéstralo en pantalla usando un bucle `for`.

C

```
int numeros[] = {4, 8, 15, 16, 23, 42};

for(int columna=0; columna<6; columna++){
    printf("%d ", numeros[columna]); /* Añadimos un espacio después
    de cada número para facilitar su lectura*/
}
```

Si en lugar de un vector unidimensional tuviéramos uno con varias dimensiones, podríamos recorrerlo añadiendo un bucle `for` por cada dimensión, utilizando una variable de control diferente para cada uno.

C

```
int numeros[6][6] = {
    {4, 8, 15, 16, 23, 42},
    {4, 8, 15, 16, 23, 42},
    {4, 8, 15, 16, 23, 42},
    {4, 8, 15, 16, 23, 42},
    {4, 8, 15, 16, 23, 42},
    {4, 8, 15, 16, 23, 42}
};

for (int fila = 0; fila < 6; fila++) {
    for (int columna = 0; columna < 6; columna++) {
        printf("%2d ", numeros[fila][columna]);
    }
    printf("\n");
}
```

El funcionamiento es muy sencillo: primero tomamos la fila `0` y la recorremos por completo para mostrar todos los valores de esa fila (usando el segundo bucle `for`). Cuando termina la iteración, añadimos un salto de línea y pasamos a la fila `1`. Luego repetimos el proceso recorriendo todas las columnas, y así sucesivamente hasta completar toda la matriz.

Sentencias «break» y «continue»

Las instrucciones `break` y `continue` permiten modificar el flujo normal de un bucle. A continuación, veremos en qué situaciones se utiliza cada una de ellas.

«break»

Ya viste cómo funciona en una estructura `switch`: cuando se ejecuta `break`, se sale de ella. Lo mismo ocurre en los bucles: la instrucción `break` interrumpe de inmediato la ejecución del bucle más cercano y transfiere el control del programa a la siguiente instrucción después del bucle.

Por ejemplo, imagina que una empresa tiene una lista de identificadores de clientes y necesitas buscar uno en particular. El programa recorrerá la lista, y cuando encuentre el identificador deseado, mostrará su posición y saldrá del bucle utilizando `break`.

C

```c
#include <stdio.h>
#include <stdbool.h>

int main(){
    int clientes[] = {4, 108, 8, 42, 15, 23, 16};
    int total_clientes = 7, id_buscado;
    bool encontrado = false;

    printf("Introduce el ID del cliente que quieres buscar: ");
    scanf("%d", &id_buscado);

    for (int i = 0; i < total_clientes; i++) {
        if (clientes[i] == id_buscado) {
            printf("ID %d encontrado en la posición %d del array.\n",
            id_buscado, i);
            // Profundiza en el uso de printf en el capítulo 11
            encontrado = true;
            break;
        }
    }

    if (!encontrado) {
        printf("ID %d no encontrado en la lista de clientes.\n",
               id_buscado);
    }

    return 0;
}
```

Este programa produce la salida mostrada en la figura 8.5.

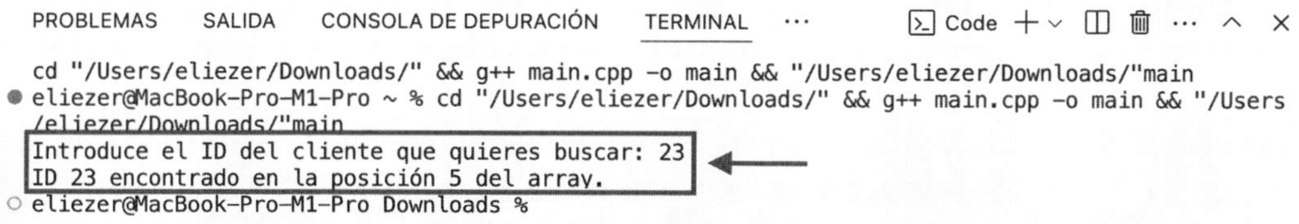

Figura 8.5. Ejecución del programa «Búsqueda de clientes»

«continue»

La instrucción `continue` se utiliza dentro de bucles para saltar el resto del código del cuerpo del bucle en la iteración actual y pasar directamente a la siguiente iteración.

Por ejemplo, supongamos que tenemos un array con nombres de archivos donde algunos ficheros están visibles y otros están ocultos.

C

```
char *archivos[] = {"foto.jpg", ".oculto", "notas.txt", ".gitignore",
NULL};
```

Si el nombre del archivo comienza por un punto (`.`), se omite esa entrada (ya que en sistemas Unix/Linux se trata de un archivo oculto) y se pasa a la siguiente iteración.

C

```
char *archivos[] = {"foto.jpg", ".oculto", "notas.txt", ".gitignore",
NULL};

for (int i = 0; archivos[i] != NULL; i++){
    if (archivos[i][0] == '.') {
        continue;
    }

    printf("Archivo visible: %s\n", archivos[i]);
}
```

ADVERTENCIA:

¿Te aparecen «warnings» (avisos) al compilar? Esto suele ocurrir cuando se utiliza una funcionalidad obsoleta, lo que se conoce como «deprecated», y es una señal de que el código debería actualizarse con mecanismos más modernos. En este caso, el aviso se produce por una conversión implícita entre un tipo «string» (que veremos en el capítulo 12) y un tipo «char». Más adelante aprenderás a usar alternativas más seguras para evitar este tipo de problemas.*

Ejercicios

Ejercicio 8.01. Recorre un array de números enteros y detén el bucle en cuanto encuentres dos números consecutivos que sean iguales.

Ejercicio 8.02. Estás programando un sistema de monitoreo climático para una empresa de logística. Analiza las temperaturas de los últimos treinta días y, si detecta tres días seguidos con más de 35 °C, muestra en pantalla una alerta de ola de calor para que el equipo ajuste rutas y turnos y reduzca riesgos laborales.

Ejercicio 8.03. Declara dos arrays de doce elementos: uno para los ingresos mensuales y otro para los gastos. Recorre ambos y cuenta en cuántos meses los ingresos superan a los gastos.

Ejercicio 8.04. En una empresa, cada departamento tiene sus gastos diarios almacenados en un array diferente. Como no se conoce de antemano el tamaño de cada array, se utiliza (por ejemplo) el valor -1 como marcador de final: este valor nunca será válido como gasto, por lo que nos permite detectar dónde termina cada lista. Escribe un programa que recorra cada array, sume sus gastos hasta encontrar el -1 y muestre el total correspondiente a cada departamento.

Ejercicio 8.05. Procesa un array con importes de facturas y cuenta cuántas superan los 1000 €. Detente si una factura vale 0 €.

Ejercicio 8.06. Procesa un total de veinte facturas. Para cada una, si el importe supera los 5000 €, muestra en pantalla el mensaje: Doble validación.

Ejercicio 8.07. Recorre un vector de precios y aplica un descuento del 5 % a los mayores de 100 €. Ignora los menores de 50 €.

Ejercicio 8.08. Solicita un número PIN por pantalla hasta que se introduzca el número correcto (`4815`).

Ejercicio 8.09. Localiza la factura más alta del ejercicio 08.06. Muestra en pantalla el importe y su posición en el array.

Ejercicio 8.10. Procesa treinta facturas utilizando dos arrays: uno para almacenar los números de factura y otro para sus importes correspondientes. Si un número de factura está repetido, ignóralo con la instrucción `continue`. Finalmente, calcula el importe total facturado.

Ejercicio 8.11. Crea dos arrays: uno para almacenar los identificadores de los productos y otro para indicar si están defectuosos o no. Si durante el procesamiento se detectan cuatro productos defectuosos, termina el bucle y muestra en pantalla el mensaje: Producción defectuosa.

Ejercicio 8.12. Recorre un array de producción (`bool produccion[1000]`) en el que cada elemento está inicialmente definido como `false`. A medida que avanzas, cambia cada valor a `true`. Cada vez que hayas procesado cien unidades, muestra el mensaje Mantenimiento y continúa con el recorrido.

Ejercicio 8.13. Escribe un bucle que simule la entrada de personas a un local con capacidad para 42 personas. Al alcanzar dicha capacidad, rompe el bucle con `break` e imprime Aforo completo.

Ejercicio 8.14. Implementa una interfaz simple para un cajero automático que muestre al usuario un menú con las siguientes opciones: 1) Consultar saldo, 2) Retirar efectivo, 3) Ingresar dinero y 4) Salir. El programa debe solicitar al usuario que elija una opción y, si introduce un valor no válido, volver a mostrar el menú hasta que se seleccione una opción correcta.

9

Funciones y procedimientos

En este capítulo aprenderás:

- Qué es una función y por qué es una herramienta clave en la programación modular.
- Cuáles son las ventajas de usar funciones en C/C++, como la reutilización de código y la mejora de la legibilidad.
- Qué elementos componen una función regular y cómo se declara y define paso a paso.
- Qué debes tener en cuenta al diseñar funciones para que sean claras, reutilizables y fáciles de depurar.
- Por qué entender las funciones regulares te ayudará a dominar otros tipos de funciones disponibles en C/C++.
- Qué es un procedimiento y en qué se diferencia de una función.
- Qué tipos de ámbitos existen dentro de un programa.

Introducción

Una función es un bloque de código diseñado para realizar una tarea específica. Por un lado, aporta la enorme ventaja de la modularización, lo cual facilita la separación de responsabilidades y hace que el código sea más fácil de depurar y probar. Por otro lado, fomenta la reutilización de código y mejora su legibilidad.

C/C++ proporciona alrededor de una decena de tipos de funciones para satisfacer diferentes necesidades. Todas ellas se fundamentan en la sintaxis más básica de una función regular, de modo que si entiendes cómo implementarlas, te será más fácil comprender y utilizar otros tipos de funciones proporcionadas por el lenguaje.

En este capítulo aprenderás cuáles son los fundamentos de las funciones regulares, para qué sirven y qué aspectos debes tener en cuenta a la hora de implementarlas. A partir de ahí, te adentrarás también en los procedimientos, los diferentes ámbitos que pueden existir en un programa y la visibilidad del contenido según su ubicación.

Todo esto te permitirá construir programas más claros, estructurados y mantenibles.

Funciones regulares

Lideras el desarrollo de una plataforma de comercio electrónico. Tu objetivo para hoy es calcular el precio de venta de un producto. Para ello, debes partir del precio de coste e incorporar la comisión de la plataforma, aplicar un margen de beneficio del 40 % y, finalmente, añadir el IVA[1] correspondiente para obtener el precio final.

C

```c
#include <stdio.h>

int main() {
    double precio_de_coste = 108.0; // Precio de coste del producto
    double comision = 0.02;         // Comisión de la plataforma (2 %)
    double margen = 0.40;           // Margen de beneficio (40 %)
    double iva = 0.21;              // IVA (21 %)

    double precio_con_comision = precio_de_coste * (1 + comision);
    double precio_con_margen = precio_con_comision * (1 + margen);
    double precio_final = precio_con_margen * (1 + iva);

    printf("El precio final de venta es: %.2f euros\n", precio_final);

    return 0;
}
```

[1] El IVA (impuesto sobre el valor añadido) en España es un impuesto indirecto que grava el consumo de bienes y servicios. Esto significa que lo paga el consumidor final, pero lo recauda el vendedor y lo ingresa a Hacienda.

Si tuviste que escribir tantas líneas de código solo para calcular el precio de venta de un producto, ¿te imaginas cuántas necesitarías si tu tienda online ofreciera miles de ellos? Aunque puedas simplificar algunos cálculos intermedios, esta es una situación ideal para crear una función que se encargue de calcular automáticamente el precio de venta final de cada producto.

NOTA:

Las funciones ayudan a evitar la duplicación de código y aportan generalidad, lo que facilita su reutilización en distintos contextos.

Sintaxis

Una función regular se compone de los siguientes elementos:

- Nombre de la función.
- Lista de parámetros.
- Cuerpo.
- Valor de retorno y su tipo asociado.

C/C++

```
tipo_de_retorno nombre_de_la_funcion(tipo parametro1, tipo parametro2, ...) {
    // cuerpo
    return valor_de_retorno;
}
```

Tomando como ejemplo el programa visto anteriormente, podríamos crear una función que calcule el precio de venta de un producto.

```
double calcular_precio_de_venta(double precio_de_coste){ }
```

Definición

Definir una función significa, simplemente, escribir su implementación. Toma como ejemplo la función `calcular_precio_de_venta()` y localízala justo antes de la función principal `main()`.

Nombre

Los nombres de las funciones deben ser identificadores válidos. Un identificador es válido si contiene letras minúsculas (`a-z`) o mayúsculas (`A-Z`), cifras numéricas (`0-9`) y guiones bajos (_), y no empieza con una cifra numérica.

En C y C++ existen dos convenciones ampliamente aceptadas para nombrar funciones: *snake_case* y *camelCase*. Por lo general, las funciones se escriben en *snake_case*, salvo en programación orientada a objetos en C++, donde es más común usar *camelCase*.

snake_case consiste en escribir palabras en minúsculas separadas por guiones bajos. En cambio, *camelCase* se forma uniendo las palabras sin espacios ni guiones, donde la primera palabra comienza en minúscula y cada palabra siguiente empieza con mayúscula. Por ejemplo, `calcular_precio_de_venta()` es un caso de *snake_case* y `calcularPrecioDeVenta()` corresponde a *camelCase*.[2]

Lista de parámetros

Las variables localizadas entre paréntesis son los parámetros de entrada. La función `calcular_precio_de_venta()` recibe desde el exterior (ya veremos cómo) un valor que se almacena en la variable `precio_de_coste` y que se toma como parámetro de entrada. Cuando esto ocurre, decimos que el valor es pasado por valor o por copia (ambas expresiones son equivalentes). La variable `precio_de_coste` se crea en el momento en el que la función se utiliza, sin necesidad de declarar la variable con anterioridad.

Los datos que se pasan a una función son los valores necesarios para que esta pueda realizar su tarea correctamente, y deben adaptarse al diseño del programador o programadora que implementa la función para que cumpla su cometido.

Piénsalo con detenimiento. Sería una locura esperar que la función `calcular_precio_de_venta()` calcule el precio de venta de un producto cuando recibe un valor que no corresponde con su precio de coste (por ejemplo, proporcionar el precio con los impuestos ya añadidos). Estos criterios de obligado cumplimiento se conocen como precondiciones de la función.

NOTA:

Las precondiciones de una función son como una lista conceptual de requisitos que deben cumplirse antes de su ejecución.

Al diseñar una función es importante preguntarse cuántas y cuáles precondiciones va a tener. La función `calcular_precio_de_venta()` debe recibir el precio de coste del producto para que el cálculo se realice correctamente, sin descuentos, impuestos o gastos de envío ya añadidos. Además, el precio de coste del producto debe ser un valor de tipo real (en concreto, de tipo `double`) tal como se especifica en la declaración de la variable `precio_de_coste` en el listado de parámetros de entrada de la cabecera de la función.

Técnicamente no hay una restricción sobre la cantidad de parámetros que debe recibir la función, sin embargo, es una buena práctica limitarse a no más de tres.[3] Cada uno debe ir separado por una coma y siempre acompañado de su tipo.

[2] A partir del capítulo 16 encontrarás funciones escritas en *camelCase*, en consonancia con el paradigma de la programación orientada a objetos.

[3] Robert C. Martin, *Clean Code: A Handbook of Agile Software Craftsmanship*. Prentice Hall.

Imagina que la función `calcular_precio_de_venta()` también debe recibir el margen de ganancia que necesita el vendedor para garantizar que la operación sea rentable, lo que le permitiría adaptarse con mayor flexibilidad a las distintas situaciones que puedan presentarse.

C/C++

```
double calcular_precio_de_venta(double precio_de_coste, double margen){

}
```

Es importante que la función se implemente de manera suficientemente general como para permitir que diferentes valores puedan ser procesados tal como se espera, y lo bastante específica como para que proporcione cierta utilidad.

Por ejemplo, solo tiene sentido implementar el margen si variará de un producto a otro, pero si es el mismo, no tiene sentido recibir esta información como parámetro de entrada, sino indicar dicho valor dentro de la función de forma literal o como una posible constante global.[4]

TRUCO:

Existe una regla no escrita que debes tener en cuenta: cada función debe ser responsable de una sola tarea. Si realiza varias, probablemente debas dividirla en funciones más pequeñas y específicas.

Estos parámetros de entrada ya son variables inicializadas gracias al valor que se les proporciona desde fuera de la función en el momento de su llamada, por lo que no necesitan ser declaradas en el cuerpo de la función.

NOTA:

¿Es imprescindible contar con al menos un parámetro de entrada? Para nada. Una función no tiene por qué recibir obligatoriamente valores del exterior. Por ejemplo, imagina una función cuya implementación obtiene información directamente desde una base de datos o desde un archivo de configuración. En ese caso, su firma podría ser tan simple como: «bool conectar_base_de_datos();».

Por último, si ya tienes experiencia con otros lenguajes, es posible que te preguntes si se pueden asignar valores por defecto a los parámetros de una función —es decir, permitir que la función se ejecute sin necesidad de especificar todos sus argumentos—.

En C, esto no es posible. En cambio, C++ sí lo permite, con una condición: los parámetros con valores por defecto deben colocarse al final de la lista de parámetros.

[4] Algo que, por cierto, no te recomiendo. Hablaremos sobre ámbitos más adelante, en este mismo capítulo.

Por ejemplo, si el margen de beneficio suele ser del 40 % en la mayoría de los productos, salvo en casos puntuales, puedes establecer ese valor por defecto al final de la lista de parámetros. Así, la función seguirá siendo válida: si se proporciona un valor al llamar a la función, se usará ese; de lo contrario, se aplicará el valor por defecto.

C++

```
double calcular_precio_de_venta(double precio_de_coste, double margen = 0.40){

}
```

Cuerpo de la función

El cuerpo de la función viene delimitado por llaves de apertura y de cierre (`{ }`), que marcan el ámbito de esta función. Los parámetros de entrada y las variables declaradas en el cuerpo de la función solo existirán en el ámbito de esta. En el momento en el que termina el ámbito con la llave de cierre `}` toda variable local es destruida y se libera su memoria asociada.

El cuerpo de la función es donde se implementa su comportamiento. En la función `calcular_precio_de_venta()` debe calcularse el precio de venta a partir del precio de coste del producto proporcionado desde el exterior de la función (a través del parámetro o de los parámetros de entrada).

Copia el código que escribiste en `main()` al inicio del capítulo y pégalo dentro de la función `calcular_precio_de_venta()`. A partir de ahí, lo iremos ajustando.

C

```
double calcular_precio_de_venta(double precio_de_coste){
    double precio_de_coste = 108.0; // Precio de coste del producto
    double comision = 0.02;         // Comisión de la plataforma (2 %)
    double margen = 0.40;           // Margen de beneficio (40 %)
    double iva = 0.21;              // IVA (21%)

    double precio_con_comision = precio_de_coste * (1 + comision);
    double precio_con_margen = precio_con_comision * (1 + margen);
    double precio_final = precio_con_margen * (1 + iva);

    printf("El precio final de venta es: %.2f euros\n", precio_final);
}
```

NOTA:

Aunque incluyas main() y «<stdio.h>» en el mismo archivo, esta función aún no compila porque el cuerpo no está completamente implementado (figura 9.1). Sigue leyendo para terminar de implementarla correctamente.

```
main.c:4:12: error: redefinition of 'precio_de_coste'
    double precio_de_coste = 108.0; // Precio de coste del producto
           ^
main.c:3:40: note: previous definition is here
double calcular_precio_de_venta(double precio_de_coste){
                                       ^
1 error generated.
```

Figura 9.1. Error de compilación.

No tiene sentido mantener la variable `precio_de_coste` en el cuerpo, ya que se recibe como parámetro al llamar a la función.

También podemos simplificar el código eliminando las variables `comision`, `margen` e `iva`, e incluyendo directamente sus valores en las operaciones.

Por último, recuerda que una función debe encargarse de una sola tarea. En este caso, su única responsabilidad es calcular el precio de venta, no calcularlo y mostrarlo por pantalla.

C/C++

```
double calcular_precio_de_venta(double precio_de_coste){
    double precio_con_comision = precio_de_coste * (1 + 0.02);
    double precio_con_margen = precio_con_comision * (1 + 0.40);
    double precio_final = precio_con_margen * (1 + 0.21);
}
```

Siguiendo esta misma lógica, también podríamos integrar los cálculos intermedios directamente en la fórmula del precio final. Esto nos permitiría prescindir de las variables temporales y simplificar algunas operaciones aritméticas.

C/C++

```
double calcular_precio_de_venta(double precio_de_coste){
    double precio_final = precio_de_coste * 1.02 * 1.40 * 1.21;
}
```

El cuerpo de la función ha pasado de tener un buen puñado de líneas a una sola. ¿Hasta cuándo tiene sentido optimizar? Aunque el compilador realizará optimizaciones por su cuenta, en mi opinión la respuesta depende de dos factores:

- En primer lugar, por necesidades específicas de optimización. Imagina que estás programando un microcontrolador y necesitas exprimir al máximo la eficiencia del programa, tanto en tiempo como en memoria. En estos casos, conviene optimizar todo lo posible.[5]
- En segundo lugar, busca un término medio coherente en el que la optimización no dificulte la comprensión del código por parte de otros profesionales. Al igual que

[5] La eficiencia temporal se refiere al tiempo que tarda un programa en ejecutarse y la eficiencia espacial, a la cantidad de memoria que utiliza. Ambas son fundamentales al diseñar software optimizado, en especial, en entornos con recursos limitados.

los nombres de las variables y funciones deben ser descriptivos, el conjunto de líneas de código de tu programa debería reflejar de forma clara su comportamiento.

Valor de retorno y tipo asociado

Toda función devuelve un valor que debe coincidir con el tipo especificado en su cabecera. La función `calcular_precio_de_venta()` calcula el precio final de un producto pero aún no lo devuelve (solo lo almacena en una variable llamada `precio_final`).

C/C++

```
double calcular_precio_de_venta(double precio_de_coste){
    double precio_final = precio_de_coste * 1.02 * 1.40 * 1.21;
}
```

Para devolver un valor como retorno de una función, utiliza la instrucción `return` al final del cuerpo de la función, justo antes de la llave de cierre (}).

C/C++

```
double calcular_precio_de_venta(double precio_de_coste){
    double precio_final = precio_de_coste * 1.02 * 1.40 * 1.21;
    return precio_final;
}
```

Cuando se ejecuta `return`, la función termina de inmediato y el control del programa vuelve al punto donde la función fue llamada.

NOTA:

Si observas con atención la función principal «main()», notarás que se trata de una función regular, con todas las características propias de una función en C y C++. En particular, está definida para devolver un valor entero «int», lo cual permite al programa comunicar al sistema operativo si finalizó correctamente o si ocurrió algún error. «return 0» significa que el programa terminó correctamente, y cualquier otro número indica que hubo un error o una condición particular.

TRUCO:

Para optimizar aún más la función, devuelve el valor calculado directamente en lugar de guardarlo en la variable «precio_final».

C/C++

```
double calcular_precio_de_venta(double precio_de_coste){
    return (precio_de_coste * 1.02 * 1.40 * 1.21);
}
```

Llamada

Llamar a una función es muy sencillo: basta con escribir el nombre de la función y proporcionar entre paréntesis los valores para que la función pueda realizar su tarea. Por ejemplo, podríamos llamar a la función `calcular_precio_de_venta()` desde la función principal `main()`.[6] La función `calcular_precio_de_venta()` devolverá el precio final que debe mostrarse en la ficha del producto, y podemos almacenarlo, por ejemplo, en otra variable del mismo tipo.

C++

```
#include <iostream>
#include <iomanip>
using namespace std;

double calcular_precio_de_venta(double precio_de_coste){
    return (precio_de_coste * 1.02 * 1.40 * 1.21);
}

int main(){
    double coste_del_producto = 108.00;      // 108.00 €
    double precio_de_venta =
                         calcular_precio_de_venta(coste_del_producto);

    cout << fixed << setprecision(2);
    cout << "El precio de venta del producto es: "
         << precio_de_venta << " €." << endl;
    return 0;
}
```

NOTA:

«setprecision()» es un manipulador de flujo definido en el encabezado «<iomanip>» de la librería estándar de C++. Establece el valor de precisión que usarán los objetos de salida a los que aplique (normalmente «std::cout»). Puedes profundizar en cómo mostrar información en pantalla en C++ en el capítulo 18 y explorar el uso de clases y objetos en el capítulo 17.

Ahora, la lógica implementada en la función `calcular_precio_de_venta()` puede reutilizarse tantas veces como sean necesarias.

C

```
#include <stdio.h>

double calcular_precio_de_venta(double precio_de_coste) {
    return (precio_de_coste * 1.02 * 1.40 * 1.21);
}
int main() {
    int numero_de_productos = 15;
    double precios_de_coste[15] = {
```

[6] Es posible llamar a una función desde otra ya implementada.

continuación C

```
        9.9, 9.0, 11.89, 99.8, 89.99, 11.9, 7.2, 5.3, 99.9, 0.11,
        8.9, 9.98, 8.8, 9.9, 9.1};

    double precios_de_venta[15];
    for (int i = 0; i < numero_de_productos; i++) {
        precios_de_venta[i]
                = calcular_precio_de_venta(precios_de_coste[i]);
    }

    for (int i = 0; i < numero_de_productos; i++) {
        printf("Coste: %6.2f € --> Precio de venta: %8.2f €\n", precios_de_
        coste[i], precios_de_venta[i]);
    }

    return 0;
}
```

Gracias a esta modularización, la función `calcular_precio_de_venta()` se puede probar con exactitud. Evita código repetitivo y, además, su implementación es lo bastante general como para que sea llamada con diferentes valores y en diversos contextos sin dejar de realizar una única tarea: el cálculo del precio de venta para un determinado producto.

El código de ejemplo da como resultado la salida mostrada en la figura 9.2.

```
Coste:  9.90 € --> Precio de venta:   17.11 €
Coste:  9.00 € --> Precio de venta:   15.55 €
Coste: 11.89 € --> Precio de venta:   20.54 €
Coste: 99.80 € --> Precio de venta:  172.44 €
Coste: 89.99 € --> Precio de venta:  155.49 €
Coste: 11.90 € --> Precio de venta:   20.56 €
Coste:  7.20 € --> Precio de venta:   12.44 €
Coste:  5.30 € --> Precio de venta:    9.16 €
Coste: 99.90 € --> Precio de venta:  172.62 €
Coste:  0.11 € --> Precio de venta:    0.19 €
Coste:  8.90 € --> Precio de venta:   15.38 €
Coste:  9.98 € --> Precio de venta:   17.24 €
Coste:  8.80 € --> Precio de venta:   15.21 €
Coste:  9.90 € --> Precio de venta:   17.11 €
Coste:  9.10 € --> Precio de venta:   15.72 €
```

Figura 9.2. Reutilización de la función «calcular_precio_de_venta».

Declaración

Declarar una función consiste simplemente en escribir su nombre, la lista de parámetros que recibe y el tipo de dato que devuelve. Este conjunto de elementos se conoce como firma o cabecera de la función.[7]

```
double calcular_precio_de_venta(double precio_de_coste);
```

[7] Por este motivo, los archivos con extensión .h se denominan archivos de cabecera, ya que contienen un listado de estas firmas o cabeceras de funciones.

La cabecera de la función define su interfaz de comunicación: indica cómo se llama, qué tipo de datos recibe y qué tipo de valor devuelve. Gracias a ella, es posible identificar rápidamente el propósito y uso de la función dentro del programa.

Ahora bien, ¿cuándo tiene sentido declarar una función en lugar de declararla y definirla directamente? Aunque hablaremos más adelante sobre los archivos de cabecera, hay un aspecto que afecta directamente al proceso de compilación y conviene entenderlo desde ya. Abre Visual Studio Code: vamos a hacer un par de pruebas para comprobarlo.

Recupera el último ejemplo y coloca la función `calcular_precio_de_venta()` después de la función `main()`.

C

```c
#include <stdio.h>

int main() {
    int numero_de_productos = 15;
    double precios_de_coste[15] = { 9.9, 9.0, 11.89, 99.8, 89.99,
        11.9, 7.2, 5.3, 99.9, 0.11, 8.9, 9.98, 8.8, 9.9, 9.1};

    double precios_de_venta[15];
        for (int i = 0; i < numero_de_productos; i++){
            precios_de_venta[i]
                   = calcular_precio_de_venta(precios_de_coste[i]);
    }

    for (int i = 0; i < numero_de_productos; i++) {
       printf("Coste: %6.2f € --> Precio de venta: %8.2f €\n",
       precios_de_coste[i], precios_de_venta[i]);
    }

    return 0;
}

double calcular_precio_de_venta(double precio_de_coste) {
    return (precio_de_coste * 1.02 * 1.40 * 1.21);
}
```

Compila el código y ejecuta el programa resultante. Obtendrás un error de compilación similar al que te muestro en la figura 9.3.

```
main.c:10:31: error: implicit declaration of function 'calcular_precio_de_venta' is invalid
in C99 [-Werror,-Wimplicit-function-declaration]
        precios_de_venta[i] = calcular_precio_de_venta(precios_de_coste[i]);
                              ^
main.c:21:8: error: conflicting types for 'calcular_precio_de_venta'
double calcular_precio_de_venta(double precio_de_coste) {
       ^
main.c:10:31: note: previous implicit declaration is here
        precios_de_venta[i] = calcular_precio_de_venta(precios_de_coste[i]);
                              ^
2 errors generated.
```

Figura 9.3. Error de compilación: «declaración implícita inválida de la función calcular_precio_de_venta()».

Este error revela un comportamiento típico de los lenguajes compilados. Cuando el compilador llega a la línea 12, se encuentra con una llamada a la función `calcular_precio_de_venta()`, pero aún no sabe cómo funciona ni dónde está definida. El compilador, en realidad, no es muy listo: no revisa todo el archivo en busca de la función, simplemente lanza un error de compilación al no reconocerla en ese momento. Este problema no ocurría antes porque la función estaba definida antes de `main()`. Así, cuando el compilador llegaba a la llamada, ya conocía la función y podía compilar sin problemas.

Si quieres organizar el código colocando la función principal `main()` al comienzo del archivo, necesitas declarar antes la función `calcular_precio_de_venta()`. Esta declaración le indica al compilador que la función existe y que será definida más adelante en el mismo archivo. De este modo, evitarás errores de compilación y el compilador podrá continuar sin interrupciones mientras busca la definición completa más adelante.

C

```c
#include <stdio.h>

// Declaración
double calcular_precio_de_venta(double precio_de_coste);

int main() {
    int numero_de_productos = 15;
    double precios_de_coste[15] = {9.9, 9.0, 11.89, 99.8, 89.99,
           11.9, 7.2, 5.3, 99.9, 0.11, 8.9, 9.98, 8.8, 9.9, 9.1};

    double precios_de_venta[15];
    for (int i = 0; i < numero_de_productos; i++) {
        precios_de_venta[i]
                   = calcular_precio_de_venta(precios_de_coste[i]);
    }

    for (int i = 0; i < numero_de_productos; i++) {
        printf("Coste: %6.2f € --> Precio de venta: %8.2f €\n",
              precios_de_coste[i], precios_de_venta[i]);
    }

    return 0;
}

// Definición
double calcular_precio_de_venta(double precio_de_coste){
    return (precio_de_coste * 1.02 * 1.40 * 1.21);
}
```

Paso por valor y paso por referencia

Al trabajar con funciones en C/C++, es imprescindible entender la diferencia que existe entre el paso por valor y el paso por referencia. Esta comprensión te permitirá escribir código más eficiente a la vez que evita errores frecuentes que pueden provocar fallos de compilación o, peor aún, comportamientos inesperados durante la ejecución del programa.

Paso por valor

El IVA puede variar según el tipo de producto, por eso en el siguiente programa se pasan dos valores a la función `calcular_precio_de_venta()`: el precio de coste del producto y el IVA que le corresponde.

C/C++

```
1  double calcular_precio_de_venta(double precio_de_coste, double iva);
2
3  int main(){
4      double coste = 15.16;
5      double iva_reducido = 0.10;
6      double precio_de_venta = calcular_precio_de_venta(coste, iva_reducido);
7      return 0;
8  }
9
10  double calcular_precio_de_venta(double precio_de_coste, double iva) {
11    return (precio_de_coste * 1.02 * 1.40 * (1 + iva));
12 }
```

La función `calcular_precio_de_venta()`, definida en la línea 11, se llama desde la función `main()` en la línea 6.

El primer parámetro, `precio_de_coste`, declarado en la línea 11, toma el valor que se le pasa desde la línea 6, es decir, el contenido de la variable `coste`.

Del mismo modo, el segundo parámetro, `iva`, recibe el valor de la variable `iva_reducido`, también proporcionado en la llamada de la línea 6.

Ambos valores se pasan por copia, lo que significa que la función recibe una copia de los datos originales, no los valores en sí ni sus direcciones de memoria.

Dentro de la función `calcular_precio_de_venta()` se crean dos variables locales denominadas `precio_de_coste` e `iva`, que reciben una copia del valor de las variables declaradas y definidas en el ámbito de la función principal `main()`. Estas copias son independientes de las originales, lo que significa que cualquier modificación dentro de la función no afecta a los valores originales.

Los llamamos «parámetros de entrada» porque aportan a la función los datos necesarios para realizar su tarea. No tienen relación directa con el valor de salida, ya que este se devuelve por separado a través de la instrucción `return`.

Paso por referencia

Cuando trabajamos con datos grandes, pasar por valor no es eficiente. Cada vez que se usa el paso por valor se crea una copia completa del dato original. Si los datos son de gran tamaño o se copian muchas veces —por ejemplo, dentro de bucles o funciones que se llaman a menudo— el rendimiento del programa podría verse afectado.

Cuando pasamos los datos por referencia, la función no trabaja con copias de los valores, sino directamente con direcciones de memoria, lo que permite modificar los valores originales. El paso por referencia se implementa de forma diferente en C y en C++.

C

En C, el paso por referencia no existe como tal; en vez de eso, se simula mediante el uso de punteros.

Si te fijas, la función `calcular_precio_de_venta()` no modifica ni el coste del producto ni el IVA asociado. Por ello, en lugar de hacer una copia de estos valores, podríamos pasar directamente sus direcciones de memoria. Salvo excepciones, este enfoque suele ser más eficiente.[8]

Para que un parámetro reciba una dirección de memoria en lugar de un valor, debes declararlo como puntero en la definición de la función. Luego, al llamar a la función, debes pasarle la dirección de memoria del dato, no el valor directamente.

ADVERTENCIA:

En el cuerpo de la función debes desreferenciar el puntero para acceder al valor original.

C/C++

```
double calcular_precio_de_venta(double* precio_de_coste, double* iva){
    return (((*precio_de_coste) * 1.02) * 1.40) * (1 + *iva);
}

int main(){
    double coste = 15.16;
    double iva_reducido = 0.10;
    double precio_de_venta = calcular_precio_de_venta(&coste,
                                                       &iva_reducido);
    return 0;
}
```

Intenta modificar el coste del producto desde el interior de la función `calcular_precio_de_venta()` para comprobar que, efectivamente, estás trabajando con el valor original y no con una copia. A continuación te dejo un ejemplo cuyo único propósito es didáctico, ya que no tendría sentido hacerlo así en un caso real.

C++

```
#include <iostream>
using namespace std;
```

8 La dirección de memoria se representa internamente como un número entero. Por eso, pasar una dirección suele ser más eficiente que copiar el valor completo, siempre que el dato sea mayor que la propia dirección. En este caso no supone una mejora en rendimiento, pero sirve para ilustrar —de forma sencilla— cómo funciona el paso de parámetros por referencia.

continuación C++

```
double calcular_precio_de_venta(double* precio_de_coste, double* iva){
    *precio_de_coste = 108.0;
    return (((*precio_de_coste) * 1.02) * 1.40) * (1 + *iva);
}

int main() {
    double coste = 15.16;
    double iva_reducido = 0.10;

    double precio_de_venta = calcular_precio_de_venta(&coste,
                                                      &iva_reducido);
    cout << "Precio de coste modificado: " << coste << " €." << endl;

    return 0;
}
```

Cuando pasas valores por referencia en C que no deben ser modificados, conviene declararlos como constantes.

C/C++

```
double calcular_precio_de_venta(const double* precio_de_coste,
                                const double* iva){
    return (((*precio_de_coste) * 1.02) * 1.40) * (1 + *iva);
}
```

Ahora, si intentas modificar de nuevo el valor de `precio_de_coste` dentro de la función `calcular_precio_de_venta()` obtendrás un error de compilación (figura 9.4).

```
main.cpp:5:22: error: read-only variable is not assignable
    *precio_de_coste = 108.0;
    ~~~~~~~~~~~~~~~~ ^
```

Figura 9.4. Error de compilación al intentar modificar una variable constante.

Cambiemos de tercio. Imagina que ahora necesitas mostrar en pantalla un listado de precios que se encuentran almacenados en un array de elementos de tipo `double`, y esta tarea (la de mostrar los valores en pantalla) quieres delegarla en una función.

C

```
int main(){
    double precios_productos[] = {4.00, 8.00, 15.00, 16.00,
                                  23.00, 42.00};
    int cantidad_de_productos = 6;
    mostrar_precios_en_pantalla(precios_productos, cantidad_de_productos);
    return 0;
}
```

Los arrays siempre se pasan por referencia. Cuando pasas un array a una función, en realidad estás pasando la dirección del primer elemento del array. Es decir, estás pasando el puntero.

C

```
1  #include <stdio.h>
2
3  void mostrar_precios_en_pantalla(double precios[],
4                                   int cantidad_de_productos){
5      for (int i = 0; i < cantidad_de_productos; i++){
6        printf("%.2f ", precios[i]);
7      }
8      printf("\n");
9  }
10
11 int main(){
12    double precios_productos[] = {4.00, 8.00, 15.00, 16.00,
13                                  23.00, 42.00};
14    int cantidad_de_productos = 6;
15    mostrar_precios_en_pantalla(precios_productos,
16                                cantidad_de_productos);
17    return 0;
18 }
```

En la línea 3, el parámetro `precios[]` es en realidad un `double* precios`, un puntero al primer elemento del array. No se copia el array completo: solo se pasa su dirección.[9]

NOTA:

¿Te has dado cuenta que el paso por referencia en C, en realidad, no es más que un paso por valor en el que se copia un puntero?

C++

En C++, las formas de pasar parámetros a una función son más claras: puedes hacerlo por valor, por puntero o por referencia. A diferencia de C, donde el paso por referencia se simula usando punteros, C++ incorpora un verdadero paso por referencia. Aunque mantiene la compatibilidad con C al permitir el uso de punteros, también ofrece una sintaxis específica y más sencilla para trabajar directamente con referencias.

Toma como ejemplo la variable `precio_de_coste` en la que se almacena el precio de coste de un producto cualquiera. Para declarar una referencia que referencia a esta variable, declara una nueva variable de tipo referencia haciendo uso del operador ampersand (`&`), tal como muestro a continuación.

C/C++

```
double precio_de_coste;
double& referencia_a_precio_de_coste = precio_de_coste;
```

`referencia_a_precio_de_coste` no es un puntero, es un alias de `precio_de_coste`, como si fuera otro nombre para la misma variable. Si modificas `referencia_a_precio_de_coste`, estás modificando `precio_de_coste`.

9 Echa un vistazo a los capítulos 4 y 6 para entender la relación entre los arrays y los punteros.

Una referencia accede directamente al valor original, mientras que un puntero es una variable independiente que almacena la dirección de memoria donde se encuentra ese valor.[10]

TRUCO:

A diferencia de los punteros, las referencias en C++ deben inicializarse en el momento en que se declaran y no pueden ser nulas. Esto ayuda a evitar errores comunes, como desreferenciar punteros inválidos. Además, una vez establecida, una referencia no puede apuntar a otro valor, lo que reduce errores de lógica. Y pueden usarse como si fueran variables normales, lo que hace que el código sea más fácil de leer y entender.

La función `calcular_precio_de_venta()` se implementa a través de referencias en C++ de la siguiente forma:

C++

```cpp
#include <iostream>
using namespace std;

double calcular_precio_de_venta(double& precio_de_coste, double& iva){
    return precio_de_coste * 1.02 * 1.40 * (1 + iva);
}

int main() {
    double coste = 15.16;
    double iva_reducido = 0.10;
    double precio_de_venta = calcular_precio_de_venta(coste, iva_reducido);

    cout << "Precio de venta: " << precio_de_venta << " €." << endl;

    return 0;
}
```

Compila el código y ejecuta el programa resultante para comprobar si tu salida es similar a la mostrada en la figura 9.5 (recuerda que el punto marca la parte fraccionaria del valor).

```
eliezer@MacBook-Pro-M1-Pro Downloads % cd "/Users/eliezer/'
Downloads/" && g++ main.cpp -o mai
n && "/Users/eliezer/Downloads/"main
Precio de venta: 23.8133 €.
eliezer@MacBook-Pro-M1-Pro Downloads %
```

Figura 9.5. Ejecución del programa con la función «calcular_precio_de_venta()» implementada mediante referencias.

Observa que la única diferencia real con respecto al paso por copia es la inclusión del ampersand (`&`). Recuerda añadir `const` como mecanismo de seguridad para asegurar que el cuerpo de la función no modifica el contenido de la variable original.

[10] Puedes imaginar el puntero como un puente hacia el dato, pero no el dato en sí.

NOTA:

¿Te animas a implementar la función «mostrar_precios_en_pantalla()» en C++ pasando el vector por referencia? Inténtalo. En el capítulo 20 conocerás el contenedor «vector», que reemplaza a los arrays de bajo nivel y simplifica este tipo de tareas.

Cuando una función modifica parámetros mediante punteros o referencias no constantes, hablamos de «parámetros de entrada y salida». Esto se debe a que no solo sirven para enviar datos a la función, sino también para devolver resultados modificados al ámbito desde el que fue llamada.

Procedimientos

Un procedimiento es simplemente una función que no devuelve ningún valor al finalizar su ejecución. Para definir este tipo de funciones se recurre a la palabra reservada `void`. Como es lógico, estas funciones no incluyen la instrucción `return`, ya que no hay ningún valor que devolver.

C/C++

```
void nombre_de_la_funcion(tipo parametro1, tipo parametro2, ...) {
    // cuerpo
}
```

Por ejemplo, imagina que quieres mostrar un pequeño informe en pantalla, en el que explicas al usuario de tu aplicación cómo se calcula el precio de venta de un producto:

C++

```
void mostrar_desglose_precio_venta(double precio_base, double porcentaje_iva){
    double valor_comision = precio_base * 0.02;
    double precio_con_comision = precio_base + valor_comision;

    double valor_margen = precio_con_comision * 0.40;
    double precio_con_margen = precio_con_comision + valor_margen;

    double valor_iva = precio_con_margen * porcentaje_iva;
    double precio_final = precio_con_margen + valor_iva;

    std::cout << "Precio base del producto:          " <<
    precio_base << " €" << std::endl;

    std::cout << "  + Comisión (2%):                 " <<
    valor_comision << " €" << std::endl;

    std::cout << "Subtotal tras comisión:            " <<
    precio_con_comision << " €" << std::endl;

    std::cout << "  + Margen de beneficio (40%):     " <<
    valor_margen << " €" << std::endl;
    std::cout << "Subtotal tras margen:              " <<
    precio_con_margen << " €" << std::endl;
```

continuación

C++

```
    std::cout << "  + IVA (" << porcentaje_iva * 100 << "%):               "
    << valor_iva << " €" << std::endl;

    std::cout << "Precio final de venta:                   " <<
    precio_final << " €" << std::endl;
}
```

Llama al procedimiento desde la función `main()`, compila el programa y ejecuta el código resultante.

C++

```
int main() {
    double coste = 15.16;
    double iva_reducido = 0.10;
    double precio_de_venta = calcular_precio_de_venta(coste, iva_reducido);
    mostrar_desglose_precio_venta(coste, iva_reducido);
    return 0;
}
```

El programa debería mostrar un resultado similar al de la figura 9.6.

```
eliezer@MacBook-Pro-M1-Pro Downloads % cd "/Users/eliezer/Downloads/"
 && g++ main.cpp -o main && "/U
sers/eliezer/Downloads/"main
Precio base del producto:           15.16 €
  + Comisión (2%):                  0.3032 €
Subtotal tras comisión:             15.4632 €
  + Margen de beneficio (40%):      6.18528 €
Subtotal tras margen:               21.6485 €
  + IVA (10%):                      2.16485 €
Precio final de venta:              23.8133 €
eliezer@MacBook-Pro-M1-Pro Downloads %
```

Figura 9.6. Muestra en pantalla del desglose de cálculos a través de un procedimiento.

Ámbito y visibilidad

Un ámbito es una región de código, generalmente delimitada por llaves (`{ }`), donde una variable es válida y accesible. En el siguiente programa, vemos que la variable `numero` pertenece al ámbito de la función principal `main()`.

C/C++

```
int main(){
    int numero = 4;
    return 0;
}
```

La variable `numero` existe desde el momento en el que se declara dentro del ámbito, hasta que este se cierre con la llave de cierre (`}`). Una vez el ámbito termina, la variable es destruida y su memoria liberada al instante.

Ámbitos anidados

Cada bloque de código delimitado por llaves (`{ }`) crea un ámbito nuevo. En el siguiente ejemplo, la variable `edad` se encuentra en el ámbito de la función `main()` y la variable `precio` pertenece al subámbito que se crea en la línea 3.

C/C++

```
1 int main(){
2     int edad = 30;
3     {
4         double precio;
5     }
6     return 0;
7 }
```

En el subámbito, la variable edad también existe, pero en el ámbito de la función principal `main()`, la variable precio no: las variables declaradas en un ámbito superior son visibles y accesibles en los ámbitos inferiores, pero no al contrario.

El razonamiento es muy sencillo: si intentamos utilizar la variable `edad` en un ámbito en el que tal identificador no se encuentra, el compilador intentará localizarlo en ámbitos superiores, lo que nos lleva a plantearnos la siguiente pregunta: ¿qué ocurre si declaramos una nueva variable edad dentro del subámbito?

C/C++

```
int main(){
    int edad = 30;
    {
        int edad = 31;
        double precio;
    }
    return 0;
}
```

Ante esta situación, el compilador localizará dentro del subámbito la variable `edad` y no seguirá buscando en ámbitos superiores. Ambas variables existen, pero en ámbitos diferentes. El compilador siempre intentará localizar la variable en el ámbito en el que se encuentra, en su defecto lo hará en el ámbito más cercano.

Ámbito global

En C/C++ todos los ámbitos son locales excepto el ámbito global, que pertenece a todo el programa. Para declarar una variable con ámbito global simplemente créala fuera de la función principal `main()`.[11]

[11] En realidad, una variable global puede declararse en cualquier archivo fuente, siempre que esté fuera de cualquier función.

C/C++

```
bool modo_mantenimiento = false;

int main(){
    // ...
    return 0;
}
```

Las variables globales existen durante toda la ejecución del programa y su valor se puede leer o modificar desde cualquier parte del código a partir de su punto de definición.[12]

ADVERTENCIA:

El uso de variables globales solo está justificado en casos muy concretos, como la gestión de configuraciones generales. Su abuso puede dar lugar a un código difícil de mantener, más propenso a errores y menos modular. Siempre que sea posible, utiliza variables locales.

Acceso desde otros ámbitos

En el ejemplo desarrollado a lo largo de este capítulo, el cálculo del precio de venta de un determinado producto se delega en la función `calcular_precio_de_venta()`, y el resultado se devuelve con la instrucción `return`, que entrega una copia del valor calculado.

C/C++

```
double calcular_precio_de_venta(double precio_de_coste, double iva){
    return (((precio_de_coste * 1.02) * 1.40) * (1 + iva));
}
```

Supongamos que el resultado, en lugar de devolverse directamente, se guarda primero en una variable temporal (como hicimos en la implementación inicial) y queremos devolver esa variable por referencia en lugar de hacerlo por copia.

C/C++

```
double* calcular_precio_de_venta(double precio_de_coste, double iva){
    double precio_de_venta = (((precio_de_coste * 1.02) * 1.40)
                               * (1 + iva));
    return &precio_de_venta;
}
```

Si recoges el valor devuelto por la función al llamarla desde `main()`:

C++

```
int main(){
    double* precio_final = calcular_precio_de_venta(8.15, 0.21);
    cout << "El precio final es: " << *precio_final << " €." << endl;
    return 0;
}
```

12 Si la variable se declara como constante se podrá leer pero no modificar.

Podrías obtener un aviso durante el proceso de compilación como el de la figura 9.7.[13]

```
eliezer@MacBook-Pro-M1-Pro Downloads % cd "/Users/eliezer/Downloads/"
 && g++ main.cpp -o main && "/Users/eliezer/Downloads/"main
main.cpp:7:13: warning: address of stack memory associated with local variable
'precio_de_venta' returned [-Wreturn-stack-address]
    return &precio_de_venta;
            ^~~~~~~~~~~~~~~
1 warning generated.
El precio final es: 4.33973e-314 €.
eliezer@MacBook-Pro-M1-Pro Downloads % 
```

Figura 9.7. Error al intentar acceder al contenido de una variable que ya ha sido destruida.

Tiene toda la lógica. Intenta entender lo que está ocurriendo paso a paso antes de continuar:

1. En primer lugar, dentro del cuerpo de la función `calcular_precio_de_venta()`, se declara y define la variable `precio_de_venta`.
2. A continuación, se devuelve la dirección de memoria de esa variable, para almacenarla en un puntero.
3. Luego, al finalizar la ejecución de `calcular_precio_de_venta()`, su ámbito termina y todas las variables locales, incluida `precio_de_venta`, se destruyen.
4. Por último, desde la función principal `main()`, se intenta acceder a una dirección de memoria que ya no es válida, porque pertenece a una variable que ha sido destruida.

NOTA:

A veces, al acceder a una dirección de memoria de una variable ya destruida, podrías encontrarte con que el valor sigue estando allí temporalmente. Sin embargo, esto es pura coincidencia: no hay ninguna garantía de que ese valor siga disponible o sea el correcto. Depender de este comportamiento es un error y causa fallos difíciles de detectar.

En situaciones como esta, lo más recomendable es declarar la variable en el mismo ámbito desde el que se llama a la función, pasarla como parámetro por referencia (ya sea de forma simulada en C o real en C++), y modificar su contenido dentro del cuerpo de la función, sin necesidad de devolver el valor usando `return`. En resumen, se estaría recurriendo a un procedimiento.

[13] El compilador muestra un aviso y no un error de compilación ya que devolver la dirección de una variable local es técnicamente válido, pero se trata de un comportamiento peligroso y erróneo en tiempo de ejecución.

C++

```
#include <iostream>
using namespace std;

void calcular_precio_de_venta(double precio_de_coste,
                              double iva, double* precio_de_venta){
    *precio_de_venta = ((precio_de_coste * 1.02) * 1.40) * (1 + iva);
}

int main() {
    double coste = 15.16, iva_reducido = 0.10;
    double precio_final;

    calcular_precio_de_venta(coste, iva_reducido, &precio_final);
    /* En este punto, la variable precio_final
    ya tiene el resultado en su interior. */

    cout << "Precio de venta: " << precio_final << " €." << endl;

    return 0;
}
```

Ejercicios

Ejercicio 9.01. Implementa una función que invierta los dígitos del sueldo de un empleado.

Ejercicio 9.02. Crea una función que convierta una hora proporcionada en formato HH:MM:SS a segundos totales.

Ejercicio 9.03. Implementa un procedimiento que intercambie el contenido de dos variables de tipo `int` usando punteros.

Ejercicio 9.04. Implementa una función o procedimiento que reciba dos arrays y devuelva uno con los elementos comunes (sin duplicados).

Ejercicio 9.05. Implementa una función que reemplace todas las vocales minúsculas por sus equivalentes en mayúsculas.

Ejercicio 9.06. Ya has trabajado en varios ejercicios a lo largo del libro. Ahora, vuelve a los programas que creaste en capítulos anteriores e intenta convertir partes de su lógica en funciones para hacerlos más estructurados y reutilizables

Ejercicio 9.07. Crea una función que reciba una lista de empleados representada como un array de cadenas de texto y devuelva una nueva lista donde todos los nombres estén normalizados. Normalizar significa que cada nombre debe comenzar con una letra mayúscula y el resto en minúscula.

Ejercicio 9.08. Escribe una función que calcule el área y el perímetro de un rectángulo, y devuelva ambos valores por referencia.

Ejercicio 9.09. Desarrolla una función que normalice los espacios en blanco de una cadena de texto. La función debe eliminar los espacios duplicados entre palabras y también quitar los espacios al principio y al final de la cadena.

Ejercicio 9.10. Implementa una función que calcule el importe total a pagar a un empleado por las horas extra trabajadas. La función debe recibir como parámetros el número de horas extra y el precio por hora.

Ejercicio 9.11. Desarrolla una función que reciba una fecha como `día, mes, año` y verifique si es válida.

Ejercicio 9.12. Implementa una función que combine dos arrays intercalando sus elementos.

Ejercicio 9.13. Crea una función que detecte si una cadena de caracteres contiene una palabra prohibida.

Ejercicio 9.14. Implementa una función que devuelva la frecuencia de cada carácter en una cadena.

Ejercicio 9.15. Desarrolla un programa que simule el menú de un cajero automático. El usuario podrá consultar su saldo actual, ingresar una cantidad de dinero o retirar dinero de la cuenta. El programa debe mostrar un menú repetidamente hasta que el usuario seleccione la opción de salir. Se debe validar que el usuario no retire más dinero del disponible. Todas las operaciones deben estar divididas en funciones o procedimientos independientes.

Ejercicio 9.16. Crea una agenda digital que permita almacenar contactos, cada uno con su nombre y número de teléfono. El usuario podrá añadir nuevos contactos, listar todos los contactos registrados y buscar contactos por nombre. El programa debe organizarse mediante funciones y mantenerse en ejecución hasta que el usuario decida salir.

10

Estructuras

En este capítulo aprenderás:

- Definir estructuras personalizadas.
- Declarar y utilizar variables basadas en estructuras.
- Acceder y modificar campos de una estructura.
- Crear y manipular arrays de estructuras para agrupar datos relacionados.
- Pasar estructuras como parámetros a funciones, por valor y por referencia.
- Utilizar estructuras como mecanismos de entrada y salida en procedimientos.
- Comprender cómo funciona la memoria al trabajar con estructuras a bajo nivel.

Introducción

Estás a cargo de un sistema que gestiona la información de los empleados de tu empresa. Este sistema debe manejar datos como el identificador del empleado, su salario bruto anual, el nombre y los apellidos.

Una forma de modelar esta información es mediante variables independientes para cada dato.

C/C++

```
int main(){
    int identificador;
    double salario_bruto_anual;
    char *nombre, *apellidos;
    return 0;
}
```

Sin embargo, imagina que, en lugar de gestionar solo cuatro datos, la ficha de un empleado incluye hasta cuarenta y ocho campos distintos (por ejemplo, su dirección, la fecha de contratación, departamento al que pertenece, etc.). Crear una variable independiente para cada dato y para cada empleado no solo resulta poco práctico, sino también insostenible a medida que el sistema crece.

Una posible solución sería utilizar arrays y asignar una posición específica de cada array a un empleado concreto. Por ejemplo, podrías tener un array para los nombres, otro para los apellidos, otro para los salarios, y así sucesivamente. El índice `0` en cada array correspondería al primer empleado, el índice `1` al segundo, y así con todos. Sin embargo, esta opción reduce significativamente la legibilidad del código y puede dar lugar a errores difíciles de detectar, sobre todo si los arrays se desincronizan o si alguien accede a un índice incorrecto. Además, el código se vuelve más difícil de mantener y entender con el tiempo.

Las estructuras surgen como una solución natural para organizar y agrupar datos relacionados de forma coherente, legible y mantenible. En este capítulo aprenderás a definir estructuras, declarar y utilizar variables de tipo `struct`, acceder a los campos de una estructura, crear arrays de estructuras y pasar estructuras como parámetros a funciones o procedimientos, ya sea como entrada o como entrada y salida. Además, te introducirás en la forma en que funciona la gestión de memoria con estructuras a bajo nivel.

Definición de la estructura

El objetivo de este capítulo es aprender a agrupar datos relacionados bajo un mismo identificador. Para poder declarar una variable del tipo `Empleado`, primero debemos construir la estructura que describe este nuevo tipo de dato. A este proceso se le conoce como definición de la estructura.

La sintaxis básica para definir una estructura comienza con la palabra clave `struct`, seguida del nombre o identificador que se le asignará. Luego, se define el cuerpo de la estructura entre llaves (`{ }`) y se finaliza con un punto y coma (`;`).

C/C++

```
struct Empleado {
    // Cuerpo
};
```

Dentro del cuerpo de la estructura se definen los campos que la componen. Siguiendo con el ejemplo anterior, podríamos incluir el identificador del empleado, su nombre y apellidos y su salario bruto anual. Cada campo se declara por separado y su declaración debe terminar con un punto y coma (`;`).

C/C++

```
struct Empleado {
    int identificador;
    double salario_bruto_anual;
    char* nombre, * apellidos;
};
```

NOTA:

Se ha usado memoria dinámica para almacenar nombre y apellidos, aunque también se podría haber usado memoria estática (por ejemplo, «char nombre[48]»). La memoria estática limita el tamaño, pero es más sencilla de copiar sin riesgo de fugas. La dinámica ofrece flexibilidad, pero requiere gestionar la memoria manualmente y puede causar problemas si no se hace una copia profunda.[1]

Cuando se trabaja con un único archivo, la definición de las estructuras suele colocarse antes de la función principal `main()`.

C

```
#include <stdio.h>
//...

struct Empleado {
    int identificador;
    double salario_bruto_anual;
    char* nombre, * apellidos;
};

int main(){

   return 0;
}
```

[1] Copia profunda: copiar los valores primitivos de una estructura y el contenido al que apuntan sus punteros.

Declaración y definición de variables de tipo «struct»

La forma de declarar y definir variables de tipo `struct` varía según el lenguaje utilizado (C o C++). A continuación, explorarás las distintas formas disponibles y entenderás por qué las variables de tipo `struct` se declaran y definen de una manera u otra según el lenguaje.

ADVERTENCIA:

No confundas la definición de una estructura con la declaración o definición de variables basadas en esa estructura. Definir una estructura consiste en establecer un nuevo tipo de dato, especificando sus campos y su composición interna. En cambio, declarar o definir variables de ese tipo significa crear instancias concretas que podrán almacenar valores conforme a la estructura ya definida.

C

Para definir una variable de tipo `struct`, primero escribe la palabra reservada `struct`, seguida del nombre de la estructura (que actúa como el tipo). A continuación, escribe el nombre de la variable que quieres declarar con ese tipo.

C

```
1 int main(){
2     struct Empleado desarrollador_de_software;
3     return 0;
4 }
```

NOTA:

La línea 2 declara una variable llamada «desarrollador_de_software», que es de tipo «struct Empleado». Es decir, esta variable incluye todos los campos definidos en dicha estructura.

Puedes inicializar la variable con una lista de valores, mediante designadores de campo, asignando solo algunos campos, con asignaciones individuales o mediante una función que la devuelva ya inicializada.

Inicialización compuesta

La inicialización compuesta (también conocida como «inicialización por orden de campos») permite asignar valores a una variable de tipo `struct` mientras se especifican directamente los valores de sus campos, en el mismo orden en que fueron declarados.

Por ejemplo, si la estructura `Empleado` está definida con los campos en el siguiente orden: identificador, salario bruto anual, nombre y apellidos, entonces ese mismo orden debe respetarse al inicializar una variable de este tipo.

La sintaxis consiste en escribir los valores entre llaves (`{ }`), separados por comas:

C

```
struct Empleado desarrollador_de_software = {108, 4223.15, "Maurice", "Moss"};
```

Inicialización parcial

Si no dispones de toda la información al declarar una variable, puedes optar por la inicialización parcial. El requisito más importante que debes tener en cuenta es que los valores deben inicializarse en el mismo orden en que fueron definidos dentro del `struct` y los campos que no se inicialicen deben quedar al final.

```
struct Empleado desarrollador_de_software = {108, 4223.15};
```

En este ejemplo se inicializan los dos primeros campos en orden, mientras que los campos restantes —nombre y apellidos— se rellenan automáticamente con `NULL`. Los valores por defecto al inicializar parcialmente una estructura son los mismos valores por defecto que para cualquier otra variable: `0` para los campos numéricos, `NULL` para los punteros y `false` para los valores booleanos.

Designadores de campos

Los designadores de campos permiten asignar valores directamente a campos específicos de una estructura. Su funcionamiento es similar al de la inicialización parcial y compuesta, pero se diferencia en que se indica explícitamente el nombre de cada campo junto con el valor que se le quiere asignar.

C

```
struct Empleado desarrollador_de_software = {
    .identificador = 42,
    .salario_bruto_anual = 4223.15,
    .nombre = "Maurice",
    .apellidos = "Moss"
};
```

Los designadores de campos ofrecen una ventaja importante: permiten cambiar el orden de los campos e inicializar solo aquellos que necesites. Esto hace que el código sea más legible en comparación con otros métodos de inicialización.

C

```
struct Empleado desarrollador_de_software = {
    .salario_bruto_anual = 4223.15,
    .identificador = 42,
};
```

ADVERTENCIA:

Este mecanismo está disponible a partir de C99. Si usas «gcc», asegúrate de no estar en modo «-std=c89».

Asignaciones individuales

Cada una de las opciones anteriores permite inicializar una variable en el momento de su declaración, ya sea de forma parcial o completa. No obstante, al igual que ocurre con otros tipos de variables, también puedes declarar una variable de tipo `struct` sin inicializarla y asignar valores a sus campos más adelante.

Para ello, basta con asignar un valor a cada campo por separado. Una vez declarada la variable, puedes acceder a sus campos escribiendo el nombre de la variable, seguido de un punto (`.`) y el nombre del campo que quieras modificar.

C

```c
int main(){
    struct Empleado desarrollador_de_software;
    desarrollador_de_software.identificador = 42;
    desarrollador_de_software.salario_bruto_anual = 4223.15;
    desarrollador_de_software.nombre = "Maurice";
    desarrollador_de_software.apellidos = "Moss";
    return 0;
}
```

Puedes inicializar todos los campos o solo los que te interesen, según lo que necesites.

Función

Las funciones son una opción interesante para inicializar estructuras. El proceso es sencillo: la función recibe los valores como parámetros, crea una variable del tipo correspondiente con esos datos y devuelve la estructura ya construida por copia, con alguno de los mecanismos que vimos anteriormente.

C

```c
struct Empleado crear_desarrollador_de_software(int id, double salario, const
                                        char* nombre, const char* apellidos) {
    struct Empleado desarrollador;

    desarrollador.identificador = id;
    desarrollador.salario_bruto_anual = salario;

    desarrollador.nombre = malloc(strlen(nombre) + 1);
    desarrollador.apellidos = malloc(strlen(apellidos) + 1);

    if (desarrollador.nombre != NULL) strcpy(desarrollador.nombre, nombre);
    if (desarrollador.apellidos != NULL) strcpy(desarrollador.apellidos,
       apellidos);

    return desarrollador;
}
```

Te dejo el programa completo para que puedas compilarlo y ejecutarlo:

C

```c
#include <stdio.h>
#include <stdlib.h>
#include <string.h>

struct Empleado {
    int identificador;
    double salario_bruto_anual;
    char* nombre;
    char* apellidos;
};

struct Empleado crear_desarrollador_de_software(int id, double salario, const
                                                char* nombre, const char* apellidos) {
    struct Empleado desarrollador;

    desarrollador.identificador = id;
    desarrollador.salario_bruto_anual = salario;
    desarrollador.nombre = malloc(strlen(nombre) + 1);
    desarrollador.apellidos = malloc(strlen(apellidos) + 1);

    if (desarrollador.nombre != NULL) strcpy(desarrollador.nombre, nombre);
    if (desarrollador.apellidos != NULL) strcpy(desarrollador.apellidos,
                                                apellidos);

    return desarrollador;
}

int main() {
    struct Empleado desarrollador_de_software
          = crear_desarrollador_de_software(42, 4223.15, "Maurice", "Moss");

    printf("ID: %d\n", desarrollador_de_software.identificador);
    printf("Nombre: %s %s\n", desarrollador_de_software.nombre,
          desarrollador_de_software.apellidos);
    printf("Salario bruto anual: %.2f\n",
          desarrollador_de_software.salario_bruto_anual);

    // Recuerda liberar memoria
    free(desarrollador_de_software.nombre);
    free(desarrollador_de_software.apellidos);

    return 0;
}
```

NOTA:

Observa el tipo de retorno especificado en la cabecera de la función.

Inicializar un `struct` mediante una función aporta ciertas ventajas que conviene considerar:

- **Mejora la legibilidad,** sobre todo si la función y los campos del `struct` usan nombres descriptivos.
- **Encapsula la lógica de inicialización,** lo que permite definir valores por defecto y aplicar validaciones dentro de la función.
- **Evita la duplicación de código,** al facilitar la reutilización en distintos lugares del programa.
- **Ofrece flexibilidad,** ya que es más fácil adaptar la función si la estructura cambia en el futuro.
- **Reduce errores,** porque evita omisiones o inicializaciones incorrectas de campos.

C++

La declaración y definición de variables de tipo `struct` en C++ representa un salto importante y marca una de las diferencias más notables respecto a los `struct` en C. Aunque las estructuras de C++ siguen siendo similares a las de C, en C++ se acercan más al concepto de clases y objetos, propios del paradigma de la programación orientada a objetos. Por ello, lo que verás a continuación te servirá como base para introducirte en los fundamentos de este paradigma.

Lista de inicialización uniforme

La lista de inicialización se basa en el uso de llaves y es similar a la inicialización parcial o compuesta de C, con la diferencia de que en C++ ya no se necesita especificar la palabra reservada `struct` para inicializar variables de tipo `struct`. Simplemente, escribe el nuevo tipo creado, el nombre que recibirá la variable y, a continuación, los valores para cada uno de los campos, entre llaves.

C++

```
int main(){
    Empleado desarrollador_de_software{108, 4223.15, (char*)"Maurice",
    (char*)"Moss"};
    return 0;
}
```

La lista de inicialización uniforme ofrece una ventaja muy interesante: verifica los tipos de forma estricta y evita conversiones implícitas.

Por ejemplo, en los campos `nombre` y `apellido`, hemos tenido que hacer un *cast* a `char*`. Esto se debe a que, en C++, las cadenas literales como `"Maurice"` y `"Moss"` se interpretan como `const char*`. Al aplicarse la comprobación de tipos durante la inicialización uniforme, se requiere que el tipo coincida exactamente con el definido en la estructura. Una alternativa sería definir esos campos como `const char*` desde el inicio. Esto eliminaría la necesidad de hacer *cast*, pero también implicaría que no podríamos modificar los valores de esos campos una vez creada la variable, ya que estarían definidos como constantes.

Asignaciones individuales

Funciona igual que en C, pero en C++ no es necesario anteponer la palabra reservada `struct` al declarar una variable de este tipo.

C++

```
Empleado desarrollador_de_software;

desarrollador_de_software.identificador = 108;
desarrollador_de_software.salario_bruto_anual = 4223.15;
desarrollador_de_software.nombre = "Maurice";
desarrollador_de_software.apellidos = "Moss";
```

ADVERTENCIA:

Los literales de cadena como «"Maurice"» son de tipo «const char[6]», y en C++ son inmutables. Forzar la conversión a «char» engaña al compilador diciéndole que vas a modificar algo que en realidad no deberías modificar, lo que puede provocar comportamiento indefinido si tratas de hacerlo.*

Inicialización en la definición de la estructura

Desde C++11, es posible asignar valores por defecto al definir una estructura.

C++

```
struct Empleado {
    int identificador = 108;
    double salario_bruto_anual = 4815.16;
    char* nombre = "Maurice", * apellidos = "Moss";
};
```

Definir una estructura con valores por defecto permite declarar una variable de ese tipo con sus campos ya inicializados automáticamente.

C++

```
int main(){
    Empleado desarrollador_de_software;
    return 0;
}
```

Si imprimes los valores de la estructura, comprobarás que la variable ya contiene los valores por defecto definidos. Estos valores pueden sobreescribirse utilizando cualquiera de los métodos vistos anteriormente, siempre que ninguno de los campos esté declarado como constante.

ADVERTENCIA:

Al definir una estructura, es importante que sea lo más general posible. Solo debes asignar valores por defecto cuando realmente tengan sentido. Por ejemplo, si la mayoría de los empleados reciben el mismo sueldo, tiene lógica establecer ese valor como predeterminado. Sin embargo, campos como el identificador, el nombre o los apellidos varían en cada persona, por lo que no tendría sentido inicializarlos por defecto.

Inicialización por constructor

Todavía es pronto para profundizar en los constructores, pero si lo recuerdas, unas líneas atrás inicializaste una estructura en C utilizando una función externa. En C++, esa misma función puede formar parte de la propia estructura.

C++

```
#include <cstring>  // Para strcpy
#include <iostream>

struct Empleado {
    int identificador;
    double salario_bruto_anual;
    char* nombre, *apellidos;

    // Constructor
    Empleado(int id, double salario, const char* nom, const char* ape){
        identificador = id;
        salario_bruto_anual = salario;

        nombre = new char[strlen(nom) + 1];
        std::strcpy(nombre, nom);

        apellidos = new char[strlen(ape) + 1];
        std::strcpy(apellidos, ape);
    }
};
```

Para crear una variable de tipo `struct` usando su constructor, basta con llamarlo directamente al declararla y pasarle los valores necesarios, como en el siguiente ejemplo.

C/C++

```
Empleado desarrollador_de_software(108, 4815.16, "Maurice", "Moss");
```

Como en este caso se utiliza memoria dinámica, es importante liberarla correctamente. En C++, dado que las estructuras se comportan de forma similar a las clases, esto se hace a través de un destructor, un tipo de función que se llama de forma automática cuando se elimina una variable. Aprenderás más sobre ello en el capítulo 17.

Designadores de campos

C++20 introdujo la posibilidad de inicializar estructuras mediante designadores de campos, de forma similar a como se hace en C99. Sin embargo, existen algunas restricciones importantes: no puedes usar esta sintaxis si la estructura ya tiene un constructor definido, y los campos deben ser públicos, un concepto que exploraremos en el capítulo 17.

Otros mecanismos de inicialización

Existen otros mecanismos de inicialización y matices que no se han tratado en este capítulo, ya sea por estar relacionados con clases o por ser compatibles con versiones antiguas del lenguaje. Sin embargo, los mecanismos presentados aquí son suficientes para trabajar con estructuras clásicas en C++.

Uso de «typedef»

Como habrás notado, declarar una variable de tipo `struct` presenta algunas diferencias entre C y C++. Una de las principales es que, en C, es necesario utilizar la palabra reservada `struct` para hacerlo:

C++

```
struct Empleado desarrollador_de_software;
```

En cambio, en C++ no es necesario usar la palabra `struct`.

C++

```
Empleado desarrollador_de_software;
```

En realidad, en C también existe una forma de evitar el uso constante de la palabra `struct` al trabajar con el tipo `Empleado`: se trata de la palabra reservada `typedef`.

`typedef` en C se utiliza para crear alias de tipos de datos. No crea un nuevo tipo, sino que le da un nombre alternativo (más legible, corto o semánticamente significativo) a un tipo ya existente. Esto es útil para mejorar la claridad del código y facilitar modificaciones. La sintaxis es muy sencilla:

C/C++

```
typedef tipo_existente nuevo_nombre;
```

Por ejemplo, si deseas utilizar un «tipo» llamado `entero` en tu programa, puedes definirlo como un alias de `int`.

C

```
typedef int entero;
```

Así, cada vez que uses `entero` en tu código, el compilador lo interpretará igual que si hubieras escrito `int`.

C

```
typedef int entero;

int main(){
    entero identificador_empleado;
    identificador_empleado = 8;
    return 0;
}
```

Al usar `typedef` con estructuras, puedes asignar un nombre específico a toda la estructura (incluidos sus campos), lo que te permite referirte a ella de una forma más sencilla.

C

```
typedef struct {
    int identificador;
    double salario_bruto_anual;
    char* nombre, * apellidos;
} Empleado;
```

De esta manera, puedes declarar variables de tipo `Empleado` en C simplemente escribiendo `Empleado`, sin necesidad de usar `struct Empleado`, tal como se hace en C++.

ADVERTENCIA:

Evita usar «typedef» para punteros, ya que puede dificultar la identificación de errores relacionados con el manejo de memoria.

Acceso al contenido

Para acceder a los valores almacenados en los distintos campos de una estructura, se utiliza el operador punto (`.`), del mismo modo que al asignar valores individualmente durante la inicialización. Recuerda que este tipo de asignación se realiza de la siguiente manera:

C/C++

```
Empleado desarrollador_de_software;
desarrollador_de_software.identificador = 108;
//...
```

Acceder al contenido de los campos se hace prácticamente igual. Por ejemplo, si queremos mostrar en pantalla el valor del campo `.nombre`, basta con escribir el nombre de la estructura ya instanciada, seguido del punto y el nombre del campo al que queremos acceder:

C

```
printf("%s", persona.nombre);
```

Sin embargo, la forma de acceder a los campos cambia cuando utilizamos un puntero que almacena la dirección de una variable de tipo `struct`.

C

```
int main(){
    Empleado desarrollador_de_software = {108, 4223.15, "Maurice", "Moss"};
       Empleado* puntero_a_desarrollador_de_software
       = &desarrollador_de_software;
}
```

En este caso, si queremos acceder a uno de los campos de la estructura a través de `puntero_a_desarrollador_de_software`, primero debemos desreferenciar el puntero con el símbolo asterisco (*).

C

```
int main(){
    // ...
    printf("ID: %d\n", (*puntero_a_desarrollador_de_software).identificador);
    printf("Salario: %.2f\n", (*puntero_a_desarrollador_de_software).salario_
bruto_anual);
    printf("Nombre: %s\n", (*puntero_a_desarrollador_de_software).nombre);
    printf("Apellido: %s\n", (*puntero_a_desarrollador_de_software).
apellidos);

    return 0;
}
```

Como puedes ver, el operador (*), que se usa para obtener el contenido de una dirección de memoria, tiene menor precedencia que el operador (.). Por eso, primero debemos acceder a la variable original y después al campo específico que queremos utilizar.

Dado que el acceso a estructuras mediante punteros es más común de lo que podría parecer al principio, existe una forma abreviada de escritura mediante el operador fecha (->).

C

```
int main() {
    // ...
    printf("ID: %d\n", puntero_a_desarrollador_de_software->identificador);
    printf("Salario: %.2f\n", puntero_a_desarrollador_de_software->salario_
    bruto_anual);
    printf("Nombre: %s\n", puntero_a_desarrollador_de_software->nombre);
    printf("Apellido: %s\n", puntero_a_desarrollador_de_software->apellidos);

    return 0;
}
```

¿Y qué ocurre con las referencias? Dado que actúan como un alias, puedes acceder a los campos con el punto, tal como ya sabes hacerlo.

Array de estructuras

Un array de estructuras es una colección de elementos, donde cada elemento es una estructura con varios campos, y todos los elementos del array tienen la misma estructura.

Por ejemplo, supongamos que tienes ocho empleados en tu empresa. Una vez que has definido la estructura `Empleado`, puedes declarar un array que contenga ocho elementos de ese tipo en tu programa.

C/C++

```
int main(){
    Empleado empleados[8];
    return 0;
}
```

Para inicializar uno de los campos de un empleado en particular, primero accedes a su posición en el array y luego al campo que deseas modificar.

C/C++

```
empleados[4].identificador = 23;
```

Si en lugar de usar memoria estática decides utilizar memoria dinámica, la declaración se realiza de forma similar a la que viste en capítulos anteriores: mediante la reserva de espacios en memoria (de manera dinámica) para ocho elementos de tamaño struct Empleado».

C

```
struct Empleado *empleados = (struct Empleado *)malloc(8 * sizeof(struct
Empleado));
```

NOTA:

¿Te aparece algún error de compilación? Revisa si tu código es coherente. Por ejemplo, si decidiste usar «typedef», continúa usándolo de forma consistente. Y si no lo usaste desde el principio, sigue sin usarlo.

Paso de estructuras a funciones o procedimientos

Las tres formas principales de pasar valores a una función también se aplican a las estructuras.

Paso por valor

El paso por valor realiza una copia completa de la estructura. Este sería un ejemplo de función que recibe una estructura por copia:

C

```c
void mostrar_empleado(struct Empleado e) {
    printf("ID: %d\n", e.identificador);
    printf("Nombre: %s %s\n", e.nombre, e.apellidos);
    printf("Salario bruto anual: %.2f\n", e.salario_bruto_anual);
}
```

Y este sería un ejemplo de llamada:

C

```c
int main() {
    struct Empleado desarrollador_de_software = {108, 4223.15, "Maurice",
    "Moss"};
    mostrar_empleado(desarrollador_de_software);
    return 0;
}
```

Paso por puntero

El paso por referencia en C o mediante punteros en C++ ofrece ventajas significativas frente al paso por valor, especialmente cuando se trabaja con estructuras grandes o cuando es necesario modificar el contenido original.

Al pasar un puntero se evita copiar toda la estructura, lo que reduce el consumo de memoria y mejora el rendimiento. No obstante, requiere un mayor cuidado en la gestión de memoria y puede reducir la legibilidad del código si no se utiliza correctamente.

La estructura puede pasarse a la función a través de un puntero de la siguiente forma:

C

```c
void mostrar_empleado(const struct Empleado* e) {
    printf("ID: %d\n", e->identificador);
    printf("Nombre: %s %s\n", e->nombre, e->apellidos);
    printf("Salario bruto anual: %.2f\n", e->salario_bruto_anual);
}
```

Y la llamada a la función equivalente podría ser algo así:

C

```c
int main() {
    struct Empleado desarrollador_de_software = {108, 4223.15, "Maurice",
    "Moss"};
    mostrar_empleado(&desarrollador_de_software);
    return 0;
}
```

Paso por referencia

El paso por referencia en C++ ofrece ventajas importantes comparadas con el paso por valor y el paso por punteros: además de evitar la copia del objeto (como los punteros), permite modificar el original si no es `const` y proporciona una sintaxis más limpia y legible, similar al paso por valor. A diferencia del paso por valor, no implica duplicar el contenido del objeto, y a diferencia del paso por punteros, no requiere operar con direcciones de memoria ni gestionar posibles valores nulos, ya que una referencia siempre debe estar ligada a un objeto válido. Además, las referencias pueden declararse como `const` para garantizar que la función no modificará el objeto recibido, lo que mejora la claridad y seguridad del código.

C++

```cpp
void mostrar_empleado(const Empleado& e) {
    std::cout << "ID: " << e.identificador << '\n';
    std::cout << "Nombre: " << e.nombre << ' ' << e.apellidos << '\n';
    std::cout << "Salario bruto anual: " << e.salario_bruto_anual << '\n';
}

int main() {
    Empleado desarrollador_de_software = {108, 4223.15, "Maurice", "Moss"};
    mostrar_empleado(desarrollador_de_software);
    return 0;
}
```

Alineación y tamaño

La alineación de un dato depende de cómo la definan el compilador y la arquitectura. Como simplificación, podemos decir que un dato está alineado cuando su dirección de memoria es un múltiplo de su requisito de alineación, que normalmente coincide con su tamaño. Por ejemplo, un `char` (un byte) puede estar en cualquier dirección, un `short` (dos bytes) debe estar en una dirección múltiplo de dos, y un `int` (cuatro bytes) en una dirección múltiplo de cuatro.

La alineación influye directamente en el rendimiento del programa porque permite al procesador acceder a los datos de forma más rápida y eficiente cuando están correctamente alineados.

Como cada dato debe estar alineado, al declarar una estructura con varios campos, el compilador puede insertar bytes vacíos entre ellos para garantizar un acceso seguro y rápido a la memoria, y para cumplir con los requisitos del hardware subyacente.

Estos espacios intermedios aumentan el tamaño total de la estructura. Por eso, al usar `sizeof()` para calcular su tamaño, el resultado no siempre coincide con la suma de los tamaños de sus campos.[2]

Tabla 10.1. Ejemplo de alineación interna para la estructura «Empleado».

identificador (4 bytes)	**relleno** (4 bytes para alinear el double)
`salario_bruto_anual` (8 bytes)	
`nombre` (puntero, 8 bytes)	
`apellidos` (puntero, 8 bytes)	

Ejercicios

Ejercicio 10.01. Define una estructura `Fecha` con campos `dia`, `mes` y `año`. Declara una variable de ese tipo y asígnale valores. Muestra el contenido en pantalla a través de un procedimiento.

Ejercicio 10.02. Crea una estructura `Producto` con `nombre`, `precio` y `cantidad`. Crea funciones o procedimientos para pedir los datos al usuario, recogerlos y mostrarlos por pantalla.

Ejercicio 10.03. Declara una estructura `Punto` con coordenadas `x` e `y`. Escribe una función que imprima la distancia al origen.

Ejercicio 10.04. Crea un array de fechas que contenga los cumpleaños de los miembros de tu familia. Pide al usuario que introduzca las fechas por teclado y, al final, muestra en pantalla la lista de cumpleaños (solo el día y el mes, sin el año) para que no se te olvide ninguno.

Ejercicio 10.05. Declara un array de cuatro estructuras `Estudiante`, con `nombre`, `edad` y `nota_media`. Introduce los datos por teclado.

[2] De hecho, como el compilador no puede reordenar las variables dentro de una estructura, el orden en que declares sus campos puede afectar directamente al tamaño final del struct en memoria.

Ejercicio 10.06. Implementa una función que calcule la nota media del grupo de estudiantes del ejercicio anterior.

Ejercicio 10.07. Implementa una segunda función que encuentre al estudiante con la mejor nota media del array definido en el ejercicio 10.05.

Ejercicio 10.08. Implementa un procedimiento que ordene el array de estudiantes del ejercicio 10.5 por nota media de mayor a menor.

Ejercicio 10.09. Crea y gestiona una agenda de contactos. Cada contacto almacena nombre, teléfono y correo electrónico. Permite añadir, buscar y listar contactos.

Ejercicio 10.10. Implementa un programa que simule un inventario de tienda con hasta cien productos. Usa estructuras, funciones de búsqueda de productos y de actualización.

Ejercicio 10.11. Define una estructura llamada `Libro` con los campos `titulo`, `autor` y `número de páginas`. Luego declara una variable de tipo `Libro`, crea un puntero que apunte a dicha variable y utiliza ese puntero para acceder y modificar los valores de sus campos.

Ejercicio 10.12. Crea un array dinámico de estructuras `Libro` llamado `Biblioteca`. Permite añadir, buscar, listar y eliminar libros. Reserva y libera correctamente la memoria.

3

Parte

Lenguaje C

11

Entrada y salida estándar

En este capítulo aprenderás:

- Los conceptos fundamentales de entrada y salida estándar en C.
- Cómo leer datos introducidos por el usuario desde el teclado.
- El uso de funciones clave para mostrar mensajes e información por pantalla.

Introducción

Las operaciones de entrada y salida en C se gestionan mediante la biblioteca estándar `<stdio.h>`, cuyo nombre proviene de *Standard Input/Output* (entrada/salida estándar). Esta biblioteca ofrece un conjunto de funciones que permiten al programa interactuar con el usuario, ya sea para leer datos introducidos por teclado o para mostrar información en pantalla.

NOTA:

Puedes incluir esta biblioteca en tu programa con la instrucción «#include <stdio.h>».

Para lograrlo, el lenguaje C utiliza el concepto de «flujo», que representa una secuencia de caracteres que puede venir de una fuente (como el teclado) o dirigirse a un destino (como la pantalla). Dos de los flujos más comunes son la entrada estándar (`stdin`), asociada al teclado, y la salida estándar (`stdout`), asociada a la pantalla, generalmente a través de la consola.

A lo largo de este capítulo aprenderás a utilizar las funciones más comunes para leer datos desde el teclado y mostrar información por consola. Sin embargo, el lenguaje C ofrece muchas más herramientas para trabajar con la entrada y salida de datos. Al finalizar el capítulo, te animo a seguir explorando la web de soporte de este libro.[1]

Salida estándar

El flujo de salida estándar (`stdout`) permite que el programa muestre información al usuario durante su ejecución, facilitando la comunicación de resultados, mensajes y datos relevantes. Por lo general, la salida estándar se dirige a la pantalla y las tres funciones más utilizadas para escribir datos son `putchar()`, `puts()` y `printf()`.

«putchar()»

`putchar()` es una de las funciones más simples de la biblioteca estándar y se utiliza para mostrar un solo carácter en pantalla. Solo tienes que pasar el carácter como argumento, entre comillas simples (por ejemplo, `'C'`).

```
putchar('C');
```

También puedes mostrar el valor de una variable de tipo carácter:

C

```c
char letra = 'E';
putchar(letra);
```

1 Visita eliezerlopez.cc.

O incluso utilizar el resultado de una función que devuelve un carácter.

```
putchar(calcular_letra_dni());
```

NOTA:

Asegúrate de incluir todo el código necesario para que estos ejemplos se puedan compilar y ejecutar correctamente.

Aunque `putchar()` imprime un solo carácter, su parámetro es de tipo `int`, no `char`. Para comprobarlo revisa la declaración de la función en su encabezado:

```
int putchar(int caracter);
```

Si este comportamiento te resulta extraño, te recomiendo revisar el capítulo 3, donde se explica la relación que existe entre los caracteres y los valores enteros.

Además, `putchar()` devuelve `-1` si ocurre un error al intentar escribir el carácter en la salida estándar (`stdout`). Por esta razón su tipo de retorno es `int`.

Que `putchar()` falle en un programa sencillo es poco común, pero no imposible. De hecho, vamos a forzar una situación de error. Imagina que, por alguna razón, el flujo de salida estándar (`stdout`) ha sido cerrado o presenta algún problema.

C

```c
fclose(stdout); // Esta línea cierra el flujo de salida
putchar('E');
```

En ese caso, `putchar()` no podrá mostrar el carácter en pantalla y devolverá un error. Aunque no veamos ningún resultado visible, el error sí se produce internamente.

```
eliezer@MacBook-Pro-M1-Pro ~ % cd "/Users/eliezer/Downloads/" && gcc main.c -o
main && "/Users/eliezer/Downloads/"main
eliezer@MacBook-Pro-M1-Pro Downloads %
```

Figura 11.1. «putchar()» no muestra el carácter en pantalla.

Una de las convenciones más comunes es el uso de `EOF`, una constante entera negativa (generalmente `-1`) definida en la biblioteca estándar. Se utiliza para indicar que no hay más datos disponibles en una entrada o que ha ocurrido algún tipo de error. Su nombre proviene de *End Of File* (fin de archivo).

Para manejar correctamente el error, puedes utilizar una sentencia condicional, por ejemplo, un `if`. Este código:

C

```c
fclose(stdout);
if (putchar('E') == EOF){
    perror("Error al escribir con putchar()");
}
```

Mostrará en pantalla el mensaje de error de la figura 11.2.

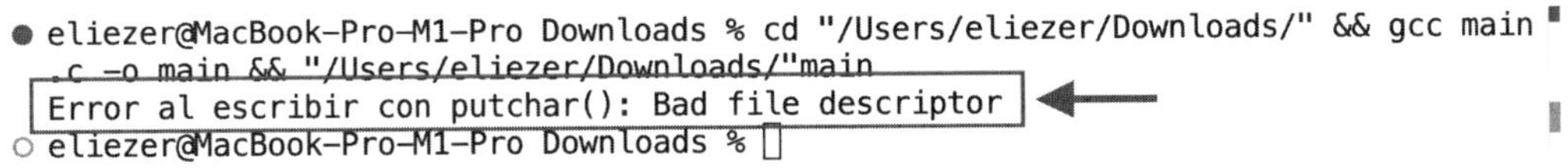

Figura 11.2. Mensaje de error en pantalla.

NOTA:

«perror()» es una función de la biblioteca estándar que imprime un mensaje de error en la salida de error estándar (`stderr`*). Este mensaje describe el último error ocurrido en una operación del sistema o de entrada/salida, basándose en el valor actual de la variable global* `errno`.

«puts()»

En la misma línea que `putchar()` encontramos la función `puts()`, utilizada para imprimir una cadena de texto en la salida estándar. Recibe como argumento una cadena de caracteres constante (de bajo nivel, como se puede ver por el puntero que recibimos) y devuelve `EOF` si se produce un error durante la escritura.

```
int puts(const char *str)
```

Puedes mostrar un mensaje en pantalla con `puts()` para comprobar su funcionamiento. Por ejemplo:

```
puts("Guía de programación en C/C++");
```

Si la operación se realiza con éxito (es decir, sin errores), `puts()` devuelve un valor entero no negativo que varía ligeramente en función de la plataforma. Lo único que garantiza el estándar es que será un número no negativo si la operación tiene éxito y `EOF` (es decir, `-1`) si ocurre un error. Implementa el siguiente código y observa el valor de retorno en tu caso:

C

```c
int resultado = puts("Guía de programación en C/C++");
printf("Valor devuelto por puts(): %d\n", resultado);
```

Como habrás comprobado al compilar y ejecutar el código anterior, `puts()` siempre añade un salto de línea (`\n`) al final de la cadena que imprime.

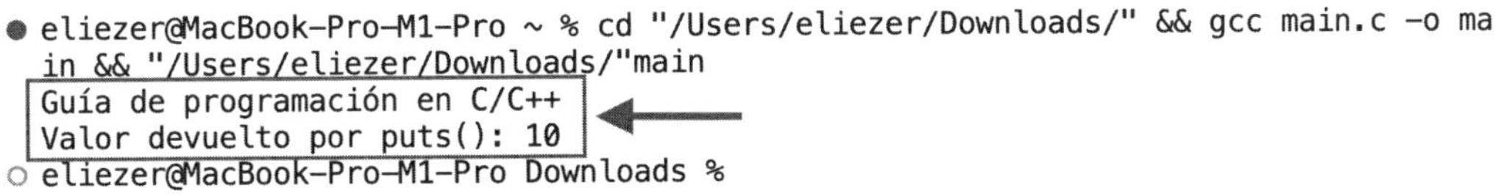

Figura 11.3. «puts()» introduce un salto de línea al final de la cadena que imprime.

Ten en cuenta que `puts()` imprimirá caracteres hasta encontrar el carácter nulo (`\0`) que marca el final de la cadena. Si la cadena no fue creada correctamente, la función puede seguir leyendo memoria más allá de sus límites, lo que podría causar un comportamiento inesperado o incluso un error de violación de segmento (*segmentation fault*).

TRUCO:

Si solo necesitas mostrar una cadena de texto sin formato, «puts()» suele ser la alternativa más simple y segura.

«printf()»

`printf()` es probablemente la función más conocida del lenguaje C. Su nombre proviene de *print formatted* (imprimir con formato) y, a diferencia de `puts()`, permite mostrar cadenas de texto con formato en la salida estándar del sistema.

Decimos que `printf()` es una función «variádica», lo que significa que puede recibir un número variable de argumentos. El primer argumento —y obligatorio— es una cadena constante de caracteres (`const char *`), conocida como cadena de formato, ya que permite mostrar información con una representación visual coherente en pantalla. Los argumentos restantes dependen de los especificadores de formato incluidos en esta cadena, que indican cómo debe interpretarse y mostrarse cada valor.

```
int printf(const char *cadena_de_formato, lista_variable_de_
                    argumentos);
```

Aunque lo veremos en detalle unos párrafos más adelante, un especificador de formato comienza con el símbolo de porcentaje (`%`) y termina con una o varias letras que indican el tipo de dato que se va a mostrar. Por ejemplo, `%d` se utiliza para imprimir valores decimales enteros y `%f` para números con parte fraccionaria. Es importante que el orden de los argumentos coincida con el orden en el que aparecen los especificadores en la cadena de formato.

Este conjunto de líneas de código:

```c
int identificador = 4;
float sueldo = 4816.23;
printf("El sueldo del empleado %d es %f €.\n", identificador, sueldo);
```

Mostrará en pantalla la salida de la figura 11.4.

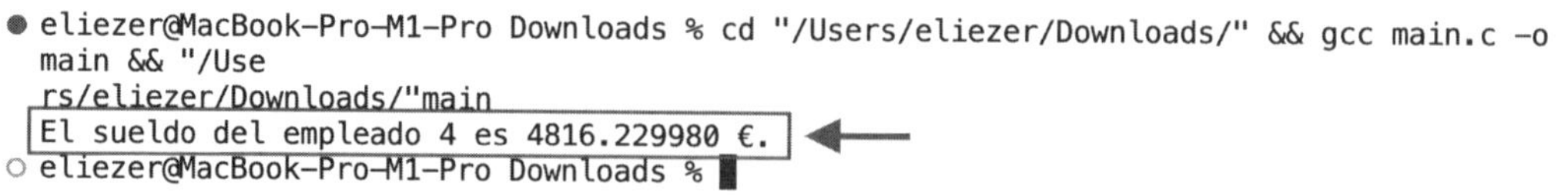

Figura 11.4. Muestra del mensaje «El sueldo del empleado 4 es 4816.229980 €.» en pantalla.

ADVERTENCIA:

El compilador no puede verificar los tipos de los argumentos variables en tiempo de compilación; solo puede comprobar el tipo de «cadena_de_formato». Por eso, la correspondencia entre los especificadores de formato y los valores proporcionados se gestiona en tiempo de ejecución. Si los tipos no coinciden, pueden producirse errores inesperados o resultados incorrectos.

En la función `printf()` el valor de retorno también es un entero e indica la cantidad total de caracteres impresos en pantalla (excluyendo el carácter nulo `\0`). Si se produce un error, la función devuelve `EOF`, que generalmente tiene el valor `-1`.

Por ejemplo, `printf("Guía de programación en C/C++\n");` devuelve `32` en caso de éxito y `-1` en caso de error.

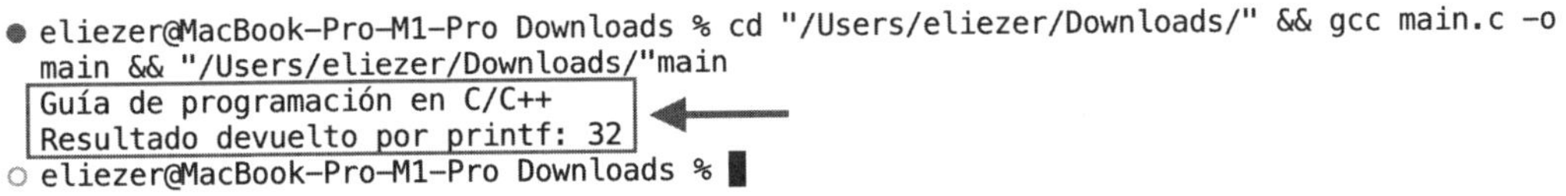

Figura 11.5. Valor devuelto por «printf("Guía de programación en C/C++\n");».

NOTA:

A diferencia de «puts()», «printf()» no añade «\n» automáticamente.

Especificadores de formato

Un especificador de formato responde ante la siguiente sintaxis:

`%[banderas][ancho][.precisión][longitud]tipo`

El símbolo de porcentaje `%` y el tipo son los únicos componentes realmente obligatorios.

- `%` marca el comienzo del especificador.
- `tipo` corresponde a una o varias letras que indican el tipo de dato con el que se trabajará.

Como mencioné antes, los especificadores de formato están directamente relacionados con la lista de argumentos variables. Por ejemplo, si queremos mostrar en pantalla el identificador de un empleado almacenado en una variable entera, debemos usar el especificador de formato adecuado dentro de la cadena e indicar de qué variable se obtiene el valor.

C

```
int identificador_empleado = 4;
printf("Identificador: %d.", identificador_empleado);
```

TRUCO:

Usa la secuencia de escape «\n[2]» para añadir un salto de línea y hacer que el mensaje en pantalla se vea más ordenado. Por ejemplo: «printf("ID: %d.\n", identificador_empleado);».

La tabla 11.1 contiene un listado con las letras usadas para imprimir valores de diferentes tipos en pantalla.

Tabla 11.1. Especificadores de formato más comunes.

Especificador	Significado	Tipo esperado
`%d` o `%i`	Entero con signo decimal	`int`
`%u`	Entero con signo decimal	`unsigned int`
`%o`	Entero sin signo en octal	`unsigned int`
`%x / %X`	Entero sin signo en hexadecimal (minúsculas / mayúsculas)	`unsigned int`
`%c`	Un solo carácter	`char`
`%s`	Cadena de caracteres	`char *`
`%p`	Dirección de puntero	`void *`
`%%`	Imprime el símbolo %	`Ninguno`
`%f`	Punto flotante decimal (seis decimales por defecto)	`float o double`
`%F`	Igual que %f, pero usa INF y NAN en mayúsculas3	`float o double`
`%e / %E`	Notación científica (minúsculas / mayúsculas)	`float o double`
`%g / %G`	Usa %f o %e según convenga (minúsculas / mayúsculas)	`float o double`
`%a / %A`	Hexadecimal de coma flotante (minúsculas / mayúsculas)	`float o double`

Como puedes ver, `printf()` es capaz de manejar distintos tipos de datos, lo que permite mostrar una gran variedad de valores en pantalla. Pero eso no es todo: como verás a continuación, esta función ofrece muchas más posibilidades.

[2] Se llama «secuencia de escape» porque sirve para «escapar» del significado literal de un carácter en una cadena de texto y darle un significado especial. La barra vertical invertida le dice al compilador que la letra que viene después (`n`, en este caso) no debe tratarse literalmente.

[3] `INF` significa «infinito» y se produce, por ejemplo, cuando divides un número positivo entre cero. `NAN` (*Not a Number*), por otro lado, significa «No es un número», se usa para representar resultados indefinidos y se produce, por ejemplo, al dividir `0.0 / 0.0`).

Longitud

Recuerda que, según la sintaxis de los especificadores de formato, también se pueden incluir parámetros opcionales, como el modificador de longitud. Como vimos en el capítulo 3, algunas variables pueden tener un rango más amplio o reducido. Del mismo modo que usamos `long` o `short` para ajustar el rango de una variable, en este caso podemos añadir ciertas letras especiales al especificador para indicar con mayor precisión el tipo de dato.

Estas letras se llaman «modificadores de longitud» y se colocan justo antes del tipo de dato dentro del especificador de formato. Por ejemplo, puedes usar `%hd` para mostrar un número entero corto con signo en pantalla.

C

```
short int edad = 31;
printf("Edad: %hd\n", edad);
```

O `%lf` para mostrar en pantalla valores con doble precisión:

C

```
double temperatura = 42.23164;
printf("Temperatura: %.2lf\n", temperatura);
```

Precisión

La precisión es otro parámetro opcional que puedes incluir en un especificador de formato. Por ejemplo, el número `42.23164` tiene cinco cifras decimales. Si quieres controlar cuántas de esas cifras se muestran en pantalla, puedes hacerlo escribiendo un punto (`.`) seguido del número de decimales deseado. Para mostrar solo dos decimales, por ejemplo, escribirías:

C

```
double temperatura = 42.23164;
printf("Temperatura: %.2lf\n", temperatura);
```

NOTA:

Si indicas más cifras decimales de las que realmente tiene el valor, se rellenará con ceros hasta completar la cantidad indicada. Por ejemplo, puedes probar a mostrar una temperatura con 10 cifras decimales.

Cuando se utiliza el parámetro de precisión con otros tipos de datos, su comportamiento cambia. Por ejemplo, si lo aplicas a una cadena de caracteres:

C

```
char *nombre_de_usuario = "@EliezerLopez";
printf("%.8s", nombre_de_usuario);
```

Limitará el número de caracteres a mostrar.

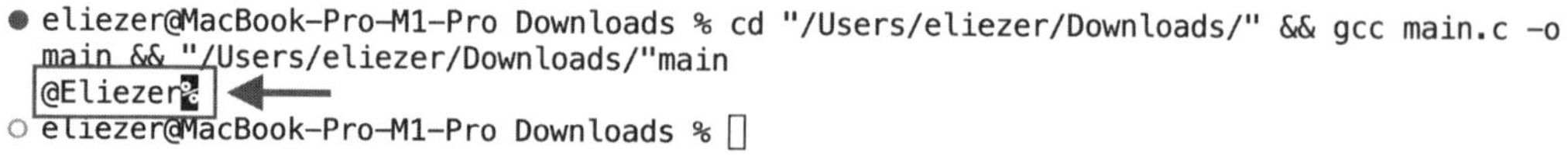

Figura 11.6. Uso del parámetro de precisión con cadenas de caracteres.

Y si le añades precisión a un valor entero:

C

```
int identificador = 4;
printf("Identificador: %.8d.\n", identificador);
```

Añadirá ceros a la izquierda hasta completar la cantidad de dígitos especificada.

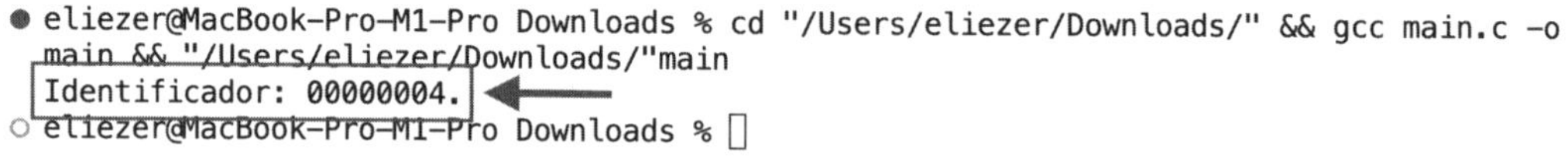

Figura 11.7. Uso del parámetro de precisión con valores enteros.

Ancho

El ancho en un especificador de formato indica el número mínimo de caracteres que debe ocupar el valor impreso. Por ejemplo, si imprimes el número `23` con un ancho de `42`, el resultado se rellenará con espacios hasta completar ese ancho.

C

```
printf("|%42d|\n", 23);
```

Para acentuar su efecto, añadí dos barras verticales a la cadena de formato:

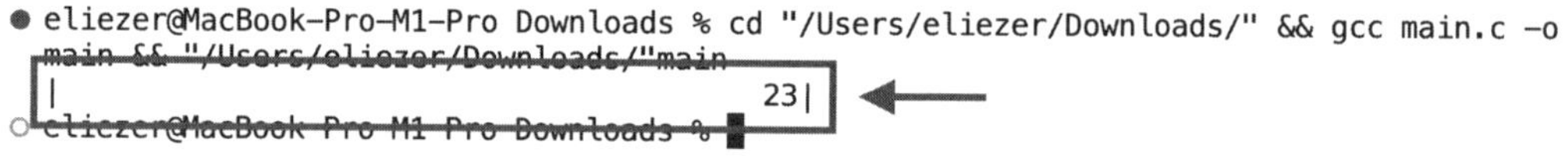

Figura 11.8. Formateo de la salida con el ancho.

Como puedes ver, el ancho mínimo es de `42` y el número aparece alineado a la derecha en pantalla.

Cuando el contenido es más corto que el ancho especificado, `printf()` añade espacios a la izquierda para alcanzar el mínimo de caracteres indicado. En cambio, si el contenido es más largo, se imprime por completo, incluso si supera ese ancho.

NOTA:

Recuerda que el ancho establece el espacio mínimo que debe ocupar un valor en pantalla, pero no recorta su contenido. Si lo que quieres es limitar la cantidad de información mostrada, debes utilizar la precisión, no el ancho.

Banderas

Las banderas son pequeños modificadores que controlan la forma en que se presenta un valor en pantalla, sin cambiar su contenido. En la tabla 11.2 puedes ver cuáles existen y con qué tipos de datos son compatibles.

Tabla 11.2. Banderas disponibles para los especificadores de formato en el estándar del lenguaje.

Bandera	Aplicable a
-	`Todos`
+	`d,i,f`
`' '` (espacio)	`d,i,f`
0	Números `(d, f, etc).`
#	`o x, X, f, e, g`

NOTA:

Otras banderas como «I» o «%n$» suelen ser extensiones propias de ciertas bibliotecas o compiladores y no forman parte del estándar del lenguaje.

Comprobar su efecto es tan sencillo como preparar algunos ejemplos y ver cómo se muestran en pantalla.

- \- alinea el contenido a la izquierda: `printf('|%-42d|', 23);`.

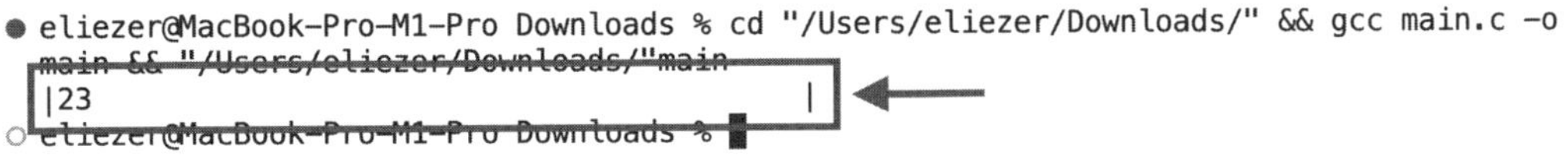

Figura 11.9. Contenido alineado a la izquierda.

- \+ muestra el signo en números positivos: `printf('|%+42d|', 23);`.

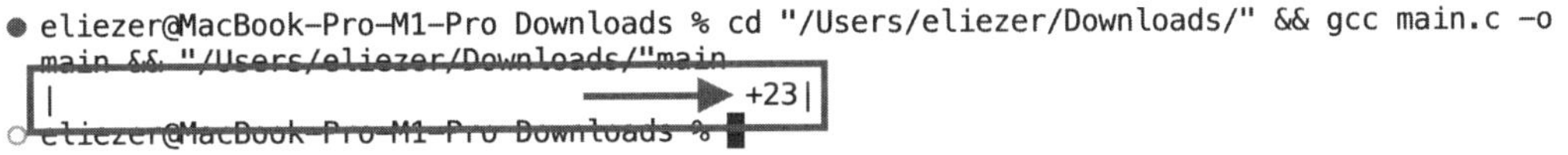

Figura 11.10. Signo + en números positivos.

- El espacio muestra un espacio antes de números positivos: `printf('|% d|', 23);`.

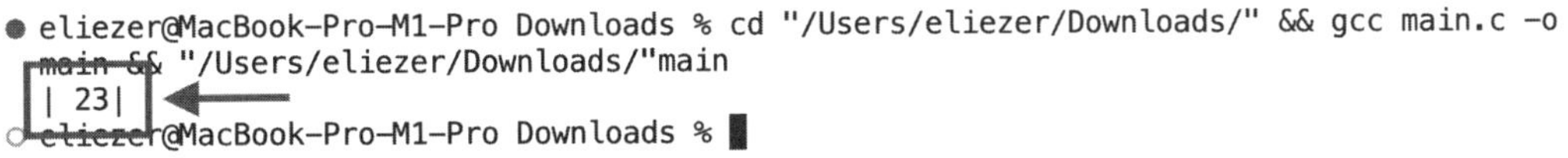

Figura 11.11. Espacio antes de números positivos.

- **0** rellena con ceros a la izquierda: `printf('|%08d|', 23);`.

```
eliezer@MacBook-Pro-M1-Pro Downloads % cd "/Users/eliezer/Downloads/" && gcc main.c -o main && "/Users/eliezer/Downloads/"main
|00000023|
eliezer@MacBook-Pro-M1-Pro Downloads %
```

Figura 11.12. Rellenar con ceros a la izquierda.

- **#** muestra una notación especial para ciertos tipos.
  - Con un octal `%o` añade un `0` delante del octal: `printf('|%#42o|', 23);`.

```
cd "/Users/eliezer/Downloads/" && gcc main.c -o main && "/Users/eliezer/Downloads/"main
eliezer@MacBook-Pro-M1-Pro ~ % cd "/Users/eliezer/Downloads/" && gcc main.c -o main && "/Users/eliezer/Downloads/"main
|                                        027|
eliezer@MacBook-Pro-M1-Pro Downloads %
```

Figura 11.13. «0» delante del números en octal.

  - Con un hexadecimal `%x` añade `0x` como prefijo: `printf('|%#42x|', 23);`.

```
eliezer@MacBook-Pro-M1-Pro Downloads % cd "/Users/eliezer/Downloads/" && gcc main.c -o main && "/Users/eliezer/Downloads/"main
|                                       0x17|
eliezer@MacBook-Pro-M1-Pro Downloads %
```

Figura 11.14. «0x» como prefijo de números en hexadecimal.

  - Con un float `%g` obliga a mantener el punto decimal y ceros significativos: `printf('|%#42g|', 23.42);`.

```
eliezer@MacBook-Pro-M1-Pro ~ % cd "/Users/eliezer/Downloads/" && gcc main.c -o main && "/Users/eliezer/Downloads/"main
|                                    23.4200|
eliezer@MacBook-Pro-M1-Pro Downloads %
```

Figura 11.15. Punto decimal obligatorio y ceros significativos en valores flotantes.

Entrada estándar

El flujo de entrada estándar (`stdin`) permite que el programa interactúe con el usuario solicitando información durante su ejecución, lo que añade una capa clara y útil de interacción. Por lo general, la entrada estándar proviene del teclado, y las tres funciones más utilizadas para leer datos son `getchar()`, `fgets()` y `scanf()`.

ADVERTENCIA:

Si usas Visual Studio Code con la extensión Code Runner, asegúrate de activar la opción «Code-runner: Run in Terminal». De lo contrario, no podrás escribir valores desde el teclado directamente en la consola al ejecutar tu programa.

«getchar()»

Como su nombre sugiere, la función `getchar()` sirve para leer un único carácter desde la entrada estándar del sistema (normalmente es el teclado).

Por ejemplo, imagina que quieres permitir al usuario elegir en qué moneda desea cobrar su salario. La función `getchar()` puede capturar esa elección directamente desde el teclado y devolverla como valor de retorno:

C

```c
printf("¿En qué moneda deseas cobrar tus ingresos? ($ / €): ");
char moneda = getchar();
printf("Has escrito: %c.\n", moneda);
```

NOTA:

«getchar()» no recibe ningún parámetro de entrada.

La función `getchar()` devuelve un entero que representa el código ASCII[4] del carácter leído o la constante `EOF` si ocurre un error. Si solo te interesa el carácter, puedes guardarlo directamente en una variable de tipo `char`, ya que la conversión se realiza automáticamente. Ambas opciones son válidas: elige la que más te convenga en función de lo que necesites: detectar errores o simplemente trabajar con el carácter leído.

Un aspecto importante que se debe tener en cuenta es que `getchar()` es una función bloqueante. Esto significa que, si no hay datos disponibles en la entrada estándar, el programa se detendrá y esperará hasta que el usuario escriba algo y presione la tecla Intro.

Por ejemplo, imagina que le preguntas a un empleado a qué departamento pertenece: `C` para el comité de dirección, `D` para el equipo de desarrollo de software y `F` para el departamento de finanzas.

C

```c
#include <stdio.h>

int main(){
    int respuesta_empleado;
    char departamento_empleado;

    do {
        printf("¿A qué departamento perteneces? (C, D, F): ");
       respuesta_empleado = getchar();
    } while (respuesta_empleado != 'C' &&
             respuesta_empleado != 'D' &&
             respuesta_empleado != 'F' && respuesta_empleado != EOF);

      if (respuesta_empleado == EOF) {
          perror("Error al escribir con putchar()");
      } else {
```

[4] El código ASCII (*American Standard Code for Information Interchange*) es un estándar que asigna un número a cada letra, dígito, signo de puntuación y símbolo. Cada carácter se representa con un valor numérico entre 0 y 127.

```
        departamento_empleado = (char) respuesta_empleado;
        printf("El departamento del empleado es: %c\n", departamento_empleado);
    }

      return 0;
}
```

La razón por la que es necesario pulsar Intro se debe a que la entrada estándar (`stdin`) suele estar «bufferizada», es decir, guardada en un almacenamiento temporal conocido como búffer. Esto significa que los caracteres que escribe el usuario no se envían inmediatamente al programa, sino que se almacenan temporalmente en un búfer. Ese contenido solo se transmite al programa cuando se detecta una nueva línea (al pulsar Intro) o cuando el búfer se llena.

Este comportamiento mejora el rendimiento del sistema, pero añade una pequeña latencia al leer caracteres individuales. Por eso, aunque `getchar()` esté esperando solo un carácter, no lo recibirá hasta que el usuario pulse Intro para confirmar la entrada.

ADVERTENCIA:

Si utilizas varias llamadas consecutivas a «getchar()», ten presente que los caracteres se leen uno por uno desde el búfer de entrada. Al escribir desde el teclado y pulsar «Intro», también se almacena el salto de línea «\n» en el búfer, por lo que podría ser leído como un carácter más.

«fgets()»

Durante años, una de las funciones más utilizadas para capturar cadenas de caracteres desde el teclado era `gets()`. Sin embargo, su uso comenzó a desaconsejarse con la llegada del estándar C99 y, finalmente, fue eliminada por completo en C11.

¿La razón? `gets()` es una función insegura y peligrosa. No verifica el tamaño del búfer al que escribe, lo que puede provocar desbordamientos de búfer (*buffer overflows*), corrupción de memoria, fallos en la ejecución del programa y graves vulnerabilidades de seguridad si el usuario introduce más caracteres de los permitidos. La alternativa segura es `fgets()`, una función que permite limitar la cantidad de caracteres leídos y evita desbordamientos de búfer.

Para usar la función `fgets()` necesitas, antes que nada, declarar una cadena de caracteres donde se almacenará la información que introduzca el usuario por teclado. Por ejemplo, si queremos solicitar el nombre de una persona, debemos plantearnos cuántos caracteres necesitaremos:

```
char nombre[23];
```

La función `fgets()` recibe tres parámetros:

1. El nombre del array donde se almacenará el texto leído.
2. El número máximo de caracteres a leer (incluyendo el carácter nulo `\0` al final).
3. El flujo de entrada desde el que se leerán los datos (normalmente `stdin` para la entrada por teclado).

Para solicitar el nombre por teclado, escribe: `fgets(nombre, 23, stdin);`

TRUCO:

En lugar de escribir directamente el número «23», también puedes usar «sizeof(nombre)» para que el código se adapte automáticamente al tamaño del array.

C

```c
#include <stdio.h>

int main(){
    char nombre[23];

    printf("Introduce tu nombre: " );
    fgets(nombre, sizeof(nombre), stdin);

    printf("El nombre introducido es %s.\n", nombre);

    return 0;
}
```

NOTA:

Si el tamaño del array es 23, «fgets()» leerá 22 caracteres más el carácter nulo «\0», y se detendrá si encuentra antes un salto de línea «\n».[5]

«scanf()»

Si `printf()` es la función más conocida de la biblioteca estándar para mostrar información en pantalla, `scanf()` cumple un rol similar, pero en sentido inverso: se utiliza para leer datos desde la entrada estándar y guardarlos en variables. Su primer parámetro es una cadena de formato que incluye especificadores correspondientes al tipo de dato que se desea leer. Por ejemplo, para pedir la edad de una persona, se usaría la cadena «`%d`».

`scanf()` también es una función variádica, lo que significa que puede recibir un número variable de argumentos dependiendo de los especificadores incluidos en la

[5] El salto de línea también lo incluye en la cadena de caracteres.

cadena de formato. Continuando con el ejemplo mencionado, para solicitar la edad de una persona, se indica la cadena como «%d» y, a continuación, la variable donde se almacenará la información. Esta variable debe tener el mismo tipo que el especificador de formato y debe ir precedida del símbolo ampersand (&).

C

```
int edad;
scanf("%d", &edad);
```

ADVERTENCIA:

En la tabla 12.1 se indica que «%d» y «%i» son equivalentes al mostrar valores enteros en pantalla con «printf()». Sin embargo, esto cambia cuando se usan con «scanf()». Existe una pequeña diferencia técnica que puede ser relevante en algunos casos:

- *«%d» interpreta siempre el número ingresado como decimal (base 10), sin importar su formato.*
- *«%i», en cambio, puede interpretar el número como decimal, octal o hexadecimal, dependiendo del prefijo:*
  - *Sin prefijo: decimal (base 10).*
  - *Prefijo «0»: octal (base 8).*
  - *Prefijo «0x» o «0X»: hexadecimal (base 16).*

Aunque `printf()` y `scanf()` son funciones análogas, es importante destacar un detalle clave al usar `scanf()`: es necesario escribir el símbolo de ampersand (&) antes del nombre de la variable. Esto indica que el valor leído debe almacenarse en la dirección de memoria de esa variable. Literalmente, le estamos diciendo al programa: «Guarda el dato leído en el espacio de la memoria que indica la dirección de la variable `edad`».

ADVERTENCIA:

La única excepción práctica y común a la regla de «&» en «scanf()» es al usar arrays, porque el nombre del array ya representa una dirección de memoria, tal como se explica en el capítulo 6.

`scanf()` tiene la capacidad de solicitar diferentes tipos de datos en una misma línea. Por ejemplo, supongamos que tu software registra algunos datos de salud de una persona. La máquina debe solicitar al usuario su nombre, su peso y su altura.

C

```c
#include <stdio.h>

int main() {
    char nombre[50];
    int edad;
    float peso, altura;

    printf("Introduce tu nombre, peso, altura y edad (separados por
           espacio):\n");
    scanf("%s %f %f %d", nombre, &peso, &altura, &edad);

    printf("\nDatos introducidos:\n");
    printf("- Nombre: %s\n", nombre);
    printf("- Peso: %.2f\n", peso);
    printf("- Altura: %.2f\n", altura);
    printf("- Edad: %d\n", edad);

    return 0;
}
```

Si a este programa le añades la lectura de un carácter (por ejemplo, para pedir la letra del DNI[6] de la persona):

```c
scanf("%s %f %f %d %c", nombre, &peso, &altura, &edad, &letra_
                                    dni);
```

Es posible que no se lea correctamente la letra. Esto ocurre porque, al pulsar Intro después de introducir los datos anteriores, el salto de línea (`\n`) queda en el búfer de entrada, y `scanf()` lo interpreta como un carácter válido para la letra del DNI.

Cada situación es diferente, pero en este caso te recomendaría no leer todos los valores en una sola llamada a `scanf()`. Es preferible pedir los datos uno a uno, ya que así reduces el riesgo de errores de lectura.

Además, después de leer cada valor, conviene limpiar el búfer de entrada capturando el salto de línea (`\n`). Esto evita que se acumule en el búfer y cause problemas al leer datos posteriores, sobre todo caracteres con `%c`.

C

```c
printf("Introduce tu nombre: ");
scanf("%s", nombre);
getchar();


printf("Introduce tu peso: ");
scanf("%f", &peso);
getchar();

printf("Introduce tu altura: ");
scanf("%f", &altura);
getchar();
```

[6] DNI: Documento Nacional de Identidad en España.

continuación C

```
printf("Introduce tu edad: ");
scanf("%d", &edad);
getchar();

printf("Introduce la letra de tu DNI: ");
scanf("%c", &letra_dni);
getchar();
```

ADVERTENCIA:

En muchos recursos educativos encontrarás la sugerencia de usar «fflush(stdin)» para limpiar el búfer de entrada y evitar que se acumulen caracteres basura que puedan interpretarse como válidos. No lo hagas. Aunque pueda parecer que funciona en algunos entornos, «fflush(stdin)» no es una solución portable ni compatible con la mayoría de compiladores. Su comportamiento no está definido por el estándar del lenguaje C y usarlo puede provocar errores difíciles de detectar, en especial en programas grandes o al migrar tu código entre distintas plataformas.

Ejercicios

Ejercicio 11.04. El siguiente programa contiene un error. Encuéntralo y corrígelo.

C

```
#include <stdio.h>

int main(){
    printf("El fondo de inversión obtuvo una rentabilidad media anual de un
          6.5 % en los últimos 4 años");
    return 0;
}
```

Ejercicio 11.05. Pide al usuario que introduzca un número entre 0 y 127 y muestra en pantalla el carácter correspondiente según la tabla ASCII. Luego, busca la tabla ASCII en Internet y verifica que el valor mostrado coincida con el de la tabla.

Ejercicio 11.06. Escribe un programa que imprima todos los códigos ASCII del 32 al 126 (caracteres imprimibles), mostrando tanto el número como el carácter.

Ejercicio 11.07. Solicita tu edad por teclado y muéstrala en pantalla en hexadecimal.

Ejercicio 11.08. Almacena en una variable el salario mínimo interprofesional de tu país con relleno de ceros (`%010.2f`).

Ejercicio 11.09. Declara y define un array de caracteres con tu nombre de usuario. Luego, recórrelo con un bucle `while` y muestra cada carácter en pantalla utilizando la función `putchar()`.

Ejercicio 11.10. Muestra en pantalla una pirámide de letras como parte de una animación simple al cargar un reporte. Utiliza especificadores de formato para lograr el efecto deseado.

Ejercicio 11.11. Imprime en pantalla la dirección de memoria en la que se encuentra el array de caracteres con tu nombre de usuario que definiste en el ejercicio 11.06.

Ejercicio 11.12. Lee un mensaje de correo electrónico de hasta 108 caracteres.

Ejercicio 11.13. Lee el nombre de una empresa, carácter por carácter, hasta que se pulse la tecla Intro. Luego, muestra el nombre completo en pantalla.

Ejercicio 11.14. Implementa un programa que solicite el nombre y el primer apellido de una persona, y muestre en pantalla sus iniciales en mayúsculas.

Ejercicio 11.15. Lee y muestra una cadena de caracteres hasta que se detecte un punto final (.).

Ejercicio 11.16. Pide al usuario su serie favorita y muestra el nombre al revés en pantalla.

12

La biblioteca <string.h>

En este capítulo aprenderás:

- A manipular cadenas de caracteres de bajo nivel, utilizando arrays de caracteres y bucles.
- A reconocer patrones comunes en la manipulación de texto y a desarrollar soluciones reutilizables.
- A valorar el poder de la biblioteca <string.h>, comparando el esfuerzo manual con su uso.

Introducción

Trabajar con cadenas de caracteres a bajo nivel puede resultar tedioso y complicado. Requiere de práctica, y un gran número de operaciones se repiten constantemente. En este capítulo te propondré varios retos que deberás resolver utilizando arrays de caracteres y bucles, sin recurrir a funciones externas. En algunos casos te guiaré, y en otros tendrás que enfrentarte con valentía e independencia al problema.

El objetivo es que experimentes de primera mano la dificultad de manipular cadenas de caracteres sin ningún tipo de ayuda. Solo entonces podrás apreciar lo sencillo y poderoso que resulta utilizar la biblioteca estándar `<string.h>` para lograr exactamente lo mismo, pero con mucho menos esfuerzo.

Al finalizar este capítulo, comprenderás el valor de la reutilización de código y la importancia de conocer bien las herramientas que la librería `<string.h>` pone a tu disposición.

Longitud

Una operación habitual al trabajar con cadenas es determinar su longitud. Imagina, por ejemplo, que tienes almacenado en una cadena el nombre de un proveedor y necesitas verificar si su nombre supera un límite de caracteres permitido en el sistema. Para hacerlo correctamente, primero deberías calcular la longitud de la cadena. Una vez la conozcas, podrás usarla para continuar con el resto de comprobaciones.

Como sabes, toda cadena en C termina con un carácter nulo (`\0`), que indica dónde finaliza. Para calcular su longitud manualmente, debes recorrer el array de caracteres uno a uno, contando hasta encontrar ese carácter nulo. Prueba a resolver este caso por tu cuenta. Después, podrás revisar el ejemplo de código que te dejo a continuación y comparar tu solución con la propuesta.

C

```c
int longitud = 0;
while (nombre_proveedor[longitud] != '\0'){
    longitud++;
}
```

En lugar de usar un bucle, puedes recurrir a la función `strlen()` que proporciona la biblioteca `<string.h>`. Esta función recibe una cadena de caracteres y devuelve un valor de tipo `size_t` con la longitud de la cadena.

```c
size_t longitud = strlen(nombre_proveedor);
```

Si necesitas obtener la longitud de varias cadenas, basta con hacer una llamada a la función `strlen()` por cada una de ellas. Así evitarás recorrer manualmente los caracteres con bucles y simplificamos el proceso.

NOTA:

El tipo «size_t» es un tipo de dato entero sin signo.Según la arquitectura puede ser un «unsigned int» o un «unsigned long».

Copia

Te encuentras inmerso en el desarrollo de tu propio gestor de contraseñas. En este caso, necesitas implementar una funcionalidad para autocompletar el nombre de usuario al iniciar sesión en una aplicación. A diferencia del ejemplo anterior —que se resolvía con unas pocas líneas y un simple bucle—, este ejercicio es algo más complejo. Tendrás que manejar dos cadenas, copiar carácter a carácter desde la cadena de origen a la de destino, y asegurarte de que el tamaño de la cadena de destino sea adecuado.

Intenta resolverlo por tu cuenta. Cuando tengas una solución, compárala con el código que muestro a continuación.

C

```c
#include <stdio.h>

int main() {
    char nombre_de_usuario[] = "@EliezerLopez", usuario_login[100];
    int i = 0;

    while (nombre_de_usuario[i] != '\0') {
        usuario_login[i] = nombre_de_usuario[i];
        i++;
    }

    // Añadimos el carácter nulo al final de la cadena destino
    usuario_login[i] = '\0';

    return 0;
}
```

<string.h> proporciona `strcpy()` para copiar cadenas de caracteres de bajo nivel.[1] La función recibe como primer argumento la cadena de destino, y como segundo argumento la cadena de origen. La copia incluye el carácter nulo (`\0`) así que ahorra la necesidad de gestionar este punto manualmente.

```c
strcpy(usuario_login, nombre_de_usuario);
```

Una versión alternativa puede ser usar `strncpy()`, que añade un tercer argumento para indicar el número de caracteres que se desea copiar. De este modo, puedes indicar exactamente el número de caracteres que necesitas. Te dejo dos propuestas:

C

```c
strncpy(usuario_login, nombre_de_usuario, 14);
strncpy(usuario_login, nombre_de_usuario, strlen(nombre_de_usuario));
```

1 Su nombre proviene de *string copy* (copia de cadena).

Con `strncpy()` debes asegurar que también copias el carácter nulo (`\0`). En la primera propuesta en la que se indica literalmente el número de caracteres a copiar (`14`), tenemos en cuenta el número de caracteres del nombre de usuario almacenado (`13`) y el carácter terminador (`1`).

NOTA:

Si la cadena de origen es menor que la longitud de copia indicada como tercer argumento, se copiarán todos los caracteres de origen (incluido el carácter nulo), y el resto de espacios se rellenarán con caracteres nulos (\o) hasta completar la longitud indicada.

Concatenación

En una empresa de tecnología, los correos electrónicos internos se generan concatenando el nombre del empleado con su primer apellido, separado por un punto. Como desarrollador, tu tarea es desarrollar una herramienta para generar estas direcciones.

Implementa un programa que, dados el nombre y primer apellido de un nuevo compañero o compañera, genere su dirección de correo electrónico con extensión (eliezerlopez.cc). Cuando tengas tu solución implementada, compárala con la que muestro a continuación.

C

```c
#include <stdio.h>

int main() {
    char nombre[]="maurice", primer_apellido[]="moss", correo_
    electronico[120];

    int i = 0, j = 0;

    // Copia del nombre
    while (nombre[i] != '\0') {
        correo_electronico[i] = nombre[i];
        i++;
    }

    // Inclusión del punto
    correo_electronico[i] = '.';
    i++;

    // Copia del apellido
    while (primer_apellido[j] != '\0') {
        correo_electronico[i] = primer_apellido[j];
        i++;
        j++;
    }
```

continuación

```c
    // Inclusión del dominio "@eliezerlopez.cc"
    correo_electronico [i++] = '@';
    correo_electronico [i++] = 'e';
    correo_electronico [i++] = 'l';
    correo_electronico [i++] = 'i';
    correo_electronico [i++] = 'e';
    correo_electronico [i++] = 'z';
    correo_electronico [i++] = 'e';
    correo_electronico [i++] = 'r';
    correo_electronico [i++] = 'l';
    correo_electronico [i++] = 'o';
    correo_electronico [i++] = 'p';
    correo_electronico [i++] = 'e';
    correo_electronico [i++] = 'z';
    correo_electronico [i++] = '.';
    correo_electronico [i++] = 'c';
    correo_electronico [i++] = 'c';

    // Inclusión del caracter nulo
    correo_electronico [i] = '\0';

    printf("%s", correo_electronico);

    return 0;
}
```

Como puedes comprobar, en muchas ocasiones los ejercicios se vuelven más y más extensos. La biblioteca `<string.h>` proporciona `strcat()`, que recibe la cadena de destino como primer parámetro, y la cadena de origen como segundo.

```c
#include <stdio.h>
#include <string.h>

int main() {
    char nombre[]="maurice", primer_apellido[]="moss",
         dominio[]="@eliezerlopez.cc";
    char correo_electronico[150] = ""; // Aseguramos espacio suficiente

    strcat(correo_electronico, nombre);        // Añadimos el nombre
    strcat(correo_electronico, ".");           // Añadimos el punto
    strcat(correo_electronico,primer_apellido);// Añadimos el apellido
    strcat(correo_electronico, dominio);       // Añadimos el dominio
    printf("%s", correo_electronico);
    return 0;
}
```

La función `strncat()` es su versión alternativa, en la que puedes indicar como tercer parámetro el número de caracteres a copiar, siguiendo criterios similares a los comentados en la función `strncpy()`.

Comparación

Tu empresa está al frente del desarrollo de una plataforma interna para registrar empleados. Una de las validaciones esenciales consiste en verificar que el correo electrónico introducido es correcto.

C

```c
#include <stdio.h>
#include <stdbool.h>


int main() {
    char correo_electronico[] = "contacto@eliezerlopez.com";
    char verificacion[] = "guiadeprogramacion@eliezerlopez.com";
    bool son_iguales = true;
    int i = 0;

    while (son_iguales && (correo_electronico[i] != '\0'
                       || verificacion[i] != '\0')) {
        if (correo_electronico[i] != verificacion[i]) {
            son_iguales = false;
        }
        i++;
    }

    son_iguales ? puts("Correo electrónico validado.")
                : puts("Error. El correo electrónico no se pudo verificar.");

    return 0;
}
```

`<string.h>` proporciona la función alternativa `strcmp()`, que permite comparar dos cadenas de caracteres dadas.

```c
strcmp(correo_electronico, verificacion);
```

La función devuelve 0 si son iguales, un valor negativo si la primera cadena es menor que la segunda, y un valor positivo si la primera cadena es mayor.

NOTA:

La función «strcmp()» no cuenta caracteres, sino que realiza una comparación lexicográfica entre las dos cadenas.

Nuestro ejercicio se podría mejorar con la siguiente propuesta:

```c
#include <stdio.h>
#include <stdbool.h>
#include <string.h>

int main() {
    char correo_electronico[] = "contacto@eliezerlopez.com";
    char verificacion[] = "guiadeprogramacion@eliezerlopez.com";

    strcmp(correo_electronico, verificacion) == 0
        ? puts("Correo electrónico validado.")
        : puts("Error. El correo electrónico no se pudo verificar.");
    return 0;
}
```

<string.h> también proporciona la función alternativa `strncmp()`, que compara solo el número de caracteres indicado como tercer parámetro:

```c
strcmp(correo_electronico, verificacion, num_caracteres_para_comparar);
```

Búsqueda

Una de las comprobaciones básicas para validar una dirección de correo electrónico es asegurarse de que contiene el símbolo de arroba (`@`). En este ejercicio, tu tarea consiste en buscar este carácter dentro de una cadena de texto. Además, será útil saber en qué posición aparece, ya que en validaciones futuras podrías comprobar si tiene sentido su ubicación (por ejemplo, no sería válido que la `@` esté al principio o al final del correo). Intenta resolver el problema, y cuando lo hayas conseguido, vuelve para compararlo con mi solución:

```c
#include <stdio.h>
#include <stdbool.h>
#include <string.h>

int main() {
    char correo_electronico[] = "contacto@eliezerlopez.com";
    char verificacion[] = "guiadeprogramacion@eliezerlopez.com";

    strcmp(correo_electronico, verificacion) == 0
        ? puts("Correo electrónico validado.")
        : puts("Error. El correo electrónico no se pudo verificar.");
    return 0;
}
```

Con la función `strchr()` podemos encontrar un carácter dentro de una cadena de caracteres. Esta función devuelve un puntero a la primera ocurrencia en caso de encontrar el carácter y, si no lo encuentra, devuelve `NULL`.

C

```c
#include <stdio.h>
#include <string.h>

int main() {
    char correo_electronico[] = "contacto@eliezerlopez.com";
    char *posicion = strchr(correo_electronico, '@');
    int indice;

    if (posicion != NULL) {
        indice = posicion - correo_electronico;
        printf("Encontrada la arroba (@) en la posición %d\n", indice);
    } else {
        printf("La cadena no contiene una dirección de correo electrónico\n");
}

    return 0;
}
```

Aunque usamos el operador de índice `[ ]` para acceder a los elementos de una cadena, todas las funciones que utilizadas en realidad trabajan con punteros a cadenas de caracteres de bajo nivel (`char*` o `const char*`, dependiendo de si se permite modificar la cadena o solo leerla). Como ya sabes, el nombre del array representa la dirección de memoria del primer elemento, por lo que se convierte automáticamente en un puntero de tipo `char*` o `const char*` cuando se pasa a una función.

En otras funciones, la conversión de un array a puntero no resulta tan relevante. Sin embargo, en operaciones de búsqueda se vuelve evidente la necesidad de trabajar directamente con punteros. Por ejemplo, la función:

```c
char *strchr(const char *str, int c);
```

permite buscar un carácter (como `@`) dentro de una cadena. Pero si queremos buscar un dominio completo (como eliezerlopez.com), ya no basta localizar un solo carácter: necesitamos encontrar una subcadena dentro de otra cadena.

C

```c
#include <stdio.h>
#include <stdbool.h>

int main() {
    char correo_electronico[] = "contacto@eliezerlopez.com";
    char dominio[] = "eliezerlopez.com";
    bool dominio_encontrado = false;
    int posicion = -1;
    int i = 0, j, k; // Índices para recorrer los bucles

    while (!dominio_encontrado && correo_electronico[i] != '\0') {
        j = 0;
        k = i;
```

```c
        while (dominio[j] != '\0' && correo_electronico[k] != '\0'
                && correo_electronico[k] == dominio[j]) {
            k++;
            j++;
        }

        if (dominio[j] == '\0') {
            dominio_encontrado = true;
            posicion = i;
        } else {
            i++;
        }
    }

    printf("Dominio %s encontrado: %s\n",
            dominio, dominio_encontrado ? "sí" : "no");

    if (dominio_encontrado) printf("Posición: %d\n", posicion);

    return 0;
}
```

La biblioteca `<string.h>` proporciona otra función que busca una cadena dentro de otra. `strstr()` recibe como primer parámetro la cadena principal (donde se busca) y como segundo parámetro la cadena que se quiere localizar. El programa anterior se resume en unas pocas líneas:

C

```c
#include <stdio.h>
#include <string.h>

int main() {
    char correo_electronico[] = "contacto@eliezerlopez.com";
    char dominio[] = "@eliezerlopez.com";
    char *resultado = strstr(correo_electronico, dominio);

    (resultado == NULL)
        ? puts("Correo electrónico incorrecto.")
        : puts("Dominio encontrado.");

    return 0;
}
```

Por último, rescata la función `strchr()`. Esta función no se limita a buscar un carácter específico en una cadena, sino que localiza su primera aparición dentro de ella. Una comprobación adicional podría consistir en encontrar tanto la primera como la última aparición de la arroba (`@`), para asegurarte de que solo aparece una vez en la cadena. Si ambas posiciones coinciden, significa que el carácter aparece una única vez. Esta vez no te daré la solución con bucles: intenta implementarla por tu cuenta.

Como seguro que ya te imaginas, `<string.h>` proporciona una función para localizar la última aparición de un carácter dentro de una cadena de caracteres: `strrchr()`, muy similar a la función `strchr()` con la que trabajamos antes.

C

```c
#include <stdio.h>
#include <string.h>

int main() {
    const char *correo_electronico = "contacto@eliezerlopez.com";
    const char *primera_aparicion = strchr(correo_electronico, '@');
    const char *ultima_aparicion = strrchr(correo_electronico, '@');

    if (primera_aparicion == ultima_aparicion) {
        printf("El carácter '%c' aparece una sola vez, en la posición %ld.\n",
               '@', primera_aparicion - correo_electronico);
    } else {
        printf("El correo electrónico no es correcto.");
    }

    return 0;
}
```

ADVERTENCIA:

Estas comprobaciones no son suficientes. Antes de comparar la primera y la última aparición del carácter, es importante verificar si el puntero «primera_aparicion» es «NULL», lo que indicaría que el carácter no se encuentra en la cadena.

Ejercicios

Ejercicio 12.01. Declara y define una cadena de caracteres que contenga la frase: La adultez es ese momento en el que te emocionas porque hay detergente en oferta. Luego, cuenta cuántos caracteres tiene la cadena, excluyendo los espacios.

Ejercicio 12.02. Invierte la cadena que definiste en el ejercicio anterior y almacénala en una nueva cadena de caracteres.

Ejercicio 12.03. Declara y define dos cadenas de caracteres, cada una con una dirección de correo electrónico. Extrae el dominio de cada correo (la parte que está después del símbolo @) y compáralos. Muestra en pantalla un mensaje indicando si ambos correos pertenecen o no a la misma organización.

Ejercicio 12.04. Valida si una dirección web termina en .com (compañía) o en .org (organización), y muestra un mensaje indicando el tipo correspondiente.

Ejercicio 12.05. Solicita al usuario que introduzca su dirección de correo electrónico por teclado. Luego, elimina todos los espacios que puedan haberse incluido accidentalmente en la cadena.

Ejercicio 12.06. Define un array de caracteres que contenga tu nombre de usuario. Luego, cuenta cuántas vocales hay en la cadena.

Ejercicio 12.07. Recupera el array de caracteres que definiste en el ejercicio 12.05. Ahora, añade una nueva medida de seguridad: convierte todos los caracteres de la cadena en minúsculas.

Ejercicio 12.08. Una frase semilla consiste en 12, 18 o 24 palabras separadas por espacios. Crea una función que compruebe si una cadena de caracteres es válida como frase semilla.

Ejercicio 12.09. Sigue limpiando la cadena de caracteres que declaraste en el ejercicio 12.05. Elimina todas las tildes y los saltos de línea.

Ejercicio 12.10. 10. Pide al usuario que introduzca una cadena por teclado. Luego, verifica si la cadena corresponde a una dirección web válida.

Ejercicio 12.11. Una dirección de correo electrónico no debe comenzar con un número. Verifica si la cadena introducida cumple esta condición.

Ejercicio 12.12. Introduce tu nombre completo y sustituye todas las vocales por la letra «e».

Ejercicio 12.13. Pide al usuario que introduzca una dirección de correo electrónico por teclado. Luego, encuentra la posición de la última aparición del carácter `(.)` en la cadena.

Ejercicio 12.14. Evalúa si una cadena de caracteres que representa una operación matemática tiene los paréntesis correctamente balanceados. Es decir, cada paréntesis de apertura «`(`» debe tener su correspondiente paréntesis de cierre «`)`». Por ejemplo, la cadena de caracteres `(4 + (8 * 16))` está correctamente balanceada y la cadena `(15 + (16 / 4)` no.

Ejercicio 12.15. Verifica que una contraseña proporcionada por teclado tenga al menos 15 caracteres, una cifra numérica y, al menos, un carácter especial. Asegúrate de eliminar los saltos de línea antes de analizar la contraseña.

Ejercicio 12.16. Pide al usuario que introduzca dos frases por teclado. Luego, crea y muestra una nueva cadena que intercale las letras de ambas frases, una a una.

Ejercicio 12.17. Escribe el nombre que debe recibir una función (por ejemplo, Calcular importe total sin IVA) y genera dos identificadores válidos (*snake_case* y *camelCase*).

Ejercicio 12.18. Pide al usuario que introduzca un refrán por teclado. Luego, normaliza los espacios del texto, para ello elimina los espacios al principio y al final, y reduceo cualquier secuencia de espacios múltiples a un solo espacio entre palabras.

Ejercicio 12.19. Solicita al usuario que introduzca un nombre propio por teclado. Luego, capitalízalo: pon la primera letra de cada palabra en mayúsculas. Si se trata de un nombre compuesto, asegúrate de que todas las partes comiencen con mayúscula.

Ejercicio 12.20. Comprueba si una fecha introducida por teclado tiene el formato correcto (`DD-MM-YYYY`).

13

Ficheros

En este capítulo aprenderás:

- Por qué es importante guardar los datos en el disco en vez de mantenerlos solo en memoria.
- Cómo abrir y cerrar ficheros correctamente en C.
- Qué funciones puedes usar para escribir información en un archivo.
- Cómo leer el contenido de un fichero desde tu programa.

Introducción

Hasta ahora, todos los programas que compilaste y ejecutaste trabajan con información almacenada en memoria. La memoria es increíblemente rápida pero presenta una importante desventaja: cuando el programa finaliza o el equipo se apaga, toda la información se pierde.

Para conservar la información entre una ejecución del programa y la siguiente, es necesario utilizar un tipo de almacenamiento permanente (el disco duro). En este contexto los ficheros entran en juego al permitir guardar y recuperar datos incluso después de que el programa se haya cerrado.

Un fichero es simplemente un bloque de datos almacenado en el disco, al que los programas pueden acceder para guardar o recuperar información de forma permanente. A lo largo de este capítulo, aprenderás cuál es el flujo de trabajo habitual con ficheros de texto[1] y las operaciones básicas para usarlos correctamente, todas ellas disponibles en la biblioteca estándar `<stdio.h>`.

Apertura

Abrir un fichero significa establecer un flujo de comunicación entre el programa y el propio fichero. La biblioteca `<stdio.h>` proporciona la función `fopen()` para este propósito. Su nombre proviene de *file open* ('abrir archivo' en inglés) y recibe dos argumentos: el nombre del fichero y el modo en que se desea abrir (por ejemplo, solo lectura, escritura, etc.).

```
FILE *fopen(const char *nombre_fichero, const char *modo);
```

Como puedes apreciar en la cabecera de la función, `fopen` devuelve un puntero a `FILE`, un tipo definido por la biblioteca estándar del lenguaje. Este tipo internamente es una estructura que almacena información relacionada con el fichero abierto, como el modo de apertura, la posición actual del cursor para leer y/o escribir o si se ha alcanzado el final del archivo, entre otros detalles.

Imagina que quieres guardar la información de un empleado en un archivo de texto llamado empleado.txt. Para hacerlo, necesitas abrir un flujo de comunicación entre tu programa y ese archivo. Existen varios modos en los que se puede abrir un fichero. Por ejemplo, para abrir un archivo en modo lectura, se utiliza la letra `r` (de *read*, 'leer' en inglés).

```
FILE* ficha_empleado = fopen("empleado.txt", "r");
```

Y para abrirlo en modo escritura, se utiliza la letra `w` (de *write*, 'escribir' en inglés). Si el archivo no existe, este modo lo crea automáticamente:

[1] Consideramos «fichero de texto» cualquier archivo que contenga texto legible, como los de extensión .txt, .csv, .log, .md, .html y otros formatos similares.

```
FILE* ficha_empleado = fopen("empleado.txt", "w");
```

En la tabla 13.1 encontrarás una lista con algunos de los más utilizados.

Tabla 13.1. Modos de apertura de ficheros en C.

Modo	Descripción
`"r"`	Lectura. El fichero debe existir.
`"w"`	Escritura. Crea el fichero si no existe; si ya existe, lo sobrescribe.
`"a"`	Escritura al final (append, 'añadir' en inglés). Crea el fichero si no existe.
`"r+"`	Lectura y escritura. El fichero debe existir.
`"w+"`	Lectura y escritura. Crea el fichero si no existe; si ya existe, lo sobrescribe.
`"a+"`	Lectura y escritura al final. Crea el fichero si no existe.

ADVERTENCIA:

Para que el programa pueda abrir el archivo «empleado.txt», asegúrate de que ambos estén ubicados en la misma carpeta. Si no es así, deberás indicar la ruta del archivo, por ejemplo: «"home/usuario/documentos/empleado.txt"».

Si `fopen()` no logra abrir el archivo, devolverá `NULL`. Por ello, como medida de seguridad, es importante comprobar que el archivo se ha abierto correctamente antes de continuar.

C

```c
#include <stdio.h>

int main(){
    FILE *ficha_empleado = fopen("empleado.txt", "w");

    if (ficha_empleado == NULL){
        perror("Error al abrir el archivo");
    } else {
        // Archivo abierto correctamente.
        // Puedes empezar a trabajar con él
    }
    return 0;
}
```

Compila y ejecuta este código para comprobar que el programa crea el archivo empleado.txt en el mismo directorio en el que el programa se encuentra.

Liberación de recursos

Cuando abres un archivo con `fopen()`, el sistema operativo asigna recursos internos para gestionarlo. Por este motivo, al terminar de trabajar con el archivo, es fundamental liberar estos recursos correctamente. De lo contrario, podrías superar el máximo de archivos abiertos permitidos[2] o lo que es peor, ocasionar fugas de memoria.

Para cerrar un archivo correctamente utiliza la función `fclose()`, que recibe como argumento el puntero `FILE*` correspondiente al archivo que deseas cerrar.

```
fclose(ficha_empleado);
```

Solo debes cerrar archivos que previamente han sido abiertos.

C

```c
#include <stdio.h>

int main(){
    FILE *ficha_empleado = fopen("empleado.txt", "w");

    if (ficha_empleado == NULL){
        perror("Error al abrir el archivo");
    } else {
        // Puedes trabajar con el archivo
        fclose(ficha_empleado);
    }
    return 0;
}
```

TRUCO:

Puedes consultar el límite de archivos que un programa puede tener abiertos simultáneamente usando ulimit -n en la terminal de Unix o la función «_getmaxstdio()» en Windows con MSVC (incluida en <stdio.h>), por ejemplo: «int limite = _getmaxstdio();».

La función `fclose()` garantiza que no se pierda información, ya que se encarga de escribir en el archivo cualquier dato pendiente. Además, vacía el búfer de salida y libera los recursos asociados al archivo.

Usar `fclose()` es una práctica obligatoria para garantizar la eficiencia, la integridad de los datos y la estabilidad del programa.

2 En sistemas Linux, el límite predeterminado suele ser 1024 archivos, mientras que en Windows suele ser 512. Sin embargo, estos valores pueden variar según el sistema operativo o el compilador utilizado. Además, si el archivo queda abierto, es posible que no puedas volver a abrirlo o acceder a él desde otro programa o proceso.

Escritura

Para poder escribir en un archivo en C, primero debes abrirlo utilizando alguno de los modos de escritura: `"w"` (escritura), `"a"` (adición) o `"w+"`/`"a+"`/`"r+"` (para lectura y escritura). Si no abres el archivo en un modo que permita escritura, cualquier intento de escribir en él fallará.

Función fputc()

La función `fputc()` escribe un solo carácter en un archivo. Recibe dos parámetros: el carácter que se quiere escribir y el puntero al archivo donde se escribirá. Si ocurre un error durante la escritura, `fputc()` devuelve `EOF`.

Compila y ejecuta el siguiente código de ejemplo para comprobar que se crea un archivo llamado contabilidad en el mismo directorio que el programa y que en su interior aparece el símbolo del euro (€).

C

```c
#include <stdio.h>

int main(){
    FILE *contabilidad = fopen("contabilidad.txt", "w");

    if (contabilidad == NULL){
        perror("Error al abrir el archivo");
    } else {
            int escritura = fputc('€', contabilidad);
            if (escritura == EOF) perror("Error al escribir el símbolo €");
        fclose(contabilidad);
    }
    return 0;
}
```

¿El compilador te devuelve el mensaje de error de la figura 13.1?

```
cd "/Users/eliezer/Downloads/" && gcc main.c -o main && "/Users/eliezer/Downloads/"main
⊗ eliezer@MacBook-Pro-M1-Pro ~ % cd "/Users/eliezer/Downloads/" && gcc main.c -o main && "/Users
/eliezer/Downloads/"main
main.c:9:28: error: character too large for enclosing character literal type
            int escritura = fputc('€', contabilidad);
                                  ^
1 error generated.
○ eliezer@MacBook-Pro-M1-Pro Downloads %
```

Figura 13.1. Error al mostrar el símbolo de euro (€).

El error mostrado en la figura 13.1 indica que estás intentando usar un carácter (`'€'`) que no cabe en un literal de carácter simple en C.

Los literales de carácter están limitados a un solo byte y el símbolo del euro `'€'` es un carácter multibyte en codificaciones como UTF-8. Por eso, no puede representarse directamente entre comillas simples. Para probar el ejercicio sin errores, usa una letra sencilla como la `'E'`.

Función fputs()

Recupera el archivo empleado.txt, vamos a empezar a escribir información en él. En esta ocasión utilizaremos la función `fputs()`, que, como su nombre sugiere, escribe una cadena de caracteres en un archivo. A diferencia de `puts()`, `fputs()` no añade un salto de línea al final de forma automática.

La función `fputs()` recibe dos parámetros: primero, la cadena de texto que quieres escribir y, segundo, el archivo donde se va a guardar esa información. Intenta escribir en el archivo el nombre y los apellidos de un empleado cualquiera.

C

```c
#include <stdio.h>
#include <string.h>

typedef struct {
    char nombre[42];
    char apellidos[108];
} Empleado;

int main() {
    Empleado desarrollador_de_software;
    strcpy(desarrollador_de_software.nombre, "Maurice");
    strcpy(desarrollador_de_software.apellidos, "Moss");

    FILE *ficha_empleado = fopen("empleado.txt", "w");
    if (ficha_empleado == NULL) {
        perror("Error al abrir el archivo");
        // Paramos el programa y devolvemos un código de error
        return 1;
    }

    fputs(desarrollador_de_software.nombre, ficha_empleado);
    fputc(' ', ficha_empleado); // Añadimos espacio manualmente
    fputs(desarrollador_de_software.apellidos, ficha_empleado);

    fclose(ficha_empleado);
    return 0;
}
```

Como puedes observar, el programa añade un espacio manualmente entre ambas cadenas. Compílalo y ejecútalo para comprobar que el archivo se crea correctamente y que la información se guarda en su interior como se espera.

Función fprintf()

Así como la función `printf()` permite mostrar texto con formato en pantalla, la función `fprintf()` permite escribir texto con formato en un archivo.

Imagina que, en lugar de mostrar en pantalla el nombre y los apellidos, quieres guardarlos en un archivo con un formato como este:

Figura 13.2. Contenido del archivo empleado.txt.

La función `fprintf()` funciona de manera similar a `printf()` (incluso acepta los mismos especificadores de formato). Recibe tres parámetros: el archivo en el que se va a escribir, la cadena de formato y los valores que se desean insertar en esa cadena. Esta es su cabecera:

C/C++

```
int fprintf(FILE *fichero, const char *cadena_de_formato, lista_de_argumentos_
variables);
```

Y su implementación a partir de ella es directa:

C/C++

```
fprintf(ficha_empleado, "Nombre: %s\n", desarrollador_de_software.nombre);
fprintf(ficha_empleado, "Apellidos: %s\n", desarrollador_de_software.
apellidos);
```

NOTA:

No es necesario añadir el espacio o el salto de línea mediante una llamada independiente a «fputc()». Como el formato se puede incluir directamente, podemos añadir el salto de línea dentro de la propia cadena de formato.

Verifica que el contenido de tu archivo coincida con lo que muestra la figura 13.2.

Lectura

Cuando abres un fichero con `fopen()` entra en juego `FILE *`. Este puntero contiene en su interior información sobre la posición del cursor, esto es, en qué punto del archivo se leerá o se escribirá. La posición inicial del cursor al abrir un archivo depende del modo de apertura indicado. Por ejemplo, el modo «`a+`» lee desde el principio pero escribe siempre al final del archivo. Tienes un resumen con la posición del cursor en cada modo en la tabla 13.2.

Tabla 13.2. Posición del cursor al abrir un fichero con diferentes modos.

Modo	Posición inicial del puntero
`"r"`	Comienzo.
`"w"`	Comienzo (el archivo se vacía si ya existe).
`"a"`	Final.
`"r+"`	Comienzo.
`"w+"`	Comienzo (el archivo se vacía si ya existe).
`"a+"`	Final para escribir, comienzo para leer.

Función fgetc()

La función `fgetc()` se utiliza para leer un carácter del archivo en la posición en la que se encuentre el puntero.

```
int fgetc(FILE *archivo);
```

Devuelve el carácter leído como un valor entero o `EOF` si ocurre un error.

Recupera el archivo empleado.txt, donde previamente escribiste información. Ábrelo con el modo que prefieras (en mi ejemplo usaré el modo «`r`») y lee el carácter que se encuentra en la posición actual del cursor.

C

```c
#include <stdio.h>

int main() {
    int caracter;
    FILE *ficha_empleado = fopen("empleado.txt", "r");

    if (ficha_empleado != NULL) {
        caracter = fgetc(ficha_empleado);
        putchar(caracter);
        fclose(ficha_empleado);
    }

    return 0;
}
```

Si al intentar leer un carácter aparece el símbolo de interrogación (`?`) es porque el carácter leído del archivo no es visible, es decir, no pertenece al rango ASCII de caracteres imprimibles.[3]

[3] Al principio, las computadoras solo entendían caracteres del inglés. Con el tiempo, se amplió el soporte para incluir idiomas como el árabe, chino o ruso, gracias a estándares como Unicode.

TRUCO:

Puedes añadir una capa extra de seguridad con la función «isprint()», incluida en la biblioteca «<ctype.h>». Esta función devuelve true si el carácter es imprimible y «false» en caso contrario. Por ejemplo: «if (isprint(caracter)) putchar(caracter);».

Después de leer un carácter, la función `fgetc()` avanza automáticamente el cursor al siguiente, lo que permitiría recorrer todo el archivo con la ayuda de un bucle y leer carácter por carácter, hasta llegar al final del archivo.[4]

C

```c
#include <stdio.h>

int main() {
    int caracter;
    FILE *ficha_empleado = fopen("empleado.txt", "r");

    if (ficha_empleado != NULL) {
        while ((caracter = getc(ficha_empleado)) != EOF) {
            putchar(caracter);
        }
        fclose(ficha_empleado);
    }

    return 0;
}
```

TRUCO:

*Si abres un archivo en un modo que posiciona el cursor al final, puedes moverlo al inicio con la función «void rewind(FILE *nombre_fichero);». Esta función no devuelve ningún valor; simplemente sitúa el cursor al comienzo del archivo.*

Función fgets()

La función `fgets()` permite leer una línea completa de texto desde un archivo. Se considera que la línea termina cuando se encuentra un salto de línea (`\n`), se alcanza el final del archivo (`EOF`) o se supera el límite de caracteres especificado.

```c
char* fgets(char* cadena_de_caracteres, int limite, FILE *
                                    fichero);
```

[4] Recorrer todo el archivo carácter por carácter puede ser útil con fines didácticos, pero no es eficiente. Existen otras funciones que reducen el número de accesos al archivo y mejoran su rendimiento.

`fgets()` recibe tres parámetros: una cadena de caracteres donde se almacenará la línea leída, el número máximo de caracteres a leer (incluido el carácter nulo de fin de cadena) y el fichero desde el cual se extraerá la información.

Por ejemplo, el nombre almacenado en el archivo empleado.txt se encuentra en la primera línea. Puedes leerlo de la siguiente manera:

```c
#include <stdio.h>

int main() {
    char linea[108];

    FILE* ficha_empleado = fopen("empleado.txt", "r");
    if (ficha_empleado != NULL) {
        if (fgets(linea, sizeof(linea), ficha_empleado) != NULL) {
            printf("%s", linea);
        } else {
            puts("No se pudo leer la línea.");
        }
        fclose(ficha_empleado);
    } else puts("Error al abrir el archivo");

    return 0;
}
```

`fgets()` también mueve el cursor, por lo que después de leer una línea, puedes leer la siguiente de forma inmediata.

Función fscanf()

Si el archivo a leer tiene una estructura fija —con campos bien definidos y sin comillas, comas ni valores opcionales—, la función `fscanf()` es una función que se puede tener en cuenta.

Por ejemplo, imagina que tienes un archivo de registro llamado `log.txt`, que contiene información sobre un sistema determinado, con un formato similar al que te muestro a continuación:

2025-06-04 14:23:10 INFO Usuario conectado

2025-06-04 14:24:02 WARN Alto consumo de memoria

2025-06-04 14:25:47 ERROR Fallo al conectar con la base de datos

Al tratarse de un log plano con un formato predecible (fecha, hora, nivel y mensaje), dicho formato puede representarse mediante una cadena de formato. La función `fscanf()` funciona de manera similar a `scanf()`, pero añade un parámetro adicional: el archivo desde el cual se leerá la información.

Crea un log similar al que te acabo de mostrar y analiza el siguiente código para entender cómo se realiza la lectura de información desde el archivo.

C

```
#include <stdio.h>

int main() {
    int anio, mes, dia, hora, minuto, segundo;
    char nivel[16], mensaje[216];
    FILE *log = fopen("log.txt", "r");

    if (log != NULL) {
        while (fscanf(log, "%d-%d-%d %d:%d:%d %15s %[^\n]",
          &anio, &mes, &dia, &hora, &minuto, &segundo, nivel, mensaje) == 8) {
        printf("Fecha: %04d-%02d-%02d\n", anio, mes, dia);
        printf("Hora: %02d:%02d:%02d\n", hora, minuto, segundo);
        printf("Nivel: %s\n", nivel);
        printf("Mensaje: %s\n", mensaje);
        printf("----------------------------\n");
        }
        fclose(log);
    }

    return 0;
}
```

La función `fscanf()` devuelve la cantidad de valores que ha leído y asignado correctamente. Por eso, en la línea `fscanf(log, "%d-%d-%d %d:%d:%d %15s %[^\n]", &anio, &mes, &dia, &hora, &minuto, &segundo, nivel, mensaje)` se compara el resultado con 8, para asegurarse de que se han leído todos los datos esperados.

Por otro lado, `fscanf()` desplaza el cursor de lectura del archivo. Cada vez que `fscanf()` lee datos, avanza el cursor en el `FILE *` correspondiente justo después del último carácter que haya leído, igual que hacen otras funciones de lectura.

NOTA:

«^[\n]» indica que debe leerse todo el mensaje hasta llegar al salto de línea (sin incluirlo).

Ejercicios

Ejercicio 13.01. Implementa un programa que cree un archivo de texto llamado chiste.txt y escriba un chiste en su interior.

Ejercicio 13.02. Desarrolla un programa que acceda al contenido de chiste.txt y muestre su contenido en pantalla.

Ejercicio 13.03. Crea un programa que le pida al usuario un número del 1 al 10. El programa debe generar un archivo de texto cuyo nombre sea el número introducido y dentro del archivo debe escribir la tabla de multiplicar correspondiente a ese número.

Ejercicio 13.04. Desarrolla un programa que cree un archivo de texto llamado titulo.txt y que en su interior escriba el título de este manual que tienes entre tus manos.

Ejercicio 13.05. Implementa un programa que lea los 25 primeros caracteres almacenados en titulo.txt y los muestre en pantalla.

Ejercicio 13.06. Desarrolla un gestor de empleados que muestre un menú en pantalla y permita al usuario registrar, modificar o eliminar información de empleados. Cada una de estas opciones debe implementarse como una función independiente. Utiliza una estructura `Empleado` (amplíala con los campos que consideres necesarios). La información de cada empleado debe guardarse de forma permanente en un archivo de texto individual, cuyo nombre se genere en base al identificador del empleado.

Ejercicio 13.07. Crea un array de elementos de tipo `Empleado` y rellénalo con la información almacenada en las fichas de empleados generadas en el ejercicio anterior. Una vez completado el array, muestra la información de todos los empleados en pantalla.

Ejercicio 13.08. Escribe una cadena ingresada por el usuario en un archivo.

Ejercicio 13.09. Implementa un programa que acceda al contenido del archivo titulo.txt y cuente cuántas palabras contiene.

Ejercicio 13.10. Implementa un programa que se ejecute de forma indefinida. En cada iteración, debe pedir al usuario que introduzca un color aleatorio, guardarlo y actualizar un archivo con esa información. El archivo debe modificarse en cada nueva entrada.

Ejercicio 13.11. Desarrolla un programa que copie el contenido de un archivo llamado origen.txt en otro llamado destino.txt.

Ejercicio 13.12. Crea un programa que pida al usuario el nombre de un archivo, lea su contenido y lo convierta completamente a mayúsculas.

Ejercicio 13.13. Crear un programa que permita registrar usuarios con nombre y contraseña y realizar el inicio de sesión. Los datos deben guardarse en un archivo para su posterior validación.

Ejercicio 13.14. Las funciones fgetpos() y fsetpos() se utilizan para guardar y restaurar la posición del puntero de un archivo (FILE *). Son especialmente útiles cuando necesitas recordar una posición concreta dentro de un archivo para poder volver a ella más adelante. A continuación, analiza el siguiente fragmento de código y observa cómo funcionan estas funciones en la práctica.

```
#include <stdio.h>

int main() {

    FILE *ficha_empleado = fopen("empleado.txt", "r");
    if (ficha_empleado == NULL) {
        perror("Error al abrir la ficha del empleado.");
        return 1;
    }

    fpos_t posicion;

    for (int i = 0; i < 8; i++) {
        fgetc(ficha_empleado);
    }

    if (fgetpos(ficha_empleado, &posicion) != 0) {
        perror("Error en fgetpos().");
        fclose(ficha_empleado);
        return 1;
    }

    printf("Guardada la posición tras los primeros 8 caracteres.\n");

    for (int i = 0; i < 4; i++) {
        int c = fgetc(ficha_empleado);
        if (c == EOF) break;
        putchar(c);
    }

    printf("\nVolviendo a la posición guardada...\n");

    if (fsetpos(ficha_empleado, &posicion) != 0) {
        perror("Error en fsetpos().");
        fclose(ficha_empleado);
        return 1;
    }

    for (int i = 0; i < 4; i++) {
        int c = fgetc(ficha_empleado);
        if (c == EOF) break;
        putchar(c);
    }

    fclose(ficha_empleado);
    return 0;
}
```

14

Estructura de un proyecto

En este capítulo aprenderás:

- Cómo llevar a la práctica lo que ya sabes sobre funciones, punteros, estructuras y archivos dentro de un proyecto real.
- Qué estructura básica debe tener un proyecto en C para que sea claro, escalable y fácil de mantener.
- Por qué es tan importante organizar bien el código, en especial cuando el proyecto empieza a crecer.
- Cuándo conviene dividir la lógica del programa en módulos independientes.
- Cómo separar el código en varios archivos para trabajar de forma más ordenada y eficiente.

Introducción

La forma más efectiva de entender cómo dividir un programa en varios archivos y estructurarlo correctamente es crear un proyecto desde cero.

Ya sabes trabajar con datos primitivos, como enteros, flotantes y caracteres, y también con datos compuestos, como arrays y estructuras. Has aprendido a utilizar bucles y a tomar decisiones mediante sentencias condicionales. Además, sabes implementar funciones, manejar punteros y almacenar información tanto en memoria como de forma permanente en archivos.

Ahora pondrás en práctica todos estos conocimientos a través del desarrollo de un sistema de gestión de empleados accesible desde la consola. A medida que el proyecto crezca, irás descubriendo la importancia de organizar el código de forma clara y modular.

Crea una carpeta en la localización que desees con el nombre gestor_empleados y, en su interior, un archivo main.c con el que empezaremos a trabajar.

Menú principal

El usuario de nuestro programa deberá acceder a un menú principal desde el que podrá realizar las siguientes operaciones:

- Insertar nuevo empleado
- Listar todos los empleados
- Buscar empleado por ID
- Actualizar datos de un empleado
- Eliminar empleado
- Guardar cambios
- Salir

En cualquier proyecto en C, la función `main()` constituye el punto de entrada del programa y se trata de la función que orquesta todo el proyecto: inicia la ejecución, coordina las llamadas a otras funciones y controla el flujo general del programa.

El menú principal del sistema de gestión de empleados actúa como el punto de acceso a todas las operaciones que el usuario puede realizar. Por eso, tiene sentido implementarlo en el archivo main.c, ya que este archivo contiene la función principal del programa y coordina su funcionamiento general.

C

```c
#include <stdio.h>

int main(){
    puts("------ MENÚ PRINCIPAL ------");
    puts(" 1. Insertar nuevo empleado");
    puts(" 2. Listar todos los empleados");
    puts(" 3. Buscar empleado por ID");
    puts(" 4. Actualizar datos de un empleado");
    puts(" 5. Eliminar empleado");
    puts(" 6. Guardar cambios");
    puts(" 7. Salir");
    return 0;
}
```

Además, el archivo main.c no solo debe encargarse de mostrar el menú, sino también de recibir la entrada del usuario. Por eso, el primer paso consiste en presentar el menú en pantalla y capturar la opción seleccionada por el usuario.

C

```c
#include <stdio.h>

int main(){

    int eleccion_usuario;

    puts("------ MENÚ PRINCIPAL ------");
    puts(" 1. Insertar nuevo empleado");
    puts(" 2. Listar todos los empleados");
    puts(" 3. Buscar empleado por ID");
    puts(" 4. Actualizar datos de un empleado");
    puts(" 5. Eliminar empleado");
    puts(" 6. Guardar cambios");
    puts(" 7. Salir");

    printf("Selecciona la operación que deseas realizar: ");
    scanf("%d", &eleccion_usuario);

    return 0;
}
```

Dado que se trata de un proyecto con cierta envergadura, es importante compilar con frecuencia para asegurarte de que todo funciona correctamente en cada paso.[1] Hasta el momento, la salida del menú debería verse como se muestra en la figura 14.1.

1 En proyectos grandes con muchos archivos fuente, es común el uso de herramientas como *Makefile* (además de *CMake*) para permitir la compilación parcial del código, lo que evita recompilar todo el proyecto tras cada cambio.

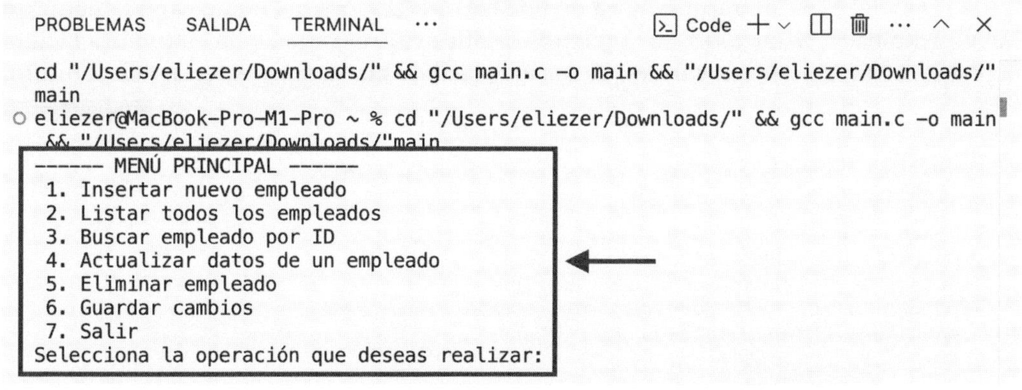

Figura 14.1. Primera versión del menú del sistema de gestión de empleados.

También es importante mostrar en pantalla lo que está ocurriendo en cada momento. Por ejemplo, si el usuario introduce un valor y el programa termina de inmediato, no queda claro si el valor se recogió correctamente. Por eso, es recomendable ofrecer mensajes que guíen al usuario y le indiquen qué está sucediendo, como el que se incluye en la línea 19:

C

```c
1  #include <stdio.h>
2
3  int main(){
4
5      int eleccion_usuario;
6
7      puts("------ MENÚ PRINCIPAL ------");
8      puts(" 1. Insertar nuevo empleado");
9      puts(" 2. Listar todos los empleados");
10     puts(" 3. Buscar empleado por ID");
11     puts(" 4. Actualizar datos de un empleado");
12     puts(" 5. Eliminar empleado");
13     puts(" 6. Guardar cambios");
14     puts(" 7. Salir");
15
16     printf("Selecciona la operación que deseas realizar: ");
17     scanf("%d", &eleccion_usuario);
18
19     printf("Has seleccionado la opción %d\n", eleccion_usuario);
20
21     return 0;
22 }
```

Una vez que el usuario elige una opción, el sistema debe ser capaz de procesarla y ejecutar la operación correspondiente. Para ello, implementaremos una estructura `switch`, que nos permitirá bifurcar el flujo del programa según la opción seleccionada.

Cada rama del `switch` representará una de las operaciones del menú, como añadir un nuevo empleado, listar todos los registros o salir del programa. Esta estructura facilita la organización del código y hace que sea más fácil de mantener y extender en el futuro.

C

```c
#include <stdio.h>

int main() {
    int eleccion_usuario;

    puts("------ MENÚ PRINCIPAL ------");
    puts(" 1. Insertar nuevo empleado");
    puts(" 2. Listar todos los empleados");
    puts(" 3. Buscar empleado por ID");
    puts(" 4. Actualizar datos de un empleado");
    puts(" 5. Eliminar empleado");
    puts(" 6. Guardar cambios");
    puts(" 7. Salir");

    printf("Selecciona la operación que deseas realizar: ");
    scanf("%d", &eleccion_usuario);

    printf("Has seleccionado la opción %d\n", eleccion_usuario);

    switch (eleccion_usuario) {
        case 1:
            printf("Insertando nuevo empleado...\n");
            break;
        case 2:
            printf("Listando todos los empleados...\n");
            break;
        case 3:
            printf("Buscando empleado por ID...\n");
            break;
        case 4:
            printf("Actualizando datos de un empleado...\n");
            break;
        case 5:
            printf("Eliminando empleado...\n");
            break;
        case 6:
            printf("Guardando cambios...\n");
            break;
        case 7:
            printf("Saliendo del programa...\n");
            break;
        default:
            printf("Opción no válida. Por favor, selecciona una opción del 1
            al 7.\n");
            break;
    }

    return 0;
}
```

Si compilas y ejecutas el programa, verás que, tras seleccionar una opción, se simula la operación correspondiente y el programa finaliza de inmediato (figura 14.2).

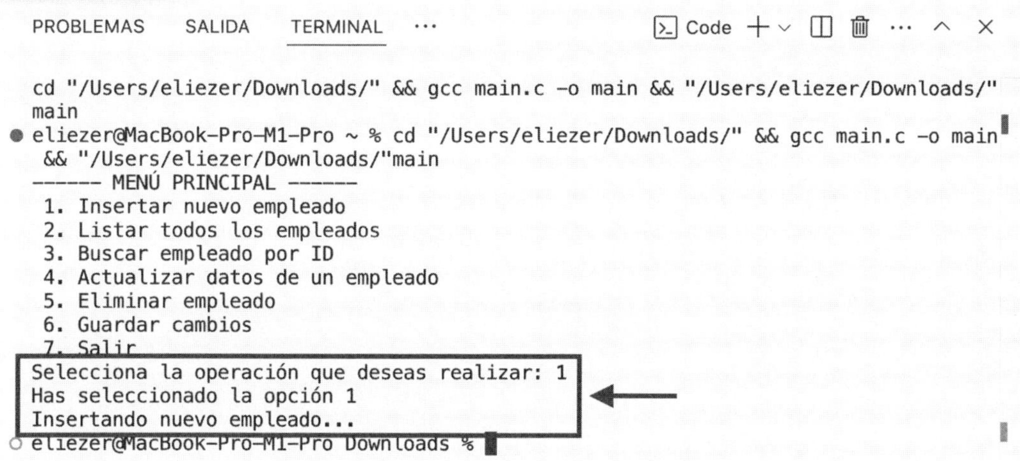

Figura 14.2. Simulación de la acción elegida.

Este programa muestra un menú diseñado para que el usuario pueda manejarlo con facilidad. Si el programa se cerrara cada vez que se realiza una operación, el usuario tendría que volver a abrirlo constantemente para ejecutar más acciones. Además, el menú incluye explícitamente la opción Salir, lo que indica que el programa debería permanecer activo hasta que el propio usuario decida finalizarlo.

C

```c
#include <stdio.h>

int main() {
    int eleccion_usuario;

    do {
        puts("------ MENÚ PRINCIPAL ------");
        puts(" 1. Insertar nuevo empleado");
        puts(" 2. Listar todos los empleados");
        puts(" 3. Buscar empleado por ID");
        puts(" 4. Actualizar datos de un empleado");
        puts(" 5. Eliminar empleado");
        puts(" 6. Guardar cambios");
        puts(" 7. Salir");

        printf("Selecciona la operación que deseas realizar: ");
        scanf("%d", &eleccion_usuario);

        // Validación de entrada
        if (eleccion_usuario < 1 || eleccion_usuario > 7) {
            fprintf(stderr, "Opción no válida. Por favor,
                    selecciona una opción del 1 al 7.\n\n");
            continue;  // Volver a mostrar el menú
        }

        printf("Has seleccionado la opción %d\n", eleccion_usuario);
```

continuación C

```c
        switch (eleccion_usuario) {
            case 1:
                printf("Insertando nuevo empleado...\n");
                break;
            case 2:
                printf("Listando todos los empleados...\n");
                break;
            case 3:
                printf("Buscando empleado por ID...\n");
                break;
            case 4:
                printf("Actualizando datos de un empleado...\n");
                break;
            case 5:
                printf("Eliminando empleado...\n");
                break;
            case 6:
                printf("Guardando cambios...\n");
                break;
            case 7:
                printf("Saliendo del programa...\n");
                break;
        }

        puts("");  // Línea en blanco para mejorar la legibilidad

    } while (eleccion_usuario != 7);

    return 0;
}
```

Con esta implementación, el sistema de gestión de empleados solo finalizará cuando el usuario seleccione explícitamente la opción de salir.

C

```c
do {

} while (eleccion_usuario != 7);
```

Además, el programa también valida la entrada del usuario. Si se introduce un valor fuera del rango permitido, se muestra un mensaje de error por consola y el programa continúa su ejecución.

ADVERTENCIA:

El programa comprueba si el número introducido está entre 1 y 7. Si introduces un valor fuera de ese rango, el programa no lo controla. Intenta detectar uno de estos casos y añade su manejo al código para que sea más completo.

Para lograrlo, se utiliza la instrucción `continue`, que permite volver al inicio del bucle sin ejecutar el resto del código.

C

```c
if (eleccion_usuario < 1 || eleccion_usuario > 7) {
     fprintf(stderr, "Opción no válida. Por favor,
                      selecciona una opción del 1 al 7.\n\n");
     continue;
}
```

NOTA:

La función «fprintf()» permite separar los mensajes de error de la salida estándar. Al enviar los errores a «stderr», estos se muestran en la consola sin interrumpir la ejecución del programa. Aunque en este caso tanto la salida estándar como la de errores se ven en la misma consola, es importante saber que los mensajes de error pueden redirigirse a otra salida, como un archivo de texto, un archivo de log o incluso una impresora.

Separación de responsabilidades

A medida que el archivo crece, el código se vuelve más extenso y complejo. Por este motivo, es importante mantener una buena organización separando las responsabilidades en funciones y procedimientos independientes. Esta práctica mejora la legibilidad y facilita el mantenimiento del programa, e incluso, su ampliación a futuro.

Por ejemplo, podemos mostrar las opciones disponibles mediante un procedimiento llamado `mostrar_menu()`, recoger la entrada del usuario con la función `obtener_opcion()` y ejecutar la operación seleccionada utilizando `ejecutar_opcion()`. Así, cada parte del programa se encarga de una tarea específica.

C

```c
#include <stdio.h>

// Prototipos de funciones
void mostrar_menu();
int obtener_opcion();
void ejecutar_opcion(int opcion);

int main() {
    int eleccion_usuario;


    do {
        mostrar_menu();
        eleccion_usuario = obtener_opcion();

        if (eleccion_usuario < 1 || eleccion_usuario > 7) {
            fprintf(stderr, "Opción no válida. Por favor,
                    selecciona una opción del 1 al 7.\n\n");
            continue;
        }
```

```
        printf("Has seleccionado la opción %d\n", eleccion_usuario);
        ejecutar_opcion(eleccion_usuario);
        puts("");

    } while (eleccion_usuario != 7);

    return 0;
}

// Muestra el menú principal por pantalla
void mostrar_menu() {
    puts("------ MENÚ PRINCIPAL ------");
    puts(" 1. Insertar nuevo empleado");
    puts(" 2. Listar todos los empleados");
    puts(" 3. Buscar empleado por ID");
    puts(" 4. Actualizar datos de un empleado");
    puts(" 5. Eliminar empleado");
    puts(" 6. Guardar cambios");
    puts(" 7. Salir");
}

// Solicita una opción al usuario
int obtener_opcion() {
    int opcion;
    printf("Selecciona la operación que deseas realizar: ");
    scanf("%d", &opcion);
    return opcion;
}

// Ejecuta la acción correspondiente a la opción elegida
void ejecutar_opcion(int opcion) {
    switch (opcion) {
        case 1:
            printf("Insertando nuevo empleado...\n");
            break;
        case 2:
            printf("Listando todos los empleados...\n");
            break;
        case 3:
            printf("Buscando empleado por ID...\n");
            break;
        case 4:
            printf("Actualizando datos de un empleado...\n");
            break;
        case 5:
            printf("Eliminando empleado...\n");
            break;
        case 6:
            printf("Guardando cambios...\n");
            break;
        case 7:
            printf("Saliendo del programa...\n");
            break;
    }
}
```

Módulo «empleados»

El archivo main.c no deja de crecer, a pesar de que por ahora solo se encarga de mostrar el menú en pantalla y gestionar la opción de salida del programa. Si seguimos añadiendo código sin reorganizarlo, el archivo se volverá cada vez más difícil de leer y mantener, lo que complicará el desarrollo a medida que el proyecto crezca. Por eso, vamos a implementar todas las funciones relacionadas con la gestión de empleados en un módulo independiente.

Un módulo es una unidad lógica de código que agrupa funcionalidades relacionadas y se compone, principalmente, de dos archivos: uno de cabecera (con extensión .h), que declara las funciones, estructuras y constantes que ofrece el módulo, y otro de implementación (con extensión .c), que contiene el código que define cómo funcionan esas funciones.

Al igual que usamos bibliotecas como `<stdio.h>` o `<stdlib.h>` para aprovechar sus funciones, también incorporaremos el módulo empleados en nuestro programa. Un módulo creado por nosotros que nos permitirá acceder a sus funciones y realizar las distintas operaciones que necesitamos implementar.

En el mismo directorio donde se encuentra main.c, crea dos archivos: `empleados.h` y `empleados.c`. En ellos implementaremos las operaciones que debe realizar el programa, organizándolas de forma modular.

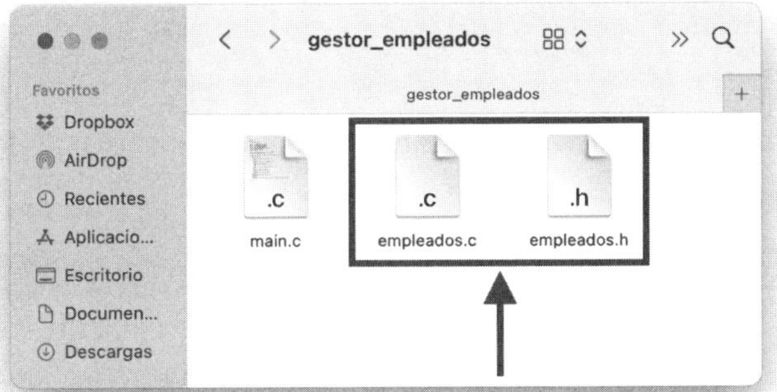

Figura 14.3. Archivos «empleados.c» y «empleados.h».

Representación interna

La forma en la que decidas implementar los datos en tu programa influirá directamente en su diseño, su claridad y su facilidad de mantenimiento. Elegir una estructura de datos adecuada desde el principio te permitirá implementar las funcionalidades de forma más sencilla, evitar errores y adaptar el código a futuras necesidades con mayor facilidad.

Tipo «Empleado»

El sistema de gestión de empleados necesita manejar información de uno o varios empleados. En el contexto de nuestro programa, tiene sentido definir un tipo `Empleado` que agrupe todos los datos relacionados con una única persona, como su identificador, nombre, primer apellido y sueldo bruto anual.

```c
typedef struct {
    int identificador;
    char nombre[108];
    char primer_apellido[108];
    double sueldo_bruto_anual;
} Empleado;
```

La definición de este tipo debería incluirse en el módulo empleados porque forma parte del modelo de datos principal de ese módulo. Al hacerlo, se centraliza la definición de la estructura en el lugar más lógico y se refuerza la cohesión del módulo. Así que abre el archivo empleados.h e incluye la definición en su interior.

Ahora bien, necesitamos una forma de vincular empleados.h con main.c. Para poder utilizar el tipo `Empleado` dentro de nuestro programa, es necesario incluir el archivo de cabecera en main.c mediante la directiva `#include`:

```c
#include <stdio.h>
#include "empleados.h"
// ...
```

Esta inclusión permite que el compilador reconozca la definición del tipo `Empleado` al compilar main.c.

ADVERTENCIA:

Fíjate que el nombre del módulo está escrito entre comillas dobles (#include «empleados.h»). Esto le indica al compilador que debe buscar el archivo de cabecera primero en el directorio actual (es decir, donde se encuentra el archivo que se incluye). Si no lo encuentra allí, entonces lo buscará en los directorios del sistema.

En cambio, cuando se usan signos de menor y mayor (como en `<stdio.h>`), el compilador buscará únicamente en los directorios del sistema, que son aquellos predefinidos por el entorno de desarrollo o el compilador.

Compila y ejecuta el programa para asegurarte de que todo sigue funcionando correctamente.

Array de Empleado

Un array nos permitirá gestionar un grupo de empleados y realizar las operaciones que el usuario del programa necesite. Para ello, ve a la función principal `main()` y declara allí un array de elementos de tipo `Empleado`.

Puedes optar por usar memoria estática si el número de empleados es fijo y conocido de antemano. En cambio, si el número de empleados puede variar durante la ejecución del programa, es preferible utilizar memoria dinámica, ya que permite ajustar el tamaño del array en tiempo de ejecución.

C

```c
#include <stdio.h>
#include "empleados.h"

// Prototipos de funciones
void mostrar_menu();
int obtener_opcion();
void ejecutar_opcion(int opcion);

int main() {
    int eleccion_usuario;
    Empleado* empleados = NULL;

    do {
        mostrar_menu();
        eleccion_usuario = obtener_opcion();

        if (eleccion_usuario < 1 || eleccion_usuario > 7) {
            fprintf(stderr, "Opción no válida. Por favor,
                    selecciona una opción del 1 al 7.\n\n");
            continue;
        }

        printf("Has seleccionado la opción %d\n", eleccion_usuario);
        ejecutar_opcion(eleccion_usuario);
        puts("");

    } while (eleccion_usuario != 7);

    return 0;
}

//...
```

Como todavía no sabemos cuántos empleados deberá almacenar el array, al principio lo dejaremos vacío y lo inicializaremos más adelante, cuando se conozca el número exacto.[2]

2 Recuerda que un array es, en esencia, un puntero que apunta a su primer elemento.

Persistencia de la información

Almacenar la información en un array de `Empleado` permite realizar diversas operaciones durante la ejecución del programa, pero no conserva los cambios una vez que este finaliza. Para guardar los datos de forma permanente necesitarás trabajar con un fichero. Por tanto, crea un archivo llamado base_de_datos.txt en el mismo directorio donde se encuentra tu archivo main.c.

El archivo base_de_datos.txt actúa como almacenamiento persistente para toda la información gestionada por el programa. Sin embargo, durante la ejecución, trabajaremos con un array dinámico que nos permitirá acceder, modificar y manipular los datos de forma eficiente en memoria. Por este motivo, al iniciar el programa, la primera tarea fundamental es leer el contenido del archivo y cargarlo en el array dinámico. Así, garantizamos que el programa disponga de la información actualizada desde el primer momento, manteniendo la coherencia entre el almacenamiento permanente y la estructura de datos en memoria.

Para realizar esta tarea, el archivo main.c invocará la función `cargar_empleados_desde_fichero()`. Esta función será responsable de leer los datos almacenados en el fichero e inicializar con ellos el array dinámico. Además, devolverá el número total de empleados cargados, lo cual permitirá recorrer el array con precisión en las operaciones posteriores del programa.

Modificación del archivo «main.c»

C

```c
#include <stdio.h>
#include "empleados.h"

// Prototipos de funciones
void mostrar_menu();
int obtener_opcion();
void ejecutar_opcion(int opcion);

int main() {
    int eleccion_usuario, num_empleados = 0;
    Empleado* empleados = NULL;

    cargar_empleados_desde_fichero(&empleados, &num_empleados);

    do {
        mostrar_menu();
        eleccion_usuario = obtener_opcion();

        if (eleccion_usuario < 1 || eleccion_usuario > 7) {
            fprintf(stderr, "Opción no válida. Por favor,
                    selecciona una opción del 1 al 7.\n\n");
            continue;
        }

        printf("Has seleccionado la opción %d\n", eleccion_usuario);
        ejecutar_opcion(eleccion_usuario);
        puts("");
```

continuación C

```c
    } while (eleccion_usuario != 7);

    return 0;
}

//...
```

La función `cargar_empleados_desde_fichero()` toma como parámetros un array dinámico de empleados, que se inicializará con la información extraída del fichero, y una variable `num_empleados`, que será actualizada para indicar cuántos empleados se han cargado correctamente.

Prototipo en «empleados.h»

La función `cargar_empleados_desde_fichero()`, al estar orientada a la gestión de datos de empleados, pertenece lógicamente al módulo `empleados`. Siguiendo las buenas prácticas de modularidad en C, su prototipo debe ser declarado en el archivo de cabecera `empleados.h`, permitiendo así su visibilidad y reutilización desde otras unidades de compilación.

C

```c
typedef struct {
    int identificador;
    char nombre[108];
    char primer_apellido[108];
    double sueldo_bruto_anual;
} Empleado;

void cargar_empleados_desde_fichero(Empleado** empleados, int* num_empleados);
```

ADVERTENCIA:

*¿Por qué se utiliza «Empleado** empleados» en lugar de «Empleado* empleados» como primer parámetro? La respuesta está en cómo se gestiona la memoria y en cómo se reflejan los cambios fuera de la función. En C, todos los argumentos se pasan por valor, incluidos los punteros.*[3] *Esto significa que si se pasa un parámetro de tipo «Empleado* empleados», en realidad se está pasando una copia del puntero. Como resultado, dentro de la función se pueden modificar los elementos a los que apunta ese puntero, pero no es posible modificar el propio puntero de forma que el cambio sea visible desde el exterior. Es decir, no se podría reasignar o redimensionar el array, por ejemplo, con «realloc».*

*Por el contrario, al utilizar «Empleado** empleados», se está pasando la dirección del puntero original. Esto permite modificar directamente el puntero que apunta al array dinámico, lo cual es fundamental cuando se desea asignar o redimensionar memoria dinámicamente (por ejemplo, usando «malloc» o «realloc») desde dentro de la función. Esta técnica es esencial cuando la función necesita cambiar la ubicación o el tamaño del array y que dichos cambios sean visibles desde el contexto que la llamó.*

[3] Si esta afirmación te resulta confusa, vuelve a consultar el capítulo 4, donde se abordan en profundidad los conceptos relacionados con punteros.

Implementación en «empleados.c»

empleados.c debe contener la implementación de las funciones declaradas en empleados.h. Si en algún momento este módulo se comparte con otras personas, el contenido de empleados.h será visible externamente, mientras que la lógica interna definida en empleados.h puede ser compilada y utilizada sin exponer su código fuente.

La función `cargar_empleados_desde_fichero()` debe realizar los siguientes pasos:

1. Abrir el fichero en modo lectura.
2. Leer el contenido línea por línea.
3. Eliminar el salto de línea al final de cada línea leída.
4. Extraer los distintos campos de cada línea.
5. Reservar o ampliar memoria utilizando `realloc`.
6. Almacenar los datos del empleado leído.
7. Cerrar el fichero al finalizar.

A continuación, te presento una posible implementación. Por supuesto, puedes desarrollar tu propia solución si la consideras más adecuada.

C

```c
#include <stdio.h>
#include <stdlib.h>
#include <string.h>
#include "empleados.h"

void cargar_empleados_desde_fichero(Empleado** empleados, int* num_empleados) {
    FILE* archivo = fopen("./base_de_datos.txt", "r");
    if (!archivo) {
        fprintf(stderr, "No se pudo abrir el archivo
                         base_de_datos.txt.\n");
        return;
    }

    char linea[512];
    Empleado temporal;

    while (fgets(linea, sizeof(linea), archivo)) {
        // Elimina salto de línea final
        size_t len = strlen(linea);
        if (len > 0 && linea[len - 1] == '\n') {
            linea[len - 1] = '\0';
        }

        // Parsear los campos
        int leidos = sscanf(linea, "%d-%107[^-]-%107[^-]-%lf",
                            &temporal.identificador,
                            temporal.nombre,
                            temporal.primer_apellido,
                            &temporal.sueldo_bruto_anual);
```

```
        if (leidos == 4) {
            // Reasignar memoria para un nuevo empleado
            Empleado* temp = realloc(*empleados,
                                 (*num_empleados + 1) * sizeof(Empleado));
            if (!temp) {
                fprintf(stderr, "Error al reasignar memoria.\n");
                fclose(archivo);
                return;
            }

            *empleados = temp;
            (*empleados)[*num_empleados] = temporal;
            (*num_empleados)++;
        } else {
            fprintf(stderr, "Línea con formato inválido:
                                 %s\n", linea);
        }
    }

    fclose(archivo);
    printf("Empleados cargados correctamente desde base_de_datos.txt.\n");
}
```

Para comprender esta función, es importante tener en cuenta tres aspectos:

1. **Apertura del fichero:** El archivo se abre únicamente en modo lectura. Esto se hace por seguridad, para evitar modificaciones accidentales en su contenido.
2. **Formato de los datos:** Se asume que el archivo contiene una línea por registro y que cada línea tiene el siguiente formato: identificador-nombre-primer_apellido-sueldo_bruto_anual.

NOTA:

La cadena de formato ««%d-%107[^-]-%107[^-]-%lf»» se utiliza en funciones como «sscanf» para leer datos con un formato específico. En este caso, se espera una entrada con cuatro partes separadas por guiones (-): primero, un número entero (%d), luego dos cadenas de texto de hasta 107 caracteres cada una que no contengan guiones (%107[^-]), y por último un número en coma flotante (%lf). El modificador «[^-]» indica que se leerán caracteres hasta encontrar un guion, y el «107» limita la cantidad máxima de caracteres a leer, previniendo desbordamientos de búfer.

3. **Uso de `realloc()`:** Es válido llamar a `realloc()` sin haber llamado previamente a `malloc()`, siempre que el puntero esté inicializado a `NULL`.

Compilación

Tu archivo de referencia para compilar siempre debe ser main.c. Sin embargo, si ahora intentas compilar, podrías obtener el siguiente error:

error: linker command failed with exit code 1 (use -v to see invocation)

Si te ha ocurrido, debes saber que el error no está relacionado directamente con main.c, sino con el proceso de «linkado» (o enlace), que ocurre después de la compilación.[4] Este error suele deberse a que no estás incluyendo todos los archivos fuente al compilar. No basta con compilar solo main.c; también debes añadir empleado.c y cualquier otro archivo relevante.

Para solucionar este error, puedes configurarlo desde tu editor de código, aunque cada editor es diferente. Por eso, te compartiré directamente la línea de terminal que te permitirá compilar el programa.

ADVERTENCIA:

Ten en cuenta que estoy utilizando el compilador GCC (GNU Compiler Collection); si usas otro compilador en tu equipo el comando podría variar.

```
gcc main.c empleados.c -o gestor_de_empleados
```

Vamos a desglosar el comando para que entiendas qué está pasando:

- gcc es el compilador de C que se encarga de traducir el código fuente a código máquina ejecutable por el sistema operativo.
- main.c y empleados.c son los archivos fuente que queremos compilar. GCC los procesa y enlaza en un único programa ejecutable. Si uno de ellos utiliza funciones o variables definidas en el otro, GCC los compila juntos para que puedan accederse mutuamente.
- -o gestor_de_empleados es una bandera de GCC que indica el nombre que debe tener el archivo ejecutable resultante.

Accede a la carpeta del proyecto desde la terminal y ejecuta el comando proporcionado. El archivo ejecutable del proyecto se generará en ese mismo directorio. Puedes abrir este archivo ejecutable de dos formas:

- Desde la terminal: escribe ./gestor_de_empleados y pulsa Intro.
- Desde la interfaz: haz doble clic en el archivo ejecutable.

NOTA:

Los archivos de cabecera (como «empleados.h») no se incluyen explícitamente en la línea de compilación porque no contienen código que se compile directamente. En su lugar, contienen declaraciones (como funciones, estructuras o constantes) que son utilizadas por los archivos «.c».

[4] Recuerda el proceso de *linkado* en el capítulo 2.

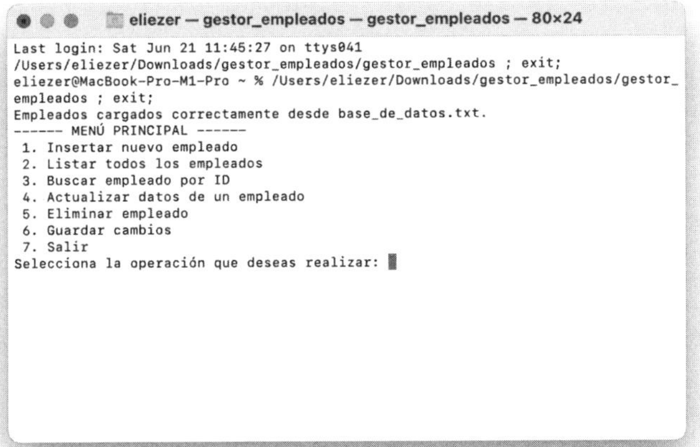

Figura 14.4. Ejecución del programa generado tras la compilación con enlazado.

Insertar nuevo empleado

Para insertar un nuevo empleado en el array, implementaremos la función `insertar_nuevo_empleado()`. Esta función debe recibir como parámetros el array dinámico que se va a modificar y el número actual de empleados, ya que necesita conocer el tamaño actual para redimensionar el array adecuadamente y poder almacenar un nuevo registro (es decir, `empleados_actuales + 1`).

Prototipo

Añade el prototipo de la función en el archivo de cabecera empleados.h.

```c
typedef struct {
    int identificador;
    char nombre[108];
    char primer_apellido[108];
    double sueldo_bruto_anual;
} Empleado;

void cargar_empleados_desde_fichero(Empleado** empleados, int* num_empleados);
void insertar_nuevo_empleado(Empleado** empleados, int* num_empleados);
```

Implementación

Define la función `insertar_nuevo_empleado()` en el archivo empleados.c. Esta función debe encargarse de solicitar al usuario los datos del nuevo empleado, almacenar esa información en una variable de tipo `Empleado` y, a continuación, añadir dicha variable al array dinámico de empleados.

C

```c
void insertar_nuevo_empleado(Empleado** empleados, int* num_empleados) {
    Empleado nuevo;

    printf("Introduce el ID del nuevo empleado: ");
    scanf("%d", &nuevo.identificador);
    getchar(); // limpiar salto de línea pendiente

    printf("Introduce el nombre del nuevo empleado: ");
    fgets(nuevo.nombre, sizeof(nuevo.nombre), stdin);
    nuevo.nombre[strcspn(nuevo.nombre, "\n")] = '\0'; // eliminar '\n'

    printf("Introduce el primer apellido del nuevo empleado: ");
    fgets(nuevo.primer_apellido, sizeof(nuevo.primer_apellido),
          stdin);
    nuevo.primer_apellido[strcspn(nuevo.primer_apellido, "\n")]
                      = '\0';

    printf("Introduce el sueldo bruto anual del nuevo empleado: ");
    scanf("%lf", &nuevo.sueldo_bruto_anual);

    // Reasignar memoria
    Empleado* temp = realloc(*empleados, (*num_empleados + 1)
                           * sizeof(Empleado));
    if (!temp) {
        fprintf(stderr, "Error al reservar memoria
                para nuevo empleado.\n");
        return;
    }

    *empleados = temp;
    (*empleados)[*num_empleados] = nuevo;
    (*num_empleados)++;

    printf("Empleado insertado correctamente.\n");
}
```

NOTA:

La función «strcspn()» (perteneciente a «<string.h>») te dice cuántos caracteres hay al principio de una cadena antes de que aparezca alguno de los caracteres de otra cadena.

Llamada

La implementación de la función no tendrá utilidad si no se invoca desde main.c. Para ello, recupera la función `ejecutar_opcion()` e incluye en ella la llamada a `insertar_nuevo_empleado()`. Además, deberás modificar la propia función `ejecutar_opcion()` para que reciba como parámetros el array de empleados y el número actual de empleados, pasados desde el bucle principal.

ADVERTENCIA:

No olvides actualizar también el prototipo de «ejecutar_opcion()».

C

```c
#include <stdio.h>
#include "empleados.h"

// Prototipos de funciones
void mostrar_menu();
int obtener_opcion();
void ejecutar_opcion(int opcion, Empleado** empleados, int* num_empleados);

int main() {
    int eleccion_usuario, num_empleados = 0;
    Empleado* empleados = NULL;

    cargar_empleados_desde_fichero(&empleados, &num_empleados);

    do {
        mostrar_menu();
        eleccion_usuario = obtener_opcion();

        if (eleccion_usuario < 1 || eleccion_usuario > 7) {
            fprintf(stderr, "Opción no válida. Por favor, selecciona una
                                opción del 1 al 7.\n\n");
            continue;
        }

        printf("Has seleccionado la opción %d\n", eleccion_usuario);
        ejecutar_opcion(eleccion_usuario, &empleados, &num_empleados);
        puts("");

    } while (eleccion_usuario != 7);

    return 0;
}

// Muestra el menú principal por pantalla
void mostrar_menu() {
    puts("------ MENÚ PRINCIPAL ------");
    puts(" 1. Insertar nuevo empleado");
    puts(" 2. Listar todos los empleados");
    puts(" 3. Buscar empleado por ID");
    puts(" 4. Actualizar datos de un empleado");
    puts(" 5. Eliminar empleado");
    puts(" 6. Guardar cambios");
    puts(" 7. Salir");
}

// Solicita una opción al usuario
int obtener_opcion() {
    int opcion;
    printf("Selecciona la operación que deseas realizar: ");
    scanf("%d", &opcion);
```

```
    return opcion;
}

// Ejecuta la acción correspondiente a la opción elegida
void ejecutar_opcion(int opcion, Empleado** empleados, int* num_empleados) {
    switch (opcion) {
        case 1:
            insertar_nuevo_empleado(empleados, num_empleados);
            break;
        case 2:
            printf("Listando todos los empleados...\n");
            break;
        case 3:
            printf("Buscando empleado por ID...\n");
            break;
        case 4:
            printf("Actualizando datos de un empleado...\n");
            break;
        case 5:
            printf("Eliminando empleado...\n");
            break;
        case 6:
            printf("Guardando cambios...\n");
            break;
        case 7:
            printf("Saliendo del programa...\n");
            break;
    }
}
```

Guardar cambios

Antes de continuar con la implementación del resto de operaciones, es fundamental asegurarse de que los datos se están guardando correctamente en el archivo. Verificar este paso garantiza que la persistencia de la información funciona como se espera y que los cambios realizados en memoria (como la inserción de nuevos empleados) se reflejan adecuadamente en el almacenamiento permanente.

La función `guardar_cambios()` sigue una lógica similar a la de funciones anteriores, como las que cargan o manipulan empleados. Su implementación consiste en recorrer el array de empleados actual y escribir su contenido en el archivo correspondiente, sobrescribiendo los datos existentes para reflejar los cambios realizados durante la ejecución. El proceso de desarrollo de esta función es muy parecido al de otras funciones que gestionan la entrada y salida de datos, por lo que gran parte del enfoque ya te resultará familiar.

Como primer paso, incluye el prototipo de la función en el archivo de cabecera empleados.h. Esto permite que la función esté disponible para su uso en otros archivos fuente que incluyan dicho encabezado.

C

```c
typedef struct {
    int identificador;
    char nombre[108];
    char primer_apellido[108];
    double sueldo_bruto_anual;
} Empleado;

void cargar_empleados_desde_fichero(Empleado** empleados, int* num_empleados);
void insertar_nuevo_empleado(Empleado** empleados, int* num_empleados);
void guardar_cambios(Empleado* empleados, int num_empleados);
```

El siguiente paso consiste en definir la función en el archivo fuente empleados.c, donde se implementará su lógica interna.

C

```c
void guardar_cambios(Empleado* empleados, int num_empleados) {
    FILE* archivo = fopen("./base_de_datos.txt", "w");
    if (!archivo) {
        fprintf(stderr, "No se pudo abrir base_de_datos.txt
                        para escribir.\n");
        return;
    }

    for (int i = 0; i < num_empleados; i++) {
        fprintf(archivo, "%d-%s-%s-%.2lf\n",
                empleados[i].identificador,
                empleados[i].nombre,
                empleados[i].primer_apellido,
                empleados[i].sueldo_bruto_anual);
    }

    fclose(archivo);
    printf("Cambios guardados correctamente en base_de_datos.txt.\n");
}
```

ADVERTENCIA:

Observa que el archivo se abre en modo «"w"». Esto significa que, si el archivo ya existía, su contenido anterior se eliminará y será reemplazado por los nuevos datos escritos.

Por último, actualiza el archivo main.c para incluir la llamada a la función correspondiente.

C

```c
// ...
void ejecutar_opcion(int opcion, Empleado** empleados, int* num_empleados) {
    switch (opcion) {
        case 1:
            insertar_nuevo_empleado(empleados, num_empleados);
            break;
        case 2:
            printf("Listando todos los empleados...\n");
            break;
```

```
        case 3:
            printf("Buscando empleado por ID...\n");
            break;
        case 4:
            printf("Actualizando datos de un empleado...\n");
            break;
        case 5:
            printf("Eliminando empleado...\n");
            break;
        case 6:
            guardar_cambios(*empleados, *num_empleados);
            break;
        case 7:
            printf("Saliendo del programa...\n");
            break;
    }
}
```

Al ejecutar el programa, añadir nuevos empleados y guardar los cambios, podrás verificar que los datos se almacenan correctamente en el archivo de texto, confirmando así que la funcionalidad de persistencia está funcionando como se espera.

NOTA:

Si observas que el archivo «base_de_datos.txt» no se actualiza correctamente, es posible que se trate de un problema de permisos. El sistema operativo podría estar impidiendo que el programa modifique o cree el archivo. Verifica que el programa tenga permisos de escritura en el directorio actual. Otra posibilidad es que el archivo se esté creando o escribiendo en una ubicación diferente a la esperada. Revisa cuidadosamente la ruta desde la que estás ejecutando el programa y comprueba si el archivo se está generando en otro directorio. Asegúrate de que realmente se está creando y que los cambios se están guardando en el archivo correcto.

Listar empleados

Las operaciones de inserción de empleados y guardado de cambios ya están implementadas correctamente. A continuación, vamos a desarrollar la función `listar_empleados()`, cuya finalidad es mostrar por pantalla el listado completo de empleados.

Esta función recorrerá el array dinámico que contiene los datos cargados desde base_de_datos.txt al inicio del programa, y presentará la información de cada empleado en un formato legible para el usuario. De este modo, podremos visualizar en todo momento el contenido actual de la base de datos en memoria, tal como fue cargado desde el archivo.

Añade el prototipo de la función `listar_empleados()` al archivo de cabecera `empleados.h`, para que pueda ser utilizada desde otros archivos del programa.

```c
typedef struct {
    int identificador;
    char nombre[108];
    char primer_apellido[108];
    double sueldo_bruto_anual;
} Empleado;

void cargar_empleados_desde_fichero(Empleado** empleados, int* num_empleados);
void insertar_nuevo_empleado(Empleado** empleados, int* num_empleados);
void guardar_cambios(Empleado* empleados, int num_empleados);
void listar_empleados(Empleado* empleados, int num_empleados);
```

Desarrolla la implementación de la función en el archivo fuente empleados.c, donde se definirá su comportamiento interno.

```c
void listar_empleados(Empleado* empleados, int num_empleados) {
    if (num_empleados == 0) {
        printf("No hay empleados para mostrar.\n");
        return;
    }

    printf("------ LISTADO DE EMPLEADOS ------\n");
    for (int i = 0; i < num_empleados; i++) {
        printf("ID: %d\n", empleados[i].identificador);
        printf("Nombre: %s\n", empleados[i].nombre);
        printf("Primer apellido: %s\n", empleados[i].primer_apellido);
        printf("Sueldo bruto anual: %.2lf €\n",
                empleados[i].sueldo_bruto_anual);
        printf("--------------------------------\n");
    }
} void listar_empleados(Empleado* empleados, int num_empleados) {
    if (num_empleados == 0) {
        printf("No hay empleados para mostrar.\n");
        return;
    }


    printf("------ LISTADO DE EMPLEADOS ------\n");
    for (int i = 0; i < num_empleados; i++) {
        printf("ID: %d\n", empleados[i].identificador);
        printf("Nombre: %s\n", empleados[i].nombre);
        printf("Primer apellido: %s\n", empleados[i].primer_apellido);
        printf("Sueldo bruto anual: %.2lf €\n",
                empleados[i].sueldo_bruto_anual);
        printf("--------------------------------\n");
    }
}
```

Finalmente, realiza la llamada a la función `listar_empleados()` desde el archivo main.c, integrándola en el flujo del programa, dentro del menú de opciones.

```c
// ...
void ejecutar_opcion(int opcion, Empleado** empleados, int* num_empleados) {
    switch (opcion) {
        case 1:
            insertar_nuevo_empleado(empleados, num_empleados);
            break;
        case 2:
            listar_empleados(*empleados, *num_empleados);
            break;
        case 3:
            printf("Buscando empleado por ID...\n");
            break;
        case 4:
            printf("Actualizando datos de un empleado...\n");
            break;
        case 5:
            printf("Eliminando empleado...\n");
            break;
        case 6:
            guardar_cambios(*empleados, *num_empleados);
            break;
        case 7:
            printf("Saliendo del programa...\n");
            break;
    }
}
```

Para comprobar que el programa funciona correctamente, ejecútalo e introduce varios empleados utilizando la opción correspondiente del menú. A continuación, selecciona la opción para listar empleados. Si todo está bien implementado, verás en pantalla la información de los empleados que has añadido, lo que confirmará que los datos se están almacenando correctamente en el array dinámico.

ADVERTENCIA:

La forma en que se muestran los empleados en consola no coincide con cómo se almacenan en el archivo de texto. Los separadores visuales, como líneas o espacios, se utilizan solo para mejorar la presentación en pantalla y no se guardan en el archivo. Este contiene únicamente los datos esenciales, organizados de forma estructurada para su posterior lectura.

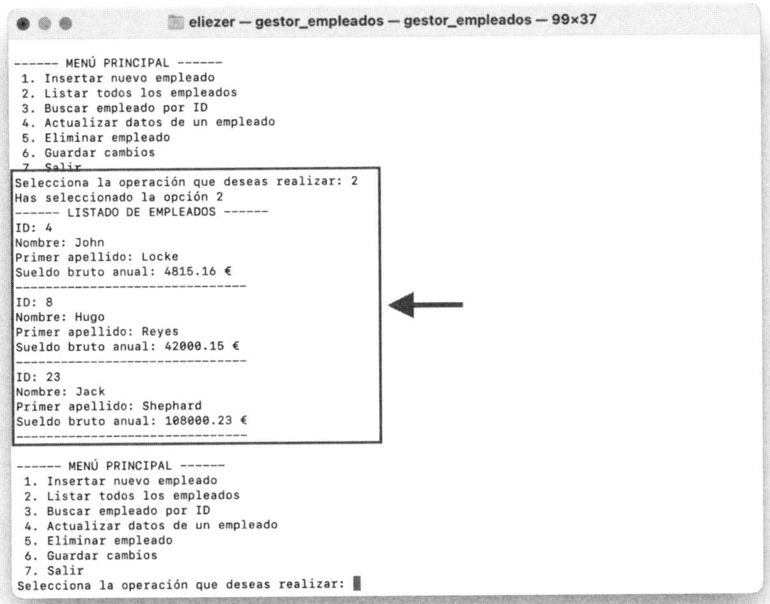

Figura 14.5. Listado de empleados almacenados en el array «empleados».

Buscar empleado por identificador

Para buscar la información de un empleado previamente almacenado a partir de su identificador (ID), debemos implementar una función que recorra el array dinámico de empleados y compare el ID proporcionado por el usuario con el ID de cada registro. Si se encuentra una coincidencia, se mostrará en pantalla la información correspondiente a ese empleado.

Esta operación no consulta directamente el archivo de texto, ya que todos los datos fueron cargados en memoria al iniciar el programa. Por lo tanto, la búsqueda se realiza sobre el array dinámico actual, lo que permite una respuesta rápida y evita accesos innecesarios al disco.

Como ya sabes, el primer paso consiste en declarar el prototipo de la función en el archivo de cabecera del módulo correspondiente.

C

```c
typedef struct {
    int identificador;
    char nombre[108];
    char primer_apellido[108];
    double sueldo_bruto_anual;
} Empleado;
```

continuación

C
```
void cargar_empleados_desde_fichero(Empleado** empleados, int* num_empleados);
void insertar_nuevo_empleado(Empleado** empleados, int* num_empleados);
void guardar_cambios(Empleado* empleados, int num_empleados);
void listar_empleados(Empleado* empleados, int num_empleados);
void buscar_empleado(Empleado* empleados, int num_empleados);
```

En segundo lugar, implementa la función en el archivo fuente del módulo correspondiente, definiendo allí su lógica completa.

C
```
void buscar_empleado(Empleado* empleados, int num_empleados) {
    if (num_empleados == 0) {
        printf("No hay empleados registrados.\n");
        return;
    }


    int id_buscado;
    printf("Introduce el ID del empleado que quieres buscar: ");
    scanf("%d", &id_buscado);

    for (int i = 0; i < num_empleados; i++) {
        if (empleados[i].identificador == id_buscado) {
            printf("Empleado encontrado:\n");
            printf("ID: %d\n", empleados[i].identificador);
            printf("Nombre: %s\n", empleados[i].nombre);
            printf("Primer apellido: %s\n", empleados[i].primer_apellido);
            printf("Sueldo bruto anual: %.2lf €\n", empleados[i].sueldo_bruto_
anual);
            return;
        }
    }

    printf("No se encontró ningún empleado con ID %d.\n", id_buscado);
}
```

Observa que, antes de realizar la búsqueda, se incluye una validación para comprobar si hay empleados registrados en el sistema. Si el array está vacío (es decir, si no se ha cargado ningún empleado), la función muestra un mensaje informativo y finaliza su ejecución de forma inmediata. Esto evita solicitar al usuario un identificador que no se podrá encontrar, y mejora tanto la experiencia de uso como la robustez del programa.

Por último, llama a la función desde el archivo principal:

C
```
// ...
void ejecutar_opcion(int opcion, Empleado** empleados, int* num_empleados) {
    switch (opcion) {
        case 1:
            insertar_nuevo_empleado(empleados, num_empleados);
            break;
```

continuación C

```
        case 2:
            listar_empleados(*empleados, *num_empleados);
            break;
        case 3:
            buscar_empleado(*empleados, *num_empleados);
            break;
        case 4:
            printf("Actualizando datos de un empleado...\n");
            break;
        case 5:
            printf("Eliminando empleado...\n");
            break;
        case 6:
            guardar_cambios(*empleados, *num_empleados);
            break;
        case 7:
            printf("Saliendo del programa...\n");
            break;
    }
}
```

Compila y ejecuta el programa, y prueba varios casos de uso para comprobar que el comportamiento es el esperado en diferentes situaciones.

Por ejemplo, introduce un identificador que ya exista en el archivo base_de_datos.txt.

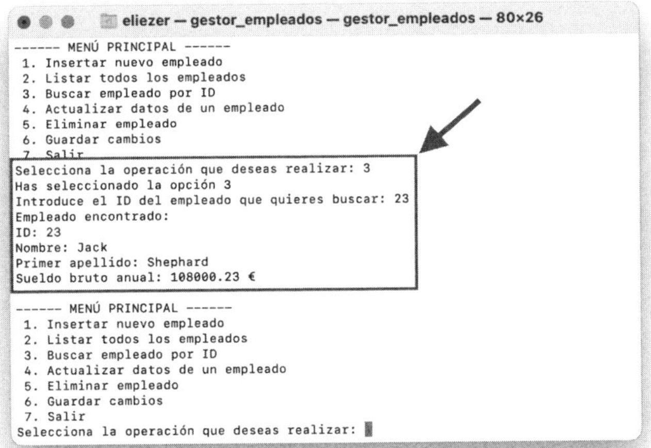

Figura 14.6. Búsqueda de un identificador registrado.

Introduce también un identificador que no exista en el archivo base_de_datos.txt para comprobar cómo responde el programa ante una búsqueda sin resultados.

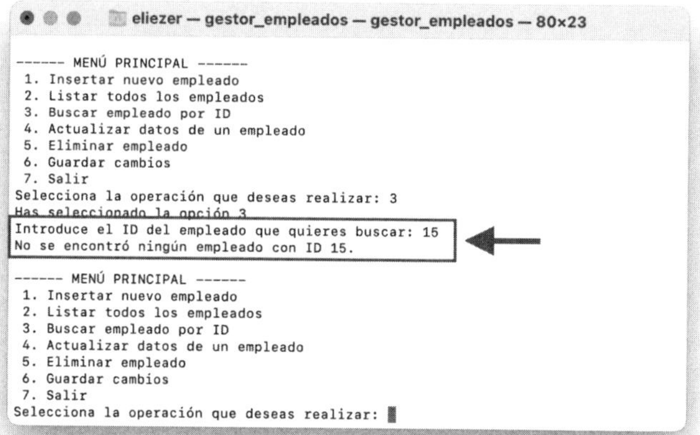

Figura 14.7. Búsqueda de un identificador no registrado.

Finalmente, vacía manualmente el contenido del archivo base_de_datos.txt y vuelve a ejecutar el programa. Luego, intenta realizar una búsqueda por ID y verifica que en pantalla se muestra el mensaje de la figura 14.8.

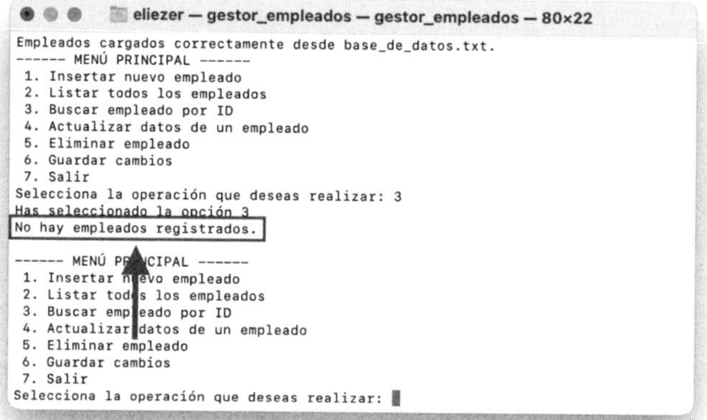

Figura 14.8. Mensaje «No hay empleados registrados».

Actualizar empleado

A continuación, vamos a implementar la función `actualizar_empleado()`, que permitirá modificar los datos de un empleado previamente registrado. Siguiendo la misma estructura usada en el resto de las funciones del módulo, el primer paso consiste en declarar su prototipo en el archivo de cabecera empleados.h, lo que permitirá que pueda ser invocada desde otros archivos del programa, como `main.c`.

C

```c
typedef struct {
    int identificador;
    char nombre[108];
    char primer_apellido[108];
    double sueldo_bruto_anual;
} Empleado;

void cargar_empleados_desde_fichero(Empleado** empleados, int* num_empleados);
void insertar_nuevo_empleado(Empleado** empleados, int* num_empleados);
void guardar_cambios(Empleado* empleados, int num_empleados);
void listar_empleados(Empleado* empleados, int num_empleados);
void buscar_empleado(Empleado* empleados, int num_empleados);
void actualizar_empleado(Empleado* empleados, int num_empleados);
```

Implementa la función `actualizar_empleados()` en el archivo empleados.c. Ten en cuenta que esta función debe seguir los siguientes pasos:

1. **Verificar si existen empleados registrados en el sistema.** Antes de solicitar un identificador, la función debe comprobar si el array contiene empleados. Si no hay registros, debe mostrar un mensaje informativo y finalizar su ejecución.
2. **Solicitar el identificador del empleado.** Si existen empleados, se debe pedir al usuario el identificador del empleado cuya información desea actualizar.
3. **Buscar al empleado en el array dinámico.** La función debe recorrer el array en busca de un empleado con el identificador indicado. Si se encuentra, se puede continuar con el proceso de actualización.
4. **Pedir los nuevos datos y actualizar la información.** Una vez localizado el empleado, se solicitarán los nuevos valores al usuario y se actualizarán los campos correspondientes del registro.

C

```c
void actualizar_empleado(Empleado* empleados, int num_empleados) {

    if (num_empleados == 0) {
        printf("No hay empleados registrados.\n");
        return;
    }

    int id;
    printf("Introduce el ID del empleado a actualizar: ");
    scanf("%d", &id);

    for (int i = 0; i < num_empleados; i++) {
        if (empleados[i].identificador == id) {
            getchar(); // Limpiar buffer
            printf("Empleado encontrado.
                    Introduce los nuevos datos:\n");
```

continuación

```c
            printf("Nuevo nombre (anterior: %s): ",
                   empleados[i].nombre);
            fgets(empleados[i].nombre,
                  sizeof(empleados[i].nombre), stdin);
            empleados[i].nombre[strcspn(empleados[i].nombre,
                                        "\n")] = '\0';

            printf("Nuevo primer apellido (anterior: %s): ",
                   empleados[i].primer_apellido);
            fgets(empleados[i].primer_apellido,
                  sizeof(empleados[i].primer_apellido), stdin);
            empleados[i].primer_apellido[strcspn(
                   empleados[i].primer_apellido, "\n")] = '\0';

            printf("Nuevo sueldo bruto anual (anterior: %.2lf): ",
                   empleados[i].sueldo_bruto_anual);
            scanf("%lf", &empleados[i].sueldo_bruto_anual);

            printf("Empleado actualizado correctamente.\n");
            return;
        }
    }

    printf("No se encontró ningún empleado con ID %d.\n", id);
}
```

Recuerda llamar a la función `actualizar_empleado()` desde `ejecutar_opcion()`.

```c
// ...
void ejecutar_opcion(int opcion, Empleado** empleados,
                     int* num_empleados){
    switch (opcion) {
        case 1:
            insertar_nuevo_empleado(empleados, num_empleados);
            break;
        case 2:
            listar_empleados(*empleados, *num_empleados);
            break;
        case 3:
            buscar_empleado(*empleados, *num_empleados);
            break;
        case 4:
            actualizar_empleado(*empleados, *num_empleados);
            break;
        case 5:
            printf("Eliminando empleado...\n");
            break;
        case 6:
            guardar_cambios(*empleados, *num_empleados);
            break;
        case 7:
            printf("Saliendo del programa...\n");
            break;
    }
}
```

Comprueba que, una vez seleccionado un empleado (figura 14.9), el programa lo actualiza correctamente (figura 14.10).[5]

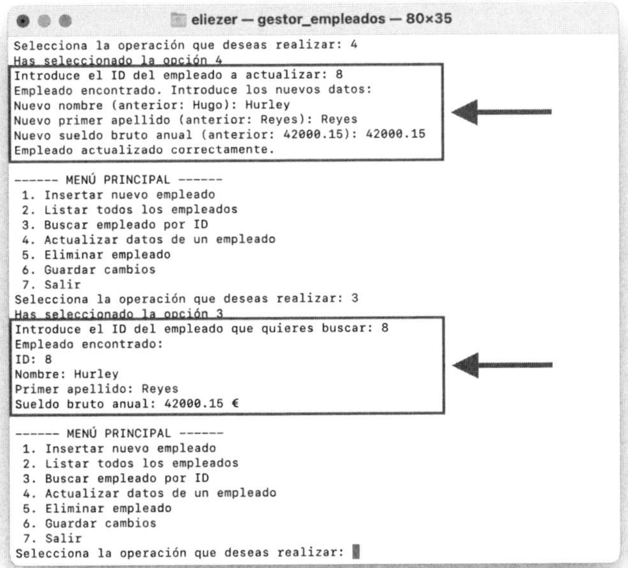

Figura 14.9. La información del empleado seleccionado se actualiza correctamente en el array.

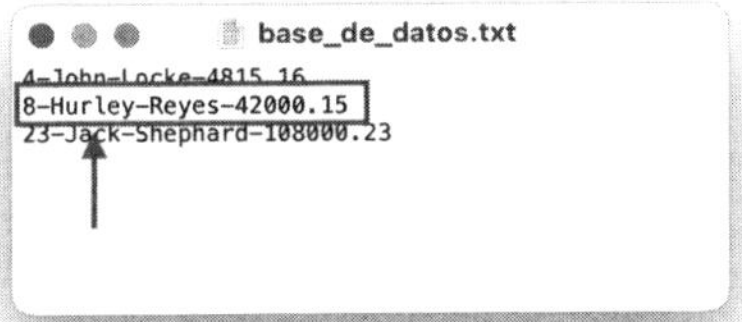

Figura 14.10. La información del empleado seleccionado se actualiza correctamente en el fichero.

Eliminar empleado

Ya solo queda una última operación por implementar: eliminar un empleado del sistema. Accede al archivo empleados.h y declara el prototipo de la función encargada de realizar esta operación:

[5] Recuerda guardar los cambios desde el menú para que los nuevos datos del empleado se guarden de forma permanente.

C

```c
typedef struct {
    int identificador;
    char nombre[108];
    char primer_apellido[108];
    double sueldo_bruto_anual;
} Empleado;

void cargar_empleados_desde_fichero(Empleado** empleados, int* num_empleados);
void insertar_nuevo_empleado(Empleado** empleados, int* num_empleados);
void guardar_cambios(Empleado* empleados, int num_empleados);
void listar_empleados(Empleado* empleados, int num_empleados);
void buscar_empleado(Empleado* empleados, int num_empleados);
void actualizar_empleado(Empleado* empleados, int num_empleados);
void eliminar_empleado(Empleado** empleados, int* num_empleados);
```

A continuación, implementa la función correspondiente en el archivo empleados.c. Esta función se encargará de eliminar un empleado del array dinámico a partir de su identificador. La implementación debe incluir la búsqueda del empleado, la eliminación del registro encontrado y el reajuste del array para mantener la estructura coherente tras la eliminación.

C

```c
void eliminar_empleado(Empleado** empleados, int* num_empleados){

    if (*num_empleados == 0) {
        printf("No hay empleados registrados.\n");
        return;
    }

    int id;
    printf("Introduce el ID del empleado a eliminar: ");
    scanf("%d", &id);

    int encontrado = 0;
    for (int i = 0; i < *num_empleados; i++) {
        if ((*empleados)[i].identificador == id) {
            encontrado = 1;

            /* Mover todos los elementos siguientes
               una posición hacia atrás */
            for (int j = i; j < *num_empleados - 1; j++) {
                (*empleados)[j] = (*empleados)[j + 1];
            }

            (*num_empleados)--;

            Empleado* temp = realloc(*empleados,
                                (*num_empleados) * sizeof(Empleado));
            if (temp || *num_empleados == 0) {
                *empleados = temp;
            } else {
                fprintf(stderr, "Advertencia: no se pudo
                reducir la memoria, pero el empleado
                fue eliminado.\n");
            }
```

continuación C

```c
            printf("Empleado con ID %d eliminado correctamente.\n", id);
            return;
        }
    }

    if (!encontrado) {
        printf("No se encontró ningún empleado con ID %d.\n", id);
    }
}
```

Y finalmente, realiza la llamada a la función desde main.c, integrándola dentro de la lógica del programa. Lo habitual es hacerlo desde la función `ejecutar_opcion()`, asociándola a la opción correspondiente del menú. De esta forma, el usuario podrá eliminar empleados directamente desde la interfaz del programa.

C

```c
// ...
void ejecutar_opcion(int opcion, Empleado** empleados,
                     int* num_empleados){
    switch (opcion) {
        case 1:
            insertar_nuevo_empleado(empleados, num_empleados);
            break;
        case 2:
            listar_empleados(*empleados, *num_empleados);
            break;
        case 3:
            buscar_empleado(*empleados, *num_empleados);
            break;
        case 4:
            actualizar_empleado(*empleados, *num_empleados);
            break;
        case 5:
            eliminar_empleado(empleados, num_empleados);
            break;
        case 6:
            guardar_cambios(*empleados, *num_empleados);
            break;
        case 7:
            printf("Saliendo del programa...\n");
            break;
    }
}
```

ADVERTENCIA:

Si prestas atención, notarás que las funciones «buscar_empleado()», «actualizar_empleado()» y «eliminar_empleado()» comparten una misma lógica: la búsqueda de un empleado por su identificador (ID). Esto significa que ya hay código repetido en el proyecto, lo que plantea una deuda técnica que conviene abordar más adelante para mejorar la mantenibilidad del programa. Una posible solución será extraer esa lógica en una función reutilizable.

Estructura del proyecto

¡Felicidades! Completaste la implementación de un sistema funcional para la gestión de empleados en lenguaje C, aplicando estructuras, arrays dinámicos, operaciones de entrada/salida y organización modular del código.

Figura 14.11. Carpeta del proyecto.

A medida que el sistema crezca y se incorporen nuevos módulos, el directorio del proyecto empezará a llenarse con más archivos fuente, más archivos de cabecera y más ficheros generados durante el proceso de compilación, motivo por el cual conviene ir pensando en una forma adecuada de organizar toda esta información.

Aunque no existe una estructura obligatoria para los proyectos en C, sí hay buenas prácticas ampliamente aceptadas que facilitan el mantenimiento y la organización del código a medida que el proyecto crece. Una de las más comunes consiste en organizar los archivos en tres carpetas principales: src/, include/ y build/.

Carpeta «src»

Crea una carpeta llamada src para alojar los archivos de código fuente de tu programa. El nombre src proviene de *source* (fuente, en inglés) y se utiliza comúnmente para agrupar todos los archivos con extensión .c que contienen la lógica principal del proyecto.

Figura 14.12. Archivos fuente en el interior de la carpeta «src».

Carpeta «include»

Al igual que ocurre con los archivos fuente, los archivos de cabecera (`.h`) también pueden almacenarse en un directorio dedicado. Esta organización mejora la claridad del proyecto y facilita su mantenimiento, especialmente cuando el número de módulos crece.

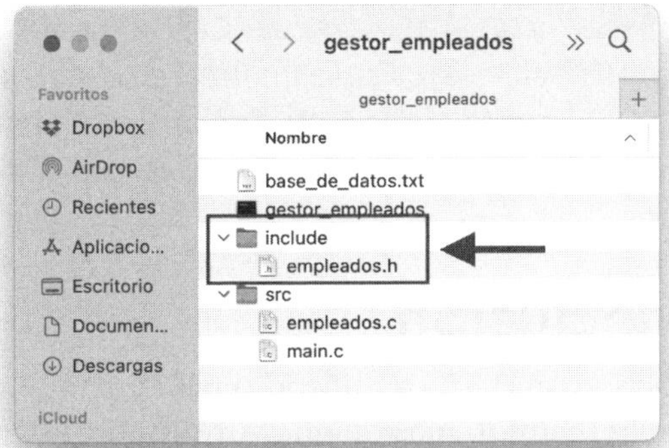

Figura 14.13. Archivos de cabecera en el interior de la carpeta «include».

Si colocas el archivo de cabecera dentro de una subcarpeta, recuerda que al usar comillas dobles en la directiva `#include` (por ejemplo, `#include «empleados.h»`), el compilador buscará el archivo en el mismo directorio que el archivo fuente y no lo encontrará. Por este motivo, deberás especificar la ruta completa relativa a partir del archivo fuente, incluyendo la subcarpeta, para que la compilación funcione correctamente. Por ejemplo:

```
#include «../include/empleados.h»
```

Carpeta «build»

`build` es el directorio donde se generarán los archivos resultantes del proceso de compilación, como los ejecutables o archivos objeto.

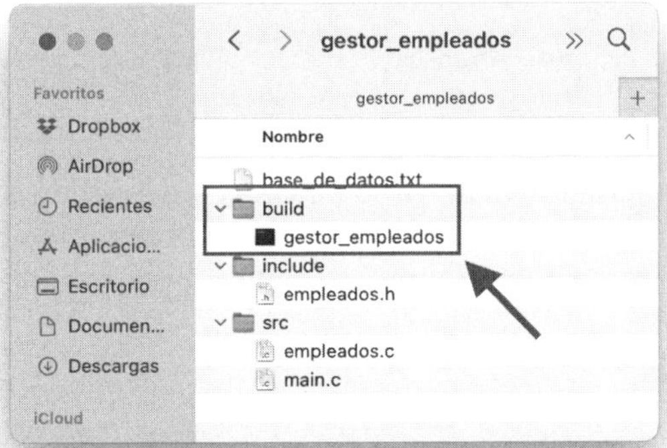

Figura 14.14. Archivos resultantes del proceso de compilación en el interior de la carpeta «build».

Como en este momento estás compilando manualmente, deberás ejecutar el comando de compilación desde la carpeta build e indicar explícitamente la ruta de los archivos fuente (../src/main.c y ../src/empleados.c).

```
gcc ../src/main.c ../src/empleados.c -o gestor_empleados
```

NOTA:

«..» significa que sube un nivel. «../src» sube un nivel en el sistema de archivos y luego accede a la carpeta «src». Además, deberás modificar la ruta en el código para que el programa pueda acceder correctamente al archivo «base_de_datos.txt».

Guardas de inclusión

Las guardas de inclusión son una técnica utilizada en los archivos de cabecera para evitar que un mismo archivo sea incluido más de una vez durante el proceso de compilación

A lo largo de este capítulo desarrollaste un proyecto pequeño con un único módulo, por lo que es poco probable que se presenten problemas de este tipo. Sin embargo, a medida que tu proyecto crezca y agregues más módulos que dependan unos de otros, será común que varios archivos incluyan cabeceras compartidas. Esto puede llevar a que un mismo archivo de cabecera sea incluido múltiples veces, ya sea de forma directa o indirecta.

Si no tomas precauciones, esta situación puede generar redefiniciones de tipos, funciones o variables, provocando errores de compilación. Las guardas de inclusión permiten evitar este problema asegurando que cada archivo de cabecera se procese una sola vez por el compilador, incluso si se incluye repetidamente

Las guardas de inclusión se implementan mediante directivas del preprocesador[6] que permiten controlar la inclusión de archivos de cabecera durante la compilación.

C

```c
#ifndef MI_ARCHIVO_H
#define MI_ARCHIVO_H

// Contenido del archivo de cabecera

#endif
```

Añade las guardas de inclusión al archivo de cabecera empleados.h como una medida de seguridad adicional y una buena práctica de programación en C. Así, evitarás posibles problemas de redefinición y mejorará la robustez del código a medida que el proyecto crezca.

[6] Una directiva del preprocesador es una instrucción que se le da al preprocesador del compilador en lenguajes, antes de que comience la compilación del código fuente. Vuelve al capítulo 2 para repasar estos conceptos.

```c
#ifndef EMPLEADOS_H
#define EMPLEADOS_H

typedef struct {
    int identificador;
    char nombre[108];
    char primer_apellido[108];
    double sueldo_bruto_anual;
} Empleado;

void cargar_empleados_desde_fichero(Empleado** empleados, int* num_empleados);
void insertar_nuevo_empleado(Empleado** empleados, int* num_empleados);
void guardar_cambios(Empleado* empleados, int num_empleados);
void listar_empleados(Empleado* empleados, int num_empleados);
void buscar_empleado(Empleado* empleados, int num_empleados);
void actualizar_empleado(Empleado* empleados, int num_empleados);
void eliminar_empleado(Empleado** empleados, int* num_empleados);

#endif
```

NOTA:

Utiliza un nombre único para la macro de inclusión, normalmente basado en el nombre del archivo. Esto ayuda a evitar conflictos con otras macros en el proyecto

TRUCO:

Algunos compiladores implementan la directiva «#pragma once», que puede utilizarse como una alternativa a las clásicas guardas de inclusión. En lugar de encapsular todo el contenido del archivo de cabecera entre «#ifndef», «#define» y «#endif», basta con escribir «#pragma once» al inicio del archivo,

```c
#pragma once

typedef struct {
    int identificador;
    char nombre[108];
    char primer_apellido[108];
    double sueldo_bruto_anual;
} Empleado;

void cargar_empleados_desde_fichero(Empleado** empleados, int* num_empleados);
void insertar_nuevo_empleado(Empleado** empleados, int* num_empleados);
void guardar_cambios(Empleado* empleados, int num_empleados);
void listar_empleados(Empleado* empleados, int num_empleados);
void buscar_empleado(Empleado* empleados, int num_empleados);
void actualizar_empleado(Empleado* empleados, int num_empleados);
void eliminar_empleado(Empleado** empleados, int* num_empleados);
```

Aunque «#pragma once» es más simple y limpia que las guardas clásicas, y la mayoría de compiladores modernos la soportan, no forma parte del estándar del lenguaje C. Si trabajas en un entorno controlado y moderno, esta directiva es una opción muy cómoda y práctica. Sin embargo, si tu código debe ser portable entre diferentes compiladores o compatible con entornos más antiguos, es preferible utilizar las guardas tradicionales con «#ifndef», «#define» y «#endif».

Archivos finales

A continuación, te presento los archivos finales con el código completo del proyecto. Cada archivo contiene una parte específica de la lógica del sistema de gestión de empleados:

- **`main.c`** es punto de entrada del programa y controlador del flujo principal.
- **`empleados.c`** contiene la implementación de las funciones relacionadas con la gestión de empleados (alta, baja, modificación, etc.).
- **`empleados.h`** contiene las declaraciones y prototipos necesarios para trabajar con empleados, incluida la definición de la estructura `Empleado`.

«main.c»

C

```c
#include <stdio.h>
#include "../include/empleados.h"

// Prototipos de funciones
void mostrar_menu();
int obtener_opcion();
void ejecutar_opcion(int opcion, Empleado** empleados, int* num_empleados);

int main() {
    int eleccion_usuario, num_empleados = 0;
    Empleado* empleados = NULL;

    cargar_empleados_desde_fichero(&empleados, &num_empleados);

    do {
        mostrar_menu();
        eleccion_usuario = obtener_opcion();

        if (eleccion_usuario < 1 || eleccion_usuario > 7) {
            fprintf(stderr, "Opción no válida. Por favor,
            selecciona una opción del 1 al 7.\n\n");
            continue;
        }

        printf("Has seleccionado la opción %d\n", eleccion_usuario);
        ejecutar_opcion(eleccion_usuario, &empleados, &num_empleados);
        puts("");

    } while (eleccion_usuario != 7);

    return 0;
}

// Muestra el menú principal por pantalla
void mostrar_menu() {
    puts("------ MENÚ PRINCIPAL ------");
```

continuación C

```c
    puts(" 1. Insertar nuevo empleado");
    puts(" 2. Listar todos los empleados");
    puts(" 3. Buscar empleado por ID");
    puts(" 4. Actualizar datos de un empleado");
    puts(" 5. Eliminar empleado");
    puts(" 6. Guardar cambios");
    puts(" 7. Salir");
}

// Solicita una opción al usuario
int obtener_opcion() {
    int opcion;
    printf("Selecciona la operación que deseas realizar: ");
    scanf("%d", &opcion);
    return opcion;
}

// Ejecuta la acción correspondiente a la opción elegida
void ejecutar_opcion(int opcion, Empleado** empleados, int* num_empleados) {
    switch (opcion) {
        case 1:
            insertar_nuevo_empleado(empleados, num_empleados);
            break;
        case 2:
            listar_empleados(*empleados, *num_empleados);
            break;
        case 3:
            buscar_empleado(*empleados, *num_empleados);
            break;
        case 4:
            actualizar_empleado(*empleados, *num_empleados);
            break;
        case 5:
            eliminar_empleado(empleados, num_empleados);
            break;
        case 6:
            guardar_cambios(*empleados, *num_empleados);
            break;
        case 7:
            printf("Saliendo del programa...\n");
            break;
    }
}
```

«empleado.c»

C

```c
#include <stdio.h>
#include <stdlib.h>
#include <string.h>
#include "../include/empleados.h"
```

```
void cargar_empleados_desde_fichero(Empleado** empleados, int* num_empleados) {
    FILE* archivo = fopen("../base_de_datos.txt", "r");
    if (!archivo) {
        fprintf(stderr, "No se pudo abrir el archivo
                base_de_datos.txt.\n");
        return;
    }

    char linea[512];
    Empleado temporal;

    while (fgets(linea, sizeof(linea), archivo)) {
        // Elimina salto de línea final
        size_t len = strlen(linea);
        if (len > 0 && linea[len - 1] == '\n') {
            linea[len - 1] = '\0';
        }


        // Parsear los campos
        int leidos = sscanf(linea, "%d-%199[^-]-%199[^-]-%lf",
                            &temporal.identificador,
                            temporal.nombre,
                            temporal.primer_apellido,
                            &temporal.sueldo_bruto_anual);

        if (leidos == 4) {
            // Reasignar memoria para un nuevo empleado
            Empleado* temp = realloc(*empleados,
                          (*num_empleados + 1) * sizeof(Empleado));
            if (!temp) {
                fprintf(stderr, "Error al reasignar memoria.\n");
                fclose(archivo);
                return;
            }

            *empleados = temp;
            (*empleados)[*num_empleados] = temporal;
            (*num_empleados)++;
        } else {
            fprintf(stderr, "Línea con formato inválido:
                            %s\n", linea);
        }
    }

    fclose(archivo);
    printf("Empleados cargados correctamente desde base_de_datos.txt.\n");
}

void insertar_nuevo_empleado(Empleado** empleados,
                             int* num_empleados){
    Empleado nuevo;

    printf("Introduce el ID del nuevo empleado: ");
    scanf("%d", &nuevo.identificador);
    getchar(); // limpiar salto de línea pendiente
```

```
    printf("Introduce el nombre del nuevo empleado: ");
    fgets(nuevo.nombre, sizeof(nuevo.nombre), stdin);
    nuevo.nombre[strcspn(nuevo.nombre, "\n")] = '\0'; // eliminar '\n'

    printf("Introduce el primer apellido del nuevo empleado: ");
    fgets(nuevo.primer_apellido, sizeof(nuevo.primer_apellido), stdin);
    nuevo.primer_apellido[strcspn(nuevo.primer_apellido, "\n")] = '\0';

    printf("Introduce el sueldo bruto anual del nuevo empleado: ");
    scanf("%lf", &nuevo.sueldo_bruto_anual);

    // Reasignar memoria
    Empleado* temp = realloc(*empleados,
                    (*num_empleados + 1) * sizeof(Empleado));
    if (!temp) {
        fprintf(stderr, "Error al reservar memoria para nuevo empleado.\n");
        return;
    }

    *empleados = temp;
    (*empleados)[*num_empleados] = nuevo;
    (*num_empleados)++;

    printf("Empleado insertado correctamente.\n");
}

void guardar_cambios(Empleado* empleados, int num_empleados){
    FILE* archivo = fopen("../base_de_datos.txt", "w");
    if (!archivo) {
        fprintf(stderr, "No se pudo abrir base_de_datos.txt
                para escribir.\n");
        return;
    }

    for (int i = 0; i < num_empleados; i++) {
        fprintf(archivo, "%d-%s-%s-%.2lf\n",
                empleados[i].identificador,
                empleados[i].nombre,
                empleados[i].primer_apellido,
                empleados[i].sueldo_bruto_anual);
    }


    fclose(archivo);
    printf("Cambios guardados correctamente en base_de_datos.txt.\n");
}

void listar_empleados(Empleado* empleados, int num_empleados){
    if (num_empleados == 0) {
        printf("No hay empleados para mostrar.\n");
        return;
    }

    printf("------ LISTADO DE EMPLEADOS ------\n");
    for (int i = 0; i < num_empleados; i++) {
        printf("ID: %d\n", empleados[i].identificador);
        printf("Nombre: %s\n", empleados[i].nombre);
```

```
        printf("Primer apellido: %s\n", empleados[i].primer_apellido);
        printf("Sueldo bruto anual: %.2lf €\n",
                empleados[i].sueldo_bruto_anual);
        printf("-------------------------------\n");
    }
}

void buscar_empleado(Empleado* empleados, int num_empleados) {
    if (num_empleados == 0) {
        printf("No hay empleados registrados.\n");
        return;
    }

    int id_buscado;
    printf("Introduce el ID del empleado que quieres buscar: ");
    scanf("%d", &id_buscado);

    for (int i = 0; i < num_empleados; i++) {
        if (empleados[i].identificador == id_buscado) {
            printf("Empleado encontrado:\n");
            printf("ID: %d\n", empleados[i].identificador);
            printf("Nombre: %s\n", empleados[i].nombre);
            printf("Primer apellido: %s\n",
                    empleados[i].primer_apellido);
            printf("Sueldo bruto anual: %.2lf €\n",
                   empleados[i].sueldo_bruto_anual);
            return;
        }
    }

    printf("No se encontró ningún empleado con ID %d.\n", id_buscado);
}

void actualizar_empleado(Empleado* empleados, int num_empleados) {
    if (num_empleados == 0) {
        printf("No hay empleados registrados.\n");
        return;
    }

    int id;
    printf("Introduce el ID del empleado a actualizar: ");
    scanf("%d", &id);

    for (int i = 0; i < num_empleados; i++) {
        if (empleados[i].identificador == id) {
            getchar(); // Limpiar buffer
            printf("Empleado encontrado.
                    Introduce los nuevos datos:\n");

            printf("Nuevo nombre (anterior: %s): ",
                   empleados[i].nombre);
            fgets(empleados[i].nombre, sizeof(empleados[i].nombre),
                  stdin);
            empleados[i].nombre[strcspn
                                (empleados[i].nombre, "\n")] = '\0';
```

```
            printf("Nuevo primer apellido (anterior: %s): ",
                   empleados[i].primer_apellido);
            fgets(empleados[i].primer_apellido,
                  sizeof(empleados[i].primer_apellido), stdin);

            empleados[i].primer_apellido[strcspn(
                empleados[i].primer_apellido, "\n")] = '\0';

            printf("Nuevo sueldo bruto anual (anterior: %.2lf): ",
                   empleados[i].sueldo_bruto_anual);
            scanf("%lf", &empleados[i].sueldo_bruto_anual);

            printf("Empleado actualizado correctamente.\n");
            return;
        }
    }

    printf("No se encontró ningún empleado con ID %d.\n", id);
}

void eliminar_empleado(Empleado** empleados, int* num_empleados){

    if (*num_empleados == 0) {
        printf("No hay empleados registrados.\n");
        return;
    }

    int id;
    printf("Introduce el ID del empleado a eliminar: ");
    scanf("%d", &id);

    int encontrado = 0;
    for (int i = 0; i < *num_empleados; i++) {
        if ((*empleados)[i].identificador == id) {
            encontrado = 1;

            /* Mover todos los elementos siguientes
               una posición hacia atrás */
            for (int j = i; j < *num_empleados - 1; j++) {
                (*empleados)[j] = (*empleados)[j + 1];
            }

            (*num_empleados)--;

            Empleado* temp = realloc(*empleados,
                     (*num_empleados) * sizeof(Empleado));
            if (temp || *num_empleados == 0) {
                *empleados = temp;
            } else {
                fprintf(stderr, "Advertencia: no se pudo
                reducir la memoria, pero el empleado
                fue eliminado.\n");
            }

            printf("Empleado con ID %d eliminado correctamente.\n", id);
            return;
```

Ejercicio 14.09. Modifica el ejercicio 14.08 para que los contactos se carguen automáticamente desde el archivo al iniciar el programa.

Ejercicio 14.10. Añade la opción de exportar la agenda de contactos implementada en el ejercicio 14.08 a un archivo de texto. El nombre del archivo debe ser proporcionado por el usuario en el momento de la exportación.

Ejercicio 14.11. En el sistema de gestión de empleados, el identificador de cada empleado debería ser único. Sin embargo, el programa actual no verifica esta condición. Modifica el código para que, al registrar un nuevo empleado, se compruebe si el identificador ya existe en el sistema y, en caso afirmativo, se impida su duplicación.

Ejercicio 14.12. Implementa una versión alternativa del sistema de gestión de empleados en la que el identificador de cada nuevo empleado se genere automáticamente. Para ello, el programa debe analizar los identificadores ya existentes en el sistema y asignar el primer identificador disponible, evitando duplicados y garantizando la unicidad.

Ejercicio 14.13. Implementa un programa que permita gestionar un registro de libros, usuarios y préstamos. Para ello, define tres estructuras: `Libro`, `Usuario` y `Prestamo`. Asegúrate de validar que un libro no pueda ser prestado si ya está en uso. El programa debe incluir funciones para listar los libros disponibles, los libros actualmente prestados y los préstamos activos asociados a cada usuario. Además, ofrece al usuario la opción de mostrar en pantalla los préstamos cuya fecha de devolución esté próxima. Por último, guarda la información de los préstamos en un archivo de texto, de modo que pueda consultarse en futuras ejecuciones del programa.

Ejercicio 14.14. Soluciona la deuda técnica identificada previamente en las funciones `buscar_empleado()`, `actualizar_empleado()` y `eliminar_empleado()`, que comparten una lógica repetida para la búsqueda de empleados por identificador. Para ello, extrae dicha lógica en una función auxiliar reutilizable que centralice el proceso de búsqueda por ID, y utilízala en cada una de estas funciones para mejorar la organización, evitar duplicación de código y facilitar el mantenimiento del programa.

Ejercicio 14.15. Desarrolla un gestor de notas académicas para una universidad. Cada alumno debe estar asociado a un nombre, un identificador, un curso y una lista de asignaturas. Cada asignatura, a su vez, debe contener un nombre, dos calificaciones parciales (`nota1` y `nota2`) y una nota final. El sistema debe permitir añadir nuevos alumnos, registrar sus notas, calcular promedios individuales y generar clasificaciones. Además, implementa funciones para mostrar a los alumnos ordenados por su promedio general y para generar reportes por asignatura, incluyendo el promedio general de la asignatura, así como el número de aprobados y suspensos.

Ejercicio 14.16. Observa que el archivo `base_de_datos.txt` se abre en modo `"w"`, lo que significa que todo su contenido anterior será sobrescrito. Como previamente se cargaron todos los datos en el vector en memoria, no debería perderse información. Sin embargo, como medida de seguridad, implementa un sistema de copias de respaldo que cree una copia completa del archivo antes de sobrescribirlo. Esta copia puede guardarse con otro nombre (por ejemplo `copia_de_seguridad.txt`) y servirá como respaldo en caso de que ocurra un error durante el guardado.

Ejercicio 14.17. Tu gestor de empleados permite actualizar los datos de un empleado, pero presenta un problema habitual: si al pedir el sueldo bruto anual el usuario introduce un valor no numérico (por ejemplo, una palabra en lugar de un número), el programa puede entrar en un bucle o comportarse de forma inesperada. Tu tarea consiste en modificar el código existente para validar correctamente la entrada del sueldo. Si el usuario introduce un valor inválido, el programa debe mostrar un mensaje de error y volver a solicitar el dato hasta que se introduzca un número válido.

TRUCO:

Puedes leer la entrada con «fgets()s», convertirla a «double» usando «strtod» (incluido en «<stdlib.h>») y comprobar que no queden caracteres no numéricos después de la conversión.

Ejercicio 14.18. Amplía tu gestor de empleados incorporando una nueva funcionalidad que permita borrar todos los empleados del array de una sola vez, evitando tener que eliminarlos uno por uno manualmente.

Ejercicio 14.19. El array `empleados` del gestor de empleados utiliza memoria dinámica. Aunque el programa reserva memoria durante su ejecución, en ningún momento la libera. Para seguir las buenas prácticas de programación, libera la memoria en los lugares apropiados antes de finalizar el programa.

15

Paradigmas

En este capítulo aprenderás:

- Cuáles son los paradigmas que implementa el lenguaje C.
- Qué relación existe entre las características del lenguaje y los paradigmas de programación que soporta.
- Qué significa que C sea un lenguaje imperativo, estructurado y procedural, y cómo estos paradigmas se reflejan en su diseño.

Introducción

C fue diseñado con un conjunto reducido de características, pero con una eficacia extraordinaria. Este enfoque lo convierte en un lenguaje tan útil como liviano: una especie de navaja suiza minimalista, con pocas herramientas, pero capaces de afrontar una gran variedad de situaciones.

Figura 15.1. Navaja suiza (ilustración).

¿Y qué tiene que ver este conjunto reducido de instrucciones con los paradigmas que implementa? Mucho. Cuantos más paradigmas admite un lenguaje, más características debe incorporar para darles soporte. C, en cambio, fue concebido originalmente como un lenguaje imperativo, estructurado y procedural. Y no necesita soportar más paradigmas: su fortaleza radica en el minimalismo, la previsibilidad y su estrecha relación con el hardware. Un conjunto reducido de instrucciones que maximizan el beneficio que ofrece.

Después de haber trabajado con las distintas herramientas que ofrece el lenguaje, comprenderás por qué los paradigmas que soporta son el imperativo, el estructurado y el procedural. Este capítulo te proporcionará una visión general que te servirá como base para seguir explorando y profundizando por tu cuenta.

Imperativo

Podemos definir el estado de un programa como el conjunto de todos los valores que hay en la memoria en un momento dado, en el contexto de ejecución. Esto incluye el contenido de variables, la posición actual en el flujo de ejecución, la memoria dinámica y la pila de llamadas a funciones, entre otros. La programación imperativa se basa en ejecutar instrucciones secuencialmente para modificar ese estado.

Un lenguaje que implementa el paradigma de la programación imperativa debe proporcionar mecanismos para almacenar el estado de un programa en memoria y la capacidad de modificarlo. Como ya sabes, C permite almacenar y cambiar datos mediante variables —también punteros, arrays, structs...— y ofrece instrucciones como las asignaciones para alterar el estado.

Además, el estado de un programa vive en su memoria y C es un lenguaje especialmente cercano a ella. Por eso, un lenguaje imperativo debe permitir, en mayor o menor medida, acceder a la memoria y trabajar con ella. En el caso particular de C, incluso es posible hacerlo de forma directa. Sin acceso a memoria, el paradigma de la programación imperativa no puede funcionar.

También decíamos unas líneas atrás que la ejecución de órdenes para cambiar el estado debe realizarse de forma secuencial. En la programación imperativa, la ejecución secuencial significa que las instrucciones se ejecutan una tras otra, en el orden en que aparecen en el código fuente, salvo que, alguna estructura de control —como un condicional o un bucle—, altere ese flujo.

Por defecto, C asume la secuencialidad como su modelo natural de ejecución. El compilador traduce las instrucciones al código máquina respetando el orden en que aparecen y los procesadores también siguen una ejecución paso a paso.

Incluso cuando se altera el flujo de control —por ejemplo, con condicionales o bucles—, la secuencia no desaparece: simplemente se cambia el orden en que se recorren las instrucciones. La ejecución sigue siendo secuencial, aunque adaptada a las decisiones que toma el programa en tiempo de ejecución. De hecho, sin estructuras de control de flujo, la programación imperativa se reduciría a una lista rígida de órdenes, sin posibilidad de adaptación ni repetición, algo que la haría prácticamente inútil para resolver problemas reales.

Por último, debes saber que el paradigma de la programación imperativa se basa en un modelo de ejecución centrado en comandos, no en expresiones. A diferencia de otros paradigmas como el funcional, donde se describe qué resultado se desea obtener a través de evaluaciones de expresiones, en la programación imperativa se describe cómo obtenerlo, paso a paso, como si de una receta o algoritmo se tratase. Esto implica que el lenguaje debe ofrecer mecanismos para expresar secuencias de instrucciones que modifiquen el estado del programa a lo largo del tiempo —como asignaciones, condicionales o bucles— y C proporciona estas herramientas de forma directa.

A continuación, analizaremos un programa de ejemplo para comprobar si aplica de manera práctica el paradigma de la programación imperativa.

C

```c
#include <stdio.h>

int main() {
    int a, b, c;
    float promedio;

    printf("Introduce el primer número: ");
    scanf("%d", &a);

    printf("Introduce el segundo número: ");
    scanf("%d", &b);

    printf("Introduce el tercer número: ");
    scanf("%d", &c);

    promedio = (a + b + c) / 3.0;
```

continuación

C

```
    printf("El promedio es: %.2f\n", promedio);

    return 0;
}
```

Veamos si el programa cumple con el paradigma de la programación imperativa.

Estado del programa

El estado de un programa se refiere al conjunto de valores almacenados en la memoria en un momento determinado. En este caso, el programa utiliza variables locales —como a, b, c y promedio— que se encuentran almacenadas en la memoria.

C

```
int a, b, c;
float promedio;
```

Modificación del estado

El lenguaje debe permitir almacenar y modificar el estado del programa. Como podemos comprobar, las variables no solo guardan información sobre el estado del programa, sino que también permiten modificarlo durante la ejecución, por ejemplo, mediante instrucciones como `scanf()` o al asignar el resultado del cálculo del promedio a la variable `promedio`.

C

```
#include <stdio.h>

int main() {
    int a, b, c;
    float promedio;

    printf("Introduce el primer número: ");
    scanf("%d", &a);

    printf("Introduce el segundo número: ");
    scanf("%d", &b);

    printf("Introduce el tercer número: ");
    scanf("%d", &c);

    promedio = (a + b + c) / 3.0;

    printf("El promedio es: %.2f\n", promedio);

    return 0;
}
```

Acceso a memoria

El lenguaje debe permitir el acceso a la memoria, y eso se evidencia en el ejemplo. Aunque el programa no utiliza punteros de forma explícita, puede observarse un acceso directo a la memoria mediante el uso de `scanf()`.

C

```
#include <stdio.h>

int main() {
    int a, b, c;
    float promedio;

    printf("Introduce el primer número: ");
    scanf("%d", &a);

    printf("Introduce el segundo número: ");
    scanf("%d", &b);

    printf("Introduce el tercer número: ");
    scanf("%d", &c);

    promedio = (a + b + c) / 3.0;

    printf("El promedio es: %.2f\n", promedio);

    return 0;
}
```

Ejecución secuencial (salvo control de flujo)

El paradigma de la programación imperativa se basa en que las instrucciones se ejecutan en el mismo orden en que aparecen (solo cambian de orden cuando intervienen estructuras de control como condicionales o bucles).

El programa, efectivamente, sigue una secuencia estricta: primero lee los datos, luego realiza los cálculos y, finalmente, muestra la información.

C

```
#include <stdio.h>

int main() {
    int a, b, c;
    float promedio;

    // Primero lee datos
    printf("Introduce el primer número: ");
    scanf("%d", &a);

    printf("Introduce el segundo número: ");
    scanf("%d", &b);
```

```
    printf("Introduce el tercer número: ");
    scanf("%d", &c);

    // Luego calcula
    promedio = (a + b + c) / 3.0;

    // Finalmente muestra la información
    printf("El promedio es: %.2f\n", promedio);

    return 0;
}
```

Modelo de ejecución centrado en comandos

En el paradigma imperativo, el modelo de ejecución está centrado en comandos concretos, no en expresiones abstractas. Esto significa que el programador debe describir paso a paso cómo se obtiene un resultado, en lugar de simplemente declarar qué resultado se desea (como ocurre en otros paradigmas como el funcional).

Cada línea del programa es una instrucción que indica una acción específica: leer un número, almacenarlo, realizar una suma, dividir el resultado o mostrarlo por pantalla. No se trabaja con expresiones que representen el resultado final de forma abstracta, sino que todo el proceso está detallado de forma explícita.

Como puedes apreciar, el control del programa lo tiene el programador, que define cada paso del camino hacia la solución.

En definitiva, C refleja fielmente las características fundamentales de la programación imperativa.

Estructurado

El paradigma de la programación estructurada es un estilo de programación que promueve una organización clara, lógica y jerárquica del código, con el objetivo de facilitar su comprensión, depuración y mantenimiento.

Este enfoque surge a partir de la demostración matemática de Corrado Böhm y Giuseppe Jacopini en 1966, quienes probaron que cualquier algoritmo puede implementarse solo con tres estructuras de control básicas:

- Secuencia (ejecución ordenada de instrucciones).
- Selección (decisiones condicionales, como `if-else` o `switch`).
- Iteración (bucles como `while` o `for`).

Este teorema, conocido como el teorema de Böhm-Jacopini, sentó las bases teóricas del paradigma. Dos años después, en 1968, el científico Edsger Dijkstra reforzó este movimiento con la publicación de su carta *Go To Statement Considered Harmful* [La declaración «Go To» se considera perjudicial], publicada en *Communications of the ACM*. En ella, argumentaba que el uso del comando `goto` dificultaba la comprensión del flujo del programa y debía evitarse en favor de estructuras más claras y previsibles.

El lenguaje C adopta plenamente estos principios. Su diseño ofrece soporte directo para las tres estructuras fundamentales de la programación estructurada:

1. La ejecución secuencial es el comportamiento por defecto.
2. Las sentencias de selección se implementan mediante las estructuras condicionales `if-else` y `switch`.
3. Las estructuras de iteración se logran con `while`, `do-while` y `for`.

Gracias a ello, C se convirtió en uno de los lenguajes clave en la difusión y adopción de la programación estructurada a nivel mundial.

Veamos un ejemplo de programa en C y analicémoslo paso a paso para entender cómo aplica el paradigma de la programación estructurada.

C

```c
#include <stdio.h>

int main() {
    int cantidad_notas;
    float nota, suma = 0.0, promedio;

    printf("Introduce el número de calificaciones: ");
    scanf("%d", &cantidad_notas);

    for (int i = 1; i <= cantidad_notas; i++) {
        printf("Introduce la calificación %d: ", i);
        scanf("%f", &nota);
        suma += nota;
    }

    promedio = suma / cantidad_notas;
    printf("Media: %.2f - ", promedio);

    if (promedio >= 9.0) {
        printf("Sobresaliente\n");
    } else if (promedio >= 7.0) {
        printf("Notable\n");
    } else if (promedio >= 5.0) {
        printf("Aprobado\n");
    } else {
        printf("Suspenso\n");
    }

    return 0;
}
```

NOTA:

Este programa solicita al usuario cuántas calificaciones desea introducir, luego le pide que introduzca una por una, calcula la media aritmética de todas ellas y, según el resultado, muestra un mensaje indicando si la media es un «Sobresaliente», «Notable», «Aprobado» o «Suspenso», siguiendo los criterios habituales del sistema educativo.

Ejecución secuencial

El programa sigue el flujo secuencial de ejecución como comportamiento por defecto. Desde el inicio de `main()`, el programa realiza paso a paso las siguientes operaciones:

1. Declara variables (`int cantidad_notas; float nota, suma = 0.0, promedio;`).
2. Solicita al usuario que introduzca el número de calificaciones (`printf(...)` y `scanf(...)`).
3. Ejecuta un bucle para ir acumulando cada nota (`for` con lectura y suma).
4. Calcula la media (`promedio = suma / cantidad_notas;`).
5. Evalúa la media con condicionales y muestra el resultado correspondiente.

Excepto por el bucle `for` y las condiciones `if`, todo el resto del programa se ejecuta de manera lineal y secuencial por defecto.

Sentencias de selección

Las sentencias de selección deben implementarse utilizando estructuras condicionales como if-else o switch. Este programa emplea una estructura if-else if-else para evaluar el promedio de varias calificaciones introducidas por el usuario y mostrar un mensaje correspondiente según el rango en el que se encuentre la media.

C

```c
if (promedio >= 9.0) {
    printf("Sobresaliente\n");
} else if (promedio >= 7.0) {
    printf("Notable\n");
} else if (promedio >= 5.0) {
    printf("Aprobado\n");
} else {
    printf("Suspenso\n");
}
```

Con este bloque se realiza una selección entre múltiples caminos de ejecución posibles según el valor de la variable promedio. Cada condición representa una categoría del sistema de calificaciones, y solo uno de los bloques se ejecutará, dependiendo del resultado de la media.

Aunque no se ha utilizado una estructura `switch`, no es necesario hacerlo para cumplir con el requisito, ya que su uso es más adecuado en otros contextos. Cada programa debe contemplar únicamente las casuísticas relevantes para el problema que resuelve, sin necesidad de abarcar todas las posibles.

Estructuras de iteración

Finalmente, comprobemos si el lenguaje permite estructuras de iteración como `while`, `do-while` y `for`. En efecto, el código utiliza un bucle for para solicitar las calificaciones al usuario.

C++

```
for (int i = 1; i <= cantidad_notas; i++) {
    printf("Introduce la calificación %d: ", i);
    scanf("%f", &nota);
    suma += nota;
}
```

El programa cumple correctamente con los tres principios mencionados. Por tanto, podemos afirmar que el lenguaje C implementa de forma efectiva el paradigma de la programación estructurada: ejecuta las instrucciones de manera secuencial por defecto, utiliza adecuadamente la estructura de selección if-else y emplea la estructura de iteración for para repetir acciones de forma controlada.

Procedural

El paradigma de la programación procedural es un estilo de programación que organiza el código como una secuencia de instrucciones ejecutadas paso a paso, agrupadas en procedimientos. Se trata de una especialización del paradigma de la programación estructurada y su origen se fundamenta en el concepto de algoritmo, ya que permite resolver problemas dividiendo el código en bloques llamados procedimientos, que se ejecutan en un orden específico.

Además de los requisitos ya mencionados al comprobar que C es un lenguaje estructurado, la programación procedural requiere un enfoque centrado en los procedimientos, es decir, en la acción y en las operaciones que se realizan sobre los datos.

Como vimos en el capítulo 9, un procedimiento consiste en un conjunto de pasos que se representa mediante una función que no devuelve ningún valor. En C, los procedimientos se modelan a través de funciones.

```
#include <stdio.h>

void pedir_nota(int numero, float* destino) {
    printf("Introduce la calificación %d: ", numero);
    scanf("%f", destino);
}

void mostrar_resultado(float media) {
    printf("Media: %.2f - ", media);
    if (media >= 9.0) {
        printf("Sobresaliente\n");
    } else if (media >= 7.0) {
        printf("Notable\n");
    } else if (media >= 5.0) {
        printf("Aprobado\n");
    } else {
        printf(«Suspenso\n»);
    }
}

int main() {
    int cantidad;
    float nota, suma = 0.0;

    printf("Introduce el número de calificaciones: ");
    scanf("%d", &cantidad);

    for (int i = 1; i <= cantidad; i++) {
        pedir_nota(i, &nota);
        suma += nota;
    }

    float media = suma / cantidad;

    mostrar_resultado(media);

    return 0;
}
```

Este programa pide al usuario que introduzca un número concreto de calificaciones. Las solicita una por una, calcula la media de todas ellas y muestra el resultado junto con una calificación cualitativa según el valor de la media. Aunque su funcionalidad es casi idéntica a la del programa anterior, hay una diferencia importante: la organización del código. En este caso, se emplean funciones auxiliares como `pedir_nota()` y `mostrar_resultado()` para separar y reutilizar la lógica de entrada y salida.

El paradigma de la programación procedural organiza el código como una secuencia de instrucciones que se ejecutan paso a paso y se agrupan en procedimientos; en C, estos procedimientos se modelan mediante funciones que no devuelven ningún valor, lo que demuestra de forma práctica que C también implementa este paradigma.

4

Parte

Lenguaje C++

16

Introducción a la programación orientada a objetos

En este capítulo aprenderás:

- Qué es la programación orientada a objetos (POO) y en qué se diferencia de otros enfoques.
- Cuáles son los principios fundamentales que sustentan este paradigma.
- Por qué la abstracción es clave en programación, cómo se aplica en la POO y qué ventajas aporta.
- Qué es el encapsulamiento, cómo funciona y por qué es esencial para proteger y organizar el código.
- En qué consiste la herencia, cómo permite reutilizar código y qué beneficios ofrece.
- Qué es el polimorfismo, cómo se manifiesta y para qué se utiliza.

Introducción

La programación orientada a objetos (POO) es un paradigma de diseño y desarrollo de software que se basa en la idea de modelar el mundo real en torno a objetos, en lugar de enfocarse únicamente en funciones o lógica, como ocurre en lenguajes como C. C++ admite múltiples paradigmas de programación, pero destaca sobre todo por su soporte a la programación orientada a objetos.

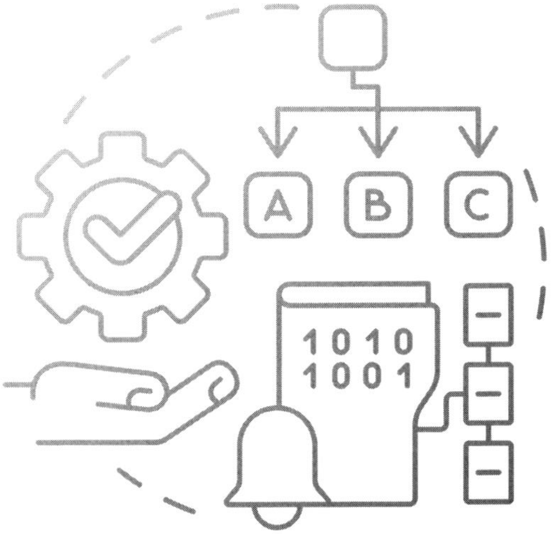

Figura 16.1. Programación orientada a objetos (POO).

Un objeto es una entidad que combina estado y comportamiento. El estado corresponde a los datos que almacena en un momento determinado, mientras que el comportamiento se refiere a las acciones que puede realizar. Dicho de otro modo, el estado define qué es el objeto y el comportamiento define qué puede hacer.

Por ejemplo, `CuentaBancaria` sería una entidad que define una cuenta bancaria, incluidas su estructura de datos y las operaciones que puede realizar, como ingresar o retirar dinero. Un objeto, en este caso, sería una instancia concreta de `CuentaBancaria`, con datos específicos (como el titular, el saldo, el número de cuenta...) y la capacidad de ejecutar esas acciones sobre su propia información.

A diferencia de otros paradigmas, como el imperativo o el funcional, la programación orientada a objetos (POO) organiza el código en torno a conceptos que reflejan el mundo real, como `Persona`, `Vehículo` o `Producto`. En vez de centrarse en funciones y procedimientos —como ocurre en lenguajes como C—, la programación orientada a objetos propone pensar en entidades que poseen responsabilidades y colaboran entre sí para alcanzar un objetivo común.

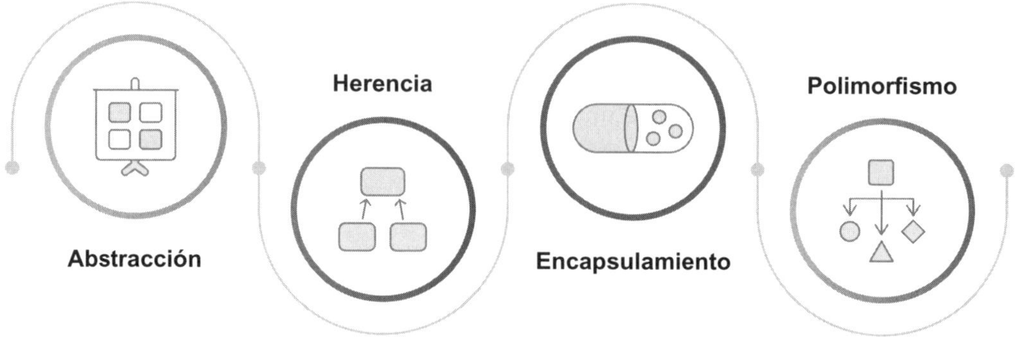

Figura 16.2. Principios de la programación orientada a objetos.

La programación orientada a objetos se fundamenta sobre cuatro principios fundamentales.[1] A lo largo de este capítulo te familiarizarás con estos principios y comprenderás por qué son esenciales en el diseño y desarrollo de software orientado a objetos.

Abstracción

La abstracción es uno de los aspectos más desafiantes de la programación, no tanto por razones técnicas sino más bien cognitivas. Nuestro cerebro debe aprender a abstraer, es decir, a centrarse únicamente en las propiedades esenciales del objeto que queremos modelar, y a ignorar aquellos detalles que no aportan valor en ese contexto.

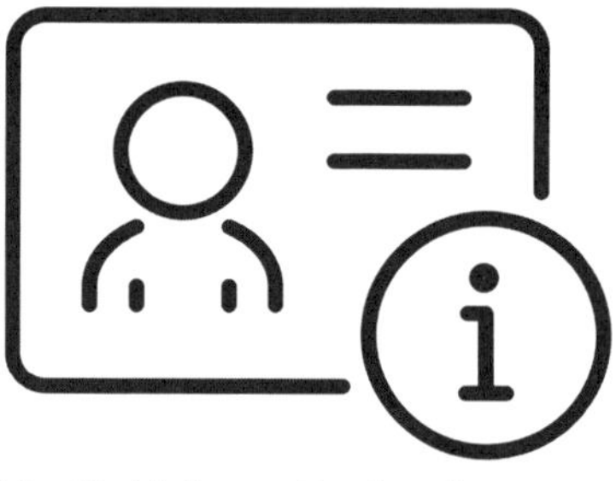

Figura 16.3. ¿Qué información describe a un empleado?

Por ejemplo, al modelar la idea de `Empleado`, podríamos incluir su identificador, nombre y apellidos, que son datos que lo diferencian de otros empleados. En cambio, su estatura no sería relevante, por lo que la ignoramos. Sin embargo, si estuviéramos modelando la idea de `Atleta`, la estatura podría ser un dato importante, mientras que su identificador

1 Un principio es una idea fundamental que sirve como guía para actuar o razonar correctamente dentro de un determinado contexto.

como empleado no tendría sentido en este contexto. La clave está en ignorar todo lo que no aporta nada y centrarse únicamente en las características esenciales, aquellas que identifican y distinguen a un objeto dentro del sistema.

ADVERTENCIA:

No puedes abstraer bien algo que conceptualmente no entiendes.

Una buena abstracción:

- **Reduce la complejidad,** porque se centra solo en los aspectos esenciales.
- **Mejora la legibilidad,** porque trabaja con conceptos de alto nivel, el código refleja mejor el dominio del programa y se vuelve más intuitivo para otros desarrolladores.
- **Facilita la reutilización,** porque define entidades con comportamientos generales y se pueden reutilizar en múltiples contextos.
- **Fomenta la modularidad,** porque asigna a cada entidad una responsabilidad clara y facilita la división del sistema en componentes independientes y reutilizables.

Encapsulamiento

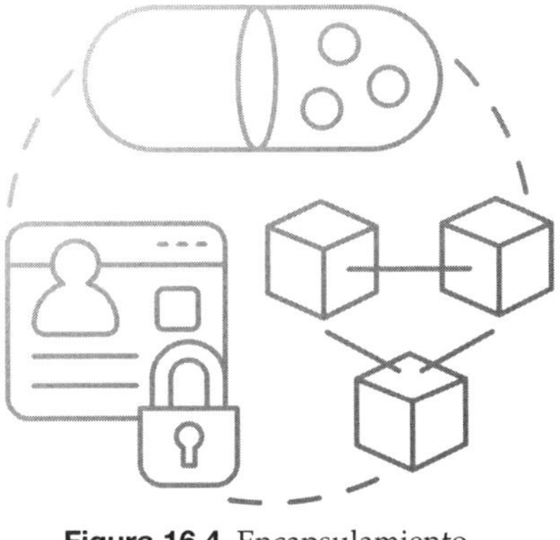

Figura 16.4. Encapsulamiento.

El encapsulamiento es una técnica que consiste en ocultar al usuario los detalles internos de las entidades que se modelan, mientras le proporcionan únicamente los mecanismos necesarios para interactuar con la información que contienen.

NOTA:

En este contexto, con el término «usuario» no me refiero al usuario final de la aplicación (la persona que interactúa con ella a través de una interfaz gráfica o por la línea de comandos), sino a otro desarrollador (o tú mismo) que usará la entidad implementada dentro de su propio código.

Por ejemplo, piensa en un coche. No importa si es de gasolina o diésel, si tiene 90 o 300 caballos o si lo fabrica una marca u otra. Como conductor, solo necesitas conocer su interfaz: el volante, los pedales y la palanca de cambios. Esa es la parte con la que interactúas. Todo lo demás —el tipo de motor, el fabricante, la cilindrada— queda oculto tras esa interfaz común. Y eso es precisamente lo que se busca con una buena abstracción: mostrar solo lo necesario y ocultar los detalles internos.

NOTA:

El encapsulamiento permite definir distintos niveles de privacidad dentro de una entidad así como establecer interfaces de comunicación para que otros puedan utilizarla sin conocer ni manipular su estructura interna.

Un buen encapsulamiento:

- **Protege los datos,** porque impide el acceso directo a los datos internos de un objeto desde fuera de él.
- **Controla el acceso y evita modificaciones no controladas,** en consecuencia, reduce errores y comportamientos inesperados y mejora la seguridad.
- **Facilita el mantenimiento,** porque, como los datos están encapsulados, es posible cambiar la implementación interna de una clase sin afectar al resto del sistema, siempre y cuando se mantenga la interfaz pública.
- **Oculta la complejidad,** porque abstrae los detalles internos del funcionamiento de la entidad, mientras los mantiene en su interior.
- **Promueve la reutilización de código,** porque encapsula comportamientos dentro de entidades bien diseñadas.

Herencia

Figura 16.5. Herencia.

Imagina que ya tienes una entidad llamada `Persona` y necesitas crear otras entidades llamadas `Empleado` y `Cliente`. Esta nueva entidad debe contener la misma información que la original, pero además debe incorporar comportamientos adicionales, como calcular el salario en el caso de un `Empleado` o aplicar descuentos especiales en el caso de un `Cliente`. En lugar de duplicar los tipos de datos de `Persona` en cada una, lo ideal es reutilizar esa estructura base y extenderla.

La herencia permite reutilizar un código existente para crear nuevas entidades a partir de una original, y añadir, si es necesario, nuevas propiedades o comportamientos específicos. La entidad original, conocida como «base» o «padre», da origen a una nueva entidad denominada «derivada» o «hija», estableciendo así una relación jerárquica entre ambas.

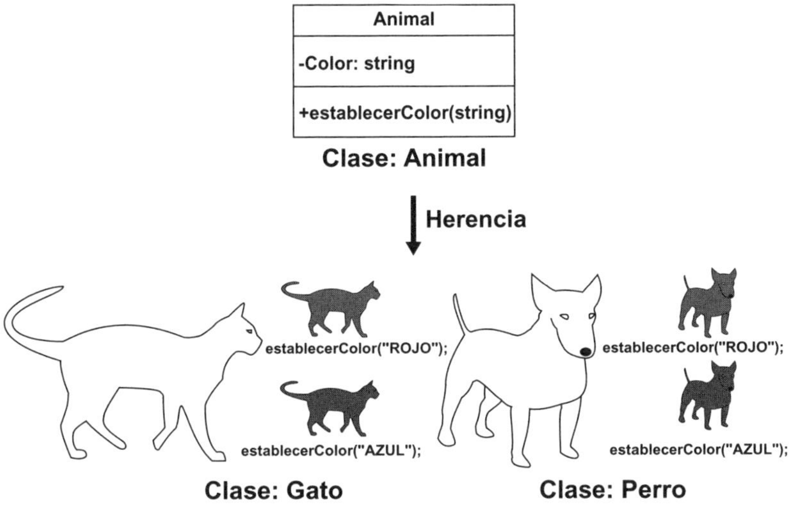

Figura 16.6. Ejemplo de relación jerárquica: «Animal» como entidad base, y las entidades «Gato» y «Perro» como derivadas.

La herencia bien aplicada:

- **Fomenta la reutilización de código,** porque permite aprovechar el código definido en una entidad base sin necesidad de duplicarlo.
- **Es extensible,** porque las entidades derivadas pueden añadir o modificar funcionalidades sin alterar la clase base.
- **Facilita el mantenimiento,** porque una estructura jerárquica permite que los cambios en la entidad base se reflejen automáticamente en las entidades derivadas, lo que simplifica la actualización del software.

NOTA:

La correcta aplicación de la herencia implica utilizarla solo cuando tiene sentido, es decir, cuando hay una relación jerárquica clara entre las entidades.

Polimorfismo

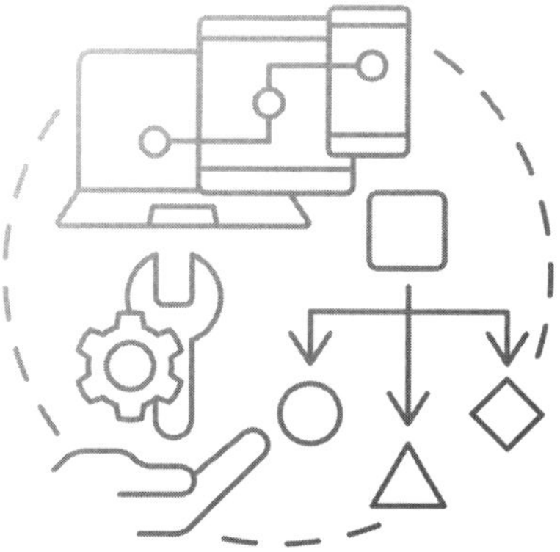

Figura 16.7. Polimorfismo.

Imagina que cuentas con una entidad base llamada `Notificacion`, que define una operación llamada `Enviar`. A partir de ella se derivan dos entidades: `Email` y `SMS`, cada una adapta esa acción a su forma particular de enviar la notificación. `Email` lo hace a través de un correo electrónico, mientras que `SMS` la envía como un mensaje de texto corto. Como ves, se trata de una misma operación, pero personalizada según el comportamiento de cada entidad.

El polimorfismo permite que distintas entidades, que comparten una misma entidad base —en este caso, `Notificacion` con la operación `Enviar` —, ofrezcan su propia versión de dicha operación. Gracias a esto, desde el punto de vista del código, `Email` y `SMS` pueden tratarse como `Notificacion`, y aun así, al invocar `Enviar`, el comportamiento será diferente según el tipo real de la entidad.

Quien implementa el programa haciendo uso de estas entidades podrá tratar todas las notificaciones de la misma manera, sin preocuparse por cómo se envía cada una. Gracias al polimorfismo, el sistema será capaz de ejecutar la acción de forma adecuada según el tipo de notificación, y una misma acción adoptará un comportamiento distinto según la entidad que la utilice.

Si se implementa correctamente, el polimorfismo aporta una serie de ventajas:

- **Permite reutilizar el mismo código** con distintos tipos de entidades.
- **Simplifica el desarrollo,** porque evita el uso de estructuras como `if` o `switch` para comprobar el tipo de entidad.
- **Facilita la ampliación del comportamiento,** porque si añades una nueva entidad que hereda de la base, el código existente seguirá funcionando sin cambios.
- **Hace posible trabajar con listas de entidades diferentes,** siempre que compartan una misma entidad base.
- **Permite delegar el comportamiento en cada entidad específica,** porque cada una define su propia versión y, en tiempo de ejecución, se ejecuta automáticamente la que corresponde.

17

Clases y objetos

En este capítulo aprenderás:

- Qué es una clase y cómo se define.
- Cómo crear objetos a partir de una clase y en qué se diferencian entre sí.
- Cómo asignar información a las clases y a sus objetos.
- Qué es un método y qué tipos existen.
- Cómo dotar de comportamientos a las clases mediante métodos.
- Qué es un constructor y cuál es su función.
- Cómo se destruyen los objetos.
- Cómo crear y destruir objetos en memoria dinámica, y en qué situaciones es necesario usarla.

Introducción

Las clases y los objetos son elementos fundamentales en C++, ya que permiten aplicar el paradigma de la programación orientada a objetos y organizar el código en torno a entidades que integran datos y comportamientos. A lo largo de este capítulo aprenderás a modelar entidades en C++, a entender cómo los constructores intervienen en la inicialización de objetos y qué función cumplen los destructores en su eliminación. Además, descubrirás cómo gestionar objetos en memoria dinámica y en qué situaciones resulta necesario recurrir a este tipo de memoria.

Sintaxis elemental para la definición de una clase

La sintaxis para definir una clase es muy similar a la de una estructura. Solo hay que escribir la palabra reservada `class`, seguida del nombre de la clase,[1] y encerrar el contenido entre llaves { }. Al final, no olvides cerrar la definición con un punto y coma (;).

C++

```
class Empleado {

};
```

Dentro de una clase se pueden declarar o definir atributos y métodos, sobre los que hablaremos más adelante. En ambos casos, es importante especificar su nivel de accesibilidad. Los más comunes son dos: `public` (público) y `private` (privado).

C++

```
class Empleado {
public:
private:
};
```

Los elementos que declares dentro del apartado `public` serán accesibles desde fuera del objeto creado a partir de la clase. En cambio, solo se podrá acceder a los declarados como `private` desde dentro de la propia clase.

Creación de un objeto

Crear un objeto significa crear una instancia de una clase con datos concretos. Una clase por sí sola no hace nada, solo es una definición sintáctica, sin embargo, un objeto sí que almacena información con la que se puede trabajar.

1 Se recomienda usar *CamelCase*.

La definición de clases permite utilizar esa clase como si de cualquier otro tipo se tratase. De este modo, podemos crear tantos objetos de tipo `Empleado` como necesites.

C++

```
1 class Empleado {
2 public:
3 private:
4 };
5
6 int main(){
7     Empleado empleado1, empleado2;
8     return 0;
9 }
```

Cuando se crea un objeto, se reserva en memoria el espacio necesario para almacenar la información que contendrá. Además, se aplican automáticamente las restricciones de accesibilidad según la visibilidad definida para cada miembro de la clase (ya sea `public` o `private`).

En este punto, los objetos de tipo `Empleado` que declaramos en la línea 7 aún no contienen información. A continuación, aprenderemos cómo añadir datos a una clase y cómo trabajar con ellos.

Atributos

Los atributos no son más que variables declaradas dentro de una clase y representan los datos que un objeto podrá almacenar. Por ejemplo, la clase `Empleado` debe incluir en su interior la declaración de aquellos atributos que permitirán a cada objeto, al ser instanciado, guardar su propia información.

Un objeto de tipo `Empleado` debería ser capaz de almacenar, por ejemplo, el identificador del empleado, su sueldo bruto anual, su nombre y su primer apellido. Para ello, declara dentro de la clase las variables necesarias para guardar esta información, asignándoles, por ejemplo, visibilidad pública (`public`) para poder acceder a ellas desde fuera del objeto.

C++

```
#include <string>

class Empleado {
public:
    int identificador;
    double sueldo_bruto_anual;
    std::string nombre, primer_apellido;
private:
};

int main(){
    Empleado empleado1, empleado2;
    return 0;
}
```

NOTA:

Encontrarás más información sobre el tipo «string» en el capítulo 18.

Ahora, los objetos de tipo `Empleado` se crean con espacio suficiente para almacenar en su interior el identificador, el sueldo bruto anual, el nombre y el primer apellido del empleado que modelan. Puedes acceder a estos atributos con el operador punto (`.`), igual que hacías con las estructuras (`struct`), tanto para leer como para modificar su contenido.

C++

```
#include <iostream>
#include <string>
using namespace std;


class Empleado {
public:
    int identificador;
    double sueldo_bruto_anual;
    string nombre, primer_apellido;
private:
};

int main(){
    Empleado empleado1, empleado2;
    empleado1.identificador = 23;
    cout << "\n\nEl identificador del empleado 1 es: "
         << empleado1.identificador << ".\n\n " << endl;

    return 0;
}
```

Este programa imprime en pantalla el mensaje que se muestra en la figura 17.1.

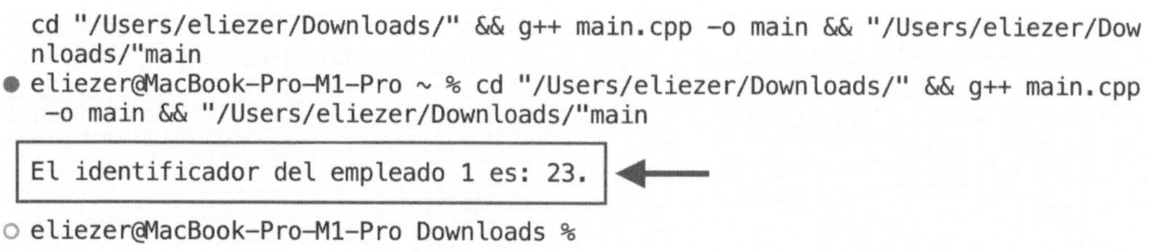

Figura 17.1. Identificador del «empleado1» mostrado en pantalla.

C++ permite establecer valores por defecto para los atributos de una clase. Por ejemplo, si todos los empleados tienen un sueldo bruto anual base de 30 000 €, puedes no solo declarar el atributo `sueldo_bruto_anual` en la definición de la clase, sino también asignarle ese valor por defecto. Así, todos los objetos creados a partir de la clase tendrán automáticamente ese sueldo asignado (figura 17.2), a menos que se indique otro de forma explícita.[2]

C++

```cpp
#include <iostream>
#include <string>
using namespace std;

class Empleado {
public:
    int identificador;
    double sueldo_bruto_anual = 30000.0;
    string nombre, primer_apellido;
private:
};

int main(){
    Empleado empleado1, empleado2;
    cout << "El sueldo bruto anual del empleado 1 es "
         << empleado1.sueldo_bruto_anual
         << " € y sueldo bruto anual del empleado 2 es "
         << empleado2.sueldo_bruto_anual << " €."
         << endl;

    return 0;
}
```

```
1 warning generated.
El sueldo bruto anual del empleado 1 es 30000 € y sueldo bruto anual
del empleado 2 es 30000 €.
```

Figura 17.2. Creación de dos objetos «Empleado» con asignación automática del sueldo por defecto.

NOTA:

Al definir una clase, también estás declarando sus atributos. Si además les asignas un valor por defecto, los habrás definido en ese mismo momento.

Si configuras algún atributo como `private`, no podrás acceder directamente a él desde fuera de la clase. Intenta compilar y ejecutar el siguiente código para comprobarlo:

2 Inicializar atributos directamente en su declaración no estaba permitido antes de C++11. Esta funcionalidad se incorporó en dicho estándar y desde entonces se usa habitualmente para asignar valores por defecto a los miembros de una clase. Si al tratar de compilar ves un aviso similar a default member initializer for non-static data member is a C++11 extension [-Wc++11-extensions], significa que tu compilador no está utilizando C++11 (ni una versión superior), por lo que deberías asegurarte de compilar tu código con C++11 o una versión más reciente para poder usar esta característica.

```
#include <string>
using namespace std;

class Empleado {
public:
    double sueldo_bruto_anual = 30000.0;
    string nombre, primer_apellido;
private:
    int identificador;
};

int main(){
    Empleado empleado1, empleado2;
    empleado2.identificador = 42;

    return 0;
}
```

Obtendrás un error de compilación similar al que de la figura 17.1.[3]

```
 -o main && "/Users/eliezer/Downloads/"main
main.cpp:6:31: warning: default member initializer for non-static data member
 is a C++11 extension [-Wc++11-extensions]
    double sueldo_bruto_anual = 30000.0;

main.cpp:14:15: error: 'identificador' is a private member of 'Empleado'
    empleado2.identificador = 42;
              ^
main.cpp:9:9: note: declared private here
    int identificador;
        ^
1 warning and 1 error generated.
```

Figura 17.3. El atributo «identificador» no es accesible desde el exterior.

Métodos

Un método es, en esencia, una función que solo puede llamarse a través de un objeto previamente creado. Su propósito es dotar de comportamiento a las entidades y regular el acceso a los datos que encapsulan.

Según el principio de encapsulamiento, los detalles internos de una clase —como sus atributos— deben mantenerse ocultos al exterior. El acceso a estos datos debe realizarse únicamente mediante métodos públicos controlados, con el fin de proteger el estado interno del objeto y evitar modificaciones no deseadas.

[3] Acabas de comprobar en acción cómo funciona la ocultación de la información, uno de los pilares fundamentales de la programación orientada a objetos.

C++

```cpp
#include <string>

class Empleado {
public:
    // Los métodos públicos irán aquí
private:
    int identificador;
    double sueldo_bruto_anual = 30000.0;
    std::string nombre, primer_apellido;
};
```

A continuación, veremos dos tipos de métodos: los modificadores y los observadores.

Modificadores

Un método modificador es aquel que cambia el estado interno del objeto, es decir, modifica el valor de uno o varios de sus atributos. Su función principal es actualizar la información encapsulada de forma controlada. Para ello, suelen incorporar validaciones que aseguran que los cambios sean coherentes y no comprometan la integridad del objeto.

Por ejemplo, si creas un objeto de tipo `Empleado` con un sueldo bruto anual por defecto, y ese empleado recibe un ascenso, necesitarás un mecanismo que permita actualizar su salario. Un método modificador puede recibir valores externos a través de su lista de parámetros y utilizarlos para cambiar el estado del objeto.

C++

```cpp
#include <iostream>
#include <string>

class Empleado {
public:
    void modificarSueldoBrutoAnual(double nuevo_sueldo_bruto_anual){
        if(nuevo_sueldo_bruto_anual > 0){
            sueldo_bruto_anual = nuevo_sueldo_bruto_anual;
        } else {
            std::cerr << "Error: el sueldo bruto anual debe ser mayor
                          que 0." << std::endl;
        }
    }
private:
    int identificador;
    double sueldo_bruto_anual = 30000.0;
    std::string nombre, primer_apellido;
};

int main(){
    Empleado empleado1;
    empleado1.modificarSueldoBrutoAnual(45000.0);
    return 0;
}
```

NOTA:

«std::cerr» es un flujo de salida en C++ (incluido en «<iostream>») pensado para mostrar mensajes de error, advertencias u otra información que no forme parte de la salida principal del programa.

Puedes crear tantos métodos como necesites, por ejemplo, para asignar el nombre o el primer apellido:

C++

```cpp
#include <iostream>
#include <string>

class Empleado {
public:
    void modificarSueldoBrutoAnual(double nuevo_sueldo_bruto_anual){
        if(nuevo_sueldo_bruto_anual > 0){
            sueldo_bruto_anual = nuevo_sueldo_bruto_anual;
        } else {
            std::cerr << "Error: el sueldo bruto anual debe ser mayor
                          que 0." << std::endl;
        }
    }
    void modificarNombre(std::string nombre){
        this->nombre = nombre;
    }

private:
    int identificador;
    double sueldo_bruto_anual = 30000.0;
    std::string nombre, primer_apellido;
};

int main(){
    Empleado empleado1;
    empleado1.modificarSueldoBrutoAnual(45000.0);
    return 0;
}
```

Cuando el parámetro de entrada y el atributo del objeto tienen el mismo nombre, puedes acceder al atributo con el puntero `*this`. Para acceder al atributo, utiliza `(*this).nombre_atributo` o, de forma más habitual, `this->nombre_atributo`.

Si te fijas, en la definición de la clase se incluye directamente el cuerpo de los métodos. Sin embargo, si prefieres ocultarlo para mejorar la legibilidad o mantener el código más organizado, puedes declarar el método dentro de la clase y definirlo fuera utilizando el operador de resolución de ámbito (`Empleado::`).[4]

[4] Traducción al español del término en inglés (*scope resolution operator*).

```
#include <iostream>
#include <string>

class Empleado {
public:
    void modificarSueldoBrutoAnual(double nuevo_sueldo_bruto_anual);
    void modificarNombre(std::string nombre);

private:
    int identificador;
    double sueldo_bruto_anual = 30000.0;
    std::string nombre, primer_apellido;
};


int main(){
    Empleado empleado1;
    empleado1.modificarSueldoBrutoAnual(45000.0);
    return 0;
}

void Empleado::modificarSueldoBrutoAnual(double nuevo_sueldo_bruto_anual){
    if(nuevo_sueldo_bruto_anual > 0){
        sueldo_bruto_anual = nuevo_sueldo_bruto_anual;
    } else {
        std::cerr << "Error: el sueldo bruto anual debe ser mayor que
                      0." << std::endl;
    }
}
void Empleado::modificarNombre(std::string nombre){
    this->nombre = nombre;
}
```

Esto permite separar la definición de la clase en un archivo de cabecera (.h o .hpp[5]), donde se declaran los métodos, y la implementación de esos métodos en un archivo .cpp. De este modo, puedes compartir tu clase con otros desarrolladores proporcionando solo el archivo .h o .hpp y una versión compilada del .cpp (por ejemplo, como una librería estática o dinámica), ocultando los detalles de implementación. Esta práctica respeta el paradigma de la programación orientada a objetos, al fomentar la encapsulación y una mejor organización del código.[6]

Observadores

Cuando solo necesitas consultar el contenido de un objeto sin modificarlo, entran en juego los métodos observadores. Por ejemplo, imagina que necesitas un método que te devuelva el sueldo bruto anual de un empleado.

5 La extensión .h se utiliza para archivos de cabecera estándar que contienen código en C o en C++. En cambio, la extensión .hpp se suele usar para archivos de cabecera escritos específicamente en C++, sobre todo cuando incluyen elementos como clases, plantillas o espacios de nombres.

6 Encuentra información sobre cómo compilar archivos separados en C++ en la web de soporte del libro (eliezerlopez.cc).

C++

```cpp
#include <string>

class Empleado {
public:
    double consultarSueldoBrutoAnual();
    // ...

private:
    int identificador;
    double sueldo_bruto_anual = 30000.0;
    std::string nombre, primer_apellido;
};

int main(){
    Empleado empleado1;
    empleado1.consultarSueldoBrutoAnual();
    return 0;
}

// ...

double Empleado::consultarSueldoBrutoAnual(){
    return sueldo_bruto_anual;
}
```

C++ ofrece un mecanismo que permite al programador indicarle al compilador que un método es observador, es decir, que no modifica el estado del objeto. Para ello, se utiliza la palabra reservada `const` tanto en la declaración como en la definición del método.

C++

```cpp
#include <string>

class Empleado {
public:
    double consultarSueldoBrutoAnual() const;
    // ...

private:
    int identificador;
    double sueldo_bruto_anual = 30000.0;
    std::string nombre, primer_apellido;
};

int main(){
    Empleado empleado1;
    empleado1.consultarSueldoBrutoAnual();
    return 0;
}

// ...

double Empleado::consultarSueldoBrutoAnual() const {
    return sueldo_bruto_anual;
}
```

Si ahora intentaras modificar algún atributo dentro del método, por ejemplo:

C++

```
double Empleado::consultarSueldoBrutoAnual() const {
    sueldo_bruto_anual = 23000.0;
    return sueldo_bruto_anual;
}
```

Al compilar obtendrías un error de compilación (figura 17.4)

```
main.cpp:22:18: note: member function 'Empleado::consultarSueldoBrutoAnual' is declared const here
double Empleado::consultarSueldoBrutoAnual() const {
~~~~~~~~~~~~~~~~~^~~~~~~~~~~~~~~~~~~~~~~~~~~~~~~~~~~~
```

Figura 17.4. Error de compilación al intentar modificar el estado de un objeto a través de un método observador.

Constructores

En programación orientada a objetos, es común decir que un objeto «se construye». Esto se debe a la existencia de métodos especiales llamados «constructores», cuya función es inicializar el objeto y, en algunos casos, reservar memoria para permitir que su estado evolucione con el tiempo sin inconvenientes. Existen varios tipos de constructores; en nuestro caso, veremos tres: el constructor por defecto, el constructor parametrizado y el constructor de copia.

Por defecto

El constructor por defecto es un tipo especial de constructor que el compilador genera automáticamente si no se define uno explícitamente. Por ejemplo, cuando declaraste la variable `empleado1` de tipo `Empleado`, el objeto se creó utilizando este constructor.

El constructor por defecto es aquel que no recibe ningún argumento o que establece valores por defecto para ellos. Su cabecera lleva el mismo nombre que la clase, y su cuerpo se encarga de inicializar los atributos del objeto que deben tener un valor al instanciar la clase.

Por ejemplo, si todos los empleados con los que trabajas pertenecen a un departamento por defecto y tienen un sueldo base determinado, en lugar de asignar esos valores directamente en la clase, puedes establecerlos dentro del constructor.

C++

```
#include <string>

class Empleado {
public:
    Empleado();
    // ...
```

continuación

C++

```
private:
    int identificador;
    double sueldo_bruto_anual;
    std::string nombre, primer_apellido, departamento;
};

int main(){
    Empleado empleado1;
    return 0;
}

// ...

Empleado::Empleado() {
    sueldo_bruto_anual = 30000.0;
    departamento = "Tecnología";
}
```

ADVERTENCIA:

Observa que el constructor no especifica ningún tipo de retorno, ni siquiera «void». Esto se debe a que, en C++, los constructores no devuelven ningún valor; su único propósito es inicializar el objeto cuando se crea.

Parametrizado

Los constructores parametrizados permiten inicializar un objeto con valores específicos en el momento de su creación. Por ejemplo, tiene sentido crear un objeto de tipo `Empleado` proporcionando desde el inicio la información que debe almacenar.

Este tipo de constructor funciona de forma similar al constructor por defecto, pero recibe como parámetros los valores que se utilizarán para inicializar los atributos del objeto. Así, al crear el objeto, se realiza una llamada al constructor pasando dichos valores como argumentos.

C++

```
#include <string>
using namespace std;

class Empleado {
public:
    Empleado(int identificador, double sueldo_bruto_anual, string nombre,
string primer_apellido);
    // ...

private:
    int identificador;
    double sueldo_bruto_anual;
    string nombre, primer_apellido;
};
```

continuación

C++

```
int main(){
    Empleado nuevoEmpleado(4, 81516.23, "Maurice", "Moss");
    return 0;
}

Empleado::Empleado(int identificador, double sueldo_bruto_anual, string nombre,
string primer_apellido){
    this->identificador = identificador;
    this->sueldo_bruto_anual = sueldo_bruto_anual;
    this->nombre = nombre;
    this->primer_apellido = primer_apellido;
}

// ...
```

ADVERTENCIA:

El constructor parametrizado debería validar los parámetros de entrada. Para simplificar el código y hacerlo más fácil de seguir, en este ejemplo se omiten esas líneas. Intenta implementar tú mismo las validaciones utilizando «std::cerr» para mostrar posibles errores. La estrategia que te recomiendo es comprobar primero que todos los datos sean correctos y construir el objeto únicamente si superan esas validaciones. Así, evitarás crear objetos en estados inconsistentes o con valores no válidos, lo que te ahorrará errores difíciles de detectar más adelante.

ADVERTENCIA:

Al definir un constructor parametrizado, el constructor por defecto deja de estar disponible automáticamente. Esto significa que ahora siempre deberás proporcionar valores al crear objetos de tipo «Empleado». Si deseas conservar la posibilidad de crear un objeto sin pasarle argumentos, deberás implementar también un constructor por defecto de forma explícita.

C++

```
#include <string>
using namespace std;

class Empleado {
public:
    Empleado();
    Empleado(int identificador, double sueldo_bruto_anual,
             string nombre, string primer_apellido);
    // ...
```

```
private:
    int identificador;
    double sueldo_bruto_anual;
    string nombre, primer_apellido;
};

int main(){
    Empleado nuevoEmpleado(4, 81516.23, "Maurice", "Moss");
    return 0;
}

Empleado::Empleado(){
    this->sueldo_bruto_anual = 30000.0;
}

Empleado::Empleado(int identificador, double sueldo_bruto_anual,
                   string nombre, string primer_apellido){
    this->identificador = identificador;
    this->sueldo_bruto_anual = sueldo_bruto_anual;
    this->nombre = nombre;
    this->primer_apellido = primer_apellido;
}
// ...
```

Añade métodos observadores a tu programa que te permitan verificar si todos los atributos del objeto `nuevoEmpleado` han sido inicializados correctamente. A continuación, utiliza esos métodos para mostrar sus valores en pantalla.

TRUCO:

Puedes declarar atributos como constantes si no deben cambiar durante la vida del objeto. Por ejemplo, si el identificador nunca debe modificarse, puedes declararlo como «const». Eso sí, al hacerlo estarás obligado a inicializarlo en el constructor, ya que un atributo constante debe recibir su valor en el momento en que se crea el objeto y no podrá modificarse después.

De copia

Este tipo de constructor se utiliza para crear un nuevo objeto copiando la información de otro ya existente. Como ocurre con cualquier constructor, su nombre coincide con el de la clase. Se distingue de otros constructores porque recibe como parámetro un objeto de la misma clase, pasado por referencia constante.

```
Empleado(const Empleado& e);
```

El parámetro se recibe como una referencia constante para evitar que el objeto de destino pueda modificar el objeto original del que se está copiando.

C++

```
#include <string>
using namespace std;

class Empleado {
public:
    // Empleado();
    // Empleado(int identificador, double sueldo_bruto_anual,
              string nombre, string primer_apellido);
    Empleado(const Empleado& empleado_origen);
    // ...

private:
    int identificador;
    double sueldo_bruto_anual;
    string nombre, primer_apellido;
};

int main(){
    Empleado nuevoEmpleado(4, 81516.23, "Maurice", "Moss");
    return 0;
}

// ...

Empleado::Empleado(const Empleado& empleado_origen){
    identificador = empleado_origen.identificador;
    sueldo_bruto_anual = empleado_origen.sueldo_bruto_anual;
    nombre = empleado_origen.nombre;
    primer_apellido = empleado_origen.primer_apellido;
}
// ...
```

Existe una forma más eficiente de implementar el constructor de copia: una lista de inicialización. Deja la declaración del constructor de copia como está y sustituye únicamente su definición por la siguiente:

C++

```
Empleado::Empleado(const Empleado& empleado_origen)
    : identificador(empleado_origen.identificador),
      sueldo_bruto_anual(empleado_origen.sueldo_bruto_anual),
      nombre(empleado_origen.nombre),
      primer_apellido(empleado_origen.primer_apellido)
{}
```

El uso de listas de inicialización es más eficiente que asignar valores dentro del cuerpo del constructor, porque los atributos también deben construir sus propios objetos.

Si usas asignaciones dentro del cuerpo del constructor, primero debe invocarse el constructor por defecto de cada miembro (por ejemplo, `nombre` y `primer_apellido`), y luego se realiza la asignación con el valor deseado. En cambio, con las listas de inicialización, cada miembro se construye directamente con el valor que le pasas, evitando ese paso intermedio. En tipos primitivos como `int` o `double` la diferencia es mínima, pero cuando se trata de objetos complejos como `std::string`, el impacto en el rendimiento puede ser significativo.

Sobrecarga de operadores

Imagina que tu sistema de gestión de empleados está en constante crecimiento y necesitas asegurarte de que un objeto de empleado no se haya instanciado previamente. Para lograrlo, decides llamar al método observador `consultarIdentificador()` desde cada empleado y comparar los valores que devuelve. Por ejemplo:

C++

```
bool mismo_empleado = (empleado1.consultarIdentificador() == empleado2.
consultarIdentificador());
```

Sin embargo, ¿no sería genial poder comparar directamente los objetos y definir nosotros mismos cómo deben comportarse al hacerlo?

C++

```
bool mismo_empleado = (empleado1 == empleado2);
```

La sobrecarga de operadores permite definir el comportamiento de los operadores cuando se usan con clases personalizadas.

La mayoría de los operadores pueden sobrecargarse (aritméticos, unarios, de asignación, de comparación, lógicos, entre otros), sin embargo cada tipo de operador requiere una estrategia de implementación ligeramente distinta. A continuación, veremos algunos ejemplos que servirán de guía. Ten presente que el comportamiento de un operador puede variar según el tipo de operador y el contexto en el que se utilice, por lo que existen muchas situaciones distintas a considerar.

Referencia constante a un objeto de la misma clase

Para entender mejor qué ocurre cuando escribes `empleado1 == empleado2`, puedes pensar que el operador de comparación == actúa como un método llamado desde el objeto `empleado1`, que recibe como argumento el objeto completo `empleado2`.

C++

```
empleado1.operator==(empleado2);
```

A menudo, la sobrecarga de operadores se basa en implementar un método dentro de la clase, de modo que uno de los objetos involucrados en la operación asuma la responsabilidad de realizarla. En este caso, `empleado1` llamaría a su método `operator==()` y tomaría `empleado2` como argumento.

Siguiendo esta idea, para lograr tu objetivo debes implementar un método dentro de la clase utilizando la palabra clave `operator`, seguida del operador que deseas sobrecargar. Este método recibirá como parámetro una referencia constante a otro objeto de tipo `Empleado`, lo que evita realizar una copia y garantiza, a la vez, que el argumento no se modificará.

C++

```
bool Empleado::operator==(const Empleado& origen) const {
    return identificador == origen.identificador;
}
```

Como medida de seguridad adicional puedes indicar que el método no modifica el estado del objeto añadiendo la palabra clave `const` al final de su firma: `bool Empleado::operator==(const Empleado& origen) const`.

Recuerda incluir la declaración de la sobrecarga del operador dentro de la definición de la clase:

C++

```
class Empleado {
public:
    // ...
    bool operator==(const Empleado& origen) const;

private:
    int identificador;
    double sueldo_bruto_anual;
    string nombre, primer_apellido;
};
```

Gracias al diseño de C++ (que permite usar operadores sobrecargados con la misma sintaxis que los operadores aplicados a tipos primitivos) puedes comparar directamente dos objetos, y el compilador se encargará internamente de llamar al método correspondiente. Esta característica mejora la legibilidad y hace que el código sea más expresivo.

Tipos diferentes

Tu sistema de gestión de empleados sigue creciendo, y ahora necesitas realizar cálculos relacionados con los sueldos de cada empleado.

Por ejemplo, podrías querer calcular un valor sumando un número a la base salarial de un empleado. Para que expresiones como `resultado = empleado1 + 1500.04;` funcionen de forma natural, puedes sobrecargar el operador de suma + para permitir la combinación de un objeto de tipo `Empleado` con un valor numérico como un `double`.

La definición del operador sería similar al visto antes, pero ahora se recibe como argumento un valor de tipo `double`:

C++

```
double Empleado::operator+(double cantidad) const {
    return salario_bruto_anual + cantidad;
}
```

NOTA:

Esta operación devuelve un valor de tipo «double», pero puedes adaptar el tipo de retorno según las necesidades de tu implementación (por ejemplo, construir un nuevo objeto de tipo «Empleado» que almacene el resultado y devolverlo por copia).

Esta sobrecarga permitirá sumar `Empleado + double`, pero no `double + Empleado`. Cuando sobrecargas un operador como método, el operando de la izquierda debe ser del tipo de la clase (`Empleado` en este caso).

En situaciones como esta, en las que el tipo `double` no es un tipo implementado por nosotros, puedes implementar una sobrecarga externa del operador, fuera de la clase y como función independiente.

C/C++

```
double operator+(double cantidad, const Empleado& empleado) {
    return cantidad + empleado. consultarSueldoBrutoAnual();
}
```

De este modo, también obtendremos la suma en el orden inverso. El código final incluirá una sobrecarga del operador + como método dentro de la clase y otra como función definida fuera de ella.

C++

```
class Empleado {
public:
    // ...
    double operator+(double cantidad) const;

private:
    int identificador;
    double sueldo_bruto_anual;
    string nombre, primer_apellido;
};

double Empleado::operator+(double cantidad) const {
    return sueldo_bruto_anual + cantidad;
}

double operator+(double cantidad, const Empleado& empleado) {
    return cantidad + empleado.consultarSueldoBrutoAnual();
}
```

ADVERTENCIA:

Fíjate en que la función externa no necesita el operador de resolución de ámbito «Empleado::». Además, al no formar parte de la clase, no puede acceder directamente a sus atributos privados, por lo que debe utilizar el método observador «consultarSueldoBrutoAnual()» para obtener la información necesaria. Por otro lado, esta función externa no se marca como constante, ya que no pertenece (y por tanto, no accede) al estado interno de ningún objeto. No obstante, los métodos que se invoquen desde ella sí deben estar marcados como const si se llaman sobre objetos constantes o se espera que no modifiquen el estado del objeto. En este caso, si «consultarSueldoBrutoAnual()» no está declarado como const, el compilador generará un error.

Operador de flujo

Imagina que, para facilitar la generación de informes, te interesa sobrecargar el operador de inserción en flujo (<<) de modo que una expresión como `std::cout << empleado << std::endl;` muestre en pantalla el nombre y el primer apellido del empleado.

Si te fijas, el operador de inserción << aparece a la izquierda del objeto cuyo contenido se quiere mostrar en pantalla. Esto significa que no podemos definir la sobrecarga como un método dentro de la clase, sino que debemos implementarla como una función independiente.

La sobrecarga del operador de inserción << tiene una particularidad: recibe como primer argumento una referencia al flujo de salida (`std::ostream& flujo_de_salida`). Como segundo argumento una referencia constante al objeto `Empleado` que se desea imprimir.

C++

```
operator<<(std::ostream& flujo_de_salida, const Empleado& empleado){
    // ...
}
```

El cuerpo de la función debe encadenar las llamadas necesarias para construir la salida deseada sobre el flujo de salida (`flujo_de_salida`).

C++

```
operator<<(std::ostream& flujo_de_salida, const Empleado& empleado) {
    flujo_de_salida << empleado.consultarNombre() << " "
                    << empleado.consultarPrimerApellido();
}
```

Y el resultado debe ser devuelto como retorno de la función:

C++

```
std::ostream& operator<<(std::ostream& flujo_de_salida, const Empleado&
empleado) {
    flujo_de_salida << empleado.consultarNombre() << " " << empleado.
consultarPrimerApellido();
    return flujo_de_salida;
}
```

Lo que permitirá el encadenamiento de llamadas como `std::cout << empleado1 << «\n» << empleado2;`.

Destructor

El destructor es una función especial que se ejecuta automáticamente cuando un objeto deja de existir, con el propósito de liberar los recursos adquiridos durante su vida. Se encarga de liberar la memoria reservada para los tipos básicos y de invocar los destructores de los tipos complejos que contiene.

En el caso de la clase `Empleado`, se eliminaría la memoria ocupada por el identificador y el sueldo bruto anual, y se llamarían los destructores de `nombre` y `primer_apellido`[7] para liberar adecuadamente los recursos que estos gestionen.

Memoria dinámica

Todo lo que se ha explicado en este capítulo utiliza memoria estática. Crear objetos de tipo `Empleado` y trabajar con referencias suele ser suficiente cuando el objeto solo necesita existir dentro del contexto en el que se crea. Sin embargo, si necesitas que un objeto siga existiendo después de salir de ese ámbito, debes recurrir a memoria dinámica.

Para crear un objeto en memoria dinámica, utiliza la palabra reservada `new`. Esta instrucción construye un objeto y devuelve la dirección de memoria donde se encuentra, dirección que debe almacenarse en un puntero del tipo correspondiente, ya que es la única forma de acceder al objeto creado.

C++

```
int main() {
    Empleado* empleado_dinamico = new Empleado(108, 45000.0,
                                  "Maurice", "Moss");
    return 0;
}
```

Como ahora estás trabajando con un puntero, las llamadas a los métodos de la clase deben hacerse a través de ese puntero:

[7] `std::string` en C++ es una clase definida en la biblioteca estándar.

C++

```
int main() {
    Empleado* empleado_dinamico = new Empleado(108, 45000.0,
                                    "Maurice", "Moss");
    cout << "Sueldo bruto anual: "
         << empleado_dinamico->consultarSueldoBrutoAnual()
         << " €." << endl;
    return 0;
}
```

Si reservas memoria dinámica, también debes liberarla. Para hacerlo, utiliza la palabra clave `delete` junto con el puntero que apunta al objeto creado.

C++

```
int main() {
    Empleado* empleado_dinamico = new Empleado(108, 45000.0,
                                    "Maurice", "Moss");
    cout << "Sueldo bruto anual: "
         << empleado_dinamico->consultarSueldoBrutoAnual()
         << " €." << endl;
    delete empleado_dinamico;
    return 0;
}
```

`delete` llamará al destructor de la clase para liberar correctamente los recursos asociados al objeto y después liberará la memoria ocupada. Es fundamental usar `delete` con punteros que apuntan a objetos creados con `new`, para evitar fugas de memoria.

Ejercicios

Ejercicio 18.01. Define una clase `Libro` con los atributos `titulo` y `autor`. Luego, crea dos objetos de la clase `Libro` y asígnales valores.

Ejercicio 18.02. Amplía la clase `Libro` para incluir un método `mostrarInformacion()` que imprima el título y el autor.

Ejercicio 18.03. Sobrecarga el operador de inserción << para que al utilizar `cout` con el objeto, se muestren en pantalla su título y su autor.

Ejercicio 18.04. En el capítulo 10 hablé sobre las estructuras y comenté que en C++ ofrecen muchas más funcionalidades que en C. Ahora propongo un pequeño experimento: sustituye la palabra reservada `class` por `struct` en la declaración de la clase `Libro` y comprueba que el programa sigue funcionando exactamente igual.

Ejercicio 18.05. Las clases y las estructuras en C++ son equivalentes en cuanto a funcionalidad y rendimiento. La única diferencia entre `class` y `struct` está en la visibilidad por defecto: si no la especificas, los miembros de una clase serán `private`, mientras que los de una estructura serán `public`. Te animo a hacer algunas pruebas para comprobarlo por ti mismo.

Ejercicio 18.06. Añade métodos modificadores a la clase `Libro`.

Ejercicio 18.07. Crea un objeto de la clase `Libro` utilizando memoria dinámica y asegúrate de llamar al destructor en el momento adecuado liberando la memoria con `delete`.

Ejercicio 18.08. Crea una clase `CuentaBancaria` que incluya los atributos `titular` y `saldo`. Añade métodos para ingresar dinero, retirar fondos y mostrar el saldo disponible. Permite que el usuario cree cuentas de forma dinámica y realice operaciones con ellas. Si aún no sabes cómo pedir datos por teclado, consulta el capítulo 18.

Ejercicio 18.09. Crea una clase `NumeroReal` capaz de almacenar números reales utilizando el tipo `double`. Sobrecarga los operadores aritméticos para que puedas realizar operaciones con objetos de esta clase como si fueran tipos básicos.

Ejercicio 18.10. Implementa un programa que permita al usuario realizar cálculos. Solicita por teclado los valores y la operación que desea efectuar, y utiliza objetos de la clase `NumeroReal` para llevar a cabo las operaciones.

Ejercicio 18.11. Muestra el resultado por pantalla con la clase `NumeroReal`, implementando para ello el operador de flujo de salida (<<).

Ejercicio 18.12. Si implementas el constructor de copia con la declaración `Empleado(Empleado e);`, estarás provocando una llamada recursiva infinita que acabará causando un error por desbordamiento de pila.[8] Intenta simular esta situación en tu código y analiza con atención qué está ocurriendo.

[8] Un error por desbordamiento de pila ocurre cuando un programa agota el espacio de memoria reservado para la pila de llamadas. La pila de llamadas es una estructura de memoria que almacena información sobre las funciones que se ejecutan, e incluye variables locales, parámetros de funciones y la dirección de retorno (para saber a dónde volver tras terminar una función).

18

Entrada y salida estándar

En este capítulo aprenderás:

- Cómo funciona la biblioteca estándar <iostream> para gestionar entrada y salida de datos en C++.
- El propósito y uso de los objetos globales std::cin y std::cout.
- En qué consisten los operadores de inserción (<<) y extracción (>>) y cómo se usan.
- Cómo mostrar información en pantalla con formato gracias a los manipuladores de flujo.
- Diferentes formas de leer datos desde teclado: números, caracteres individuales, palabras y frases completas.
- Cómo detectar errores en la entrada y cómo restaurar el flujo para seguir trabajando con él.

Introducción

Siguiendo la estela de la biblioteca <stdio.h> del lenguaje C, <iostream> proporciona un conjunto de herramientas —orientadas a objetos— que permiten interactuar con los usuarios de nuestros programas de forma más sencilla, legible y segura para el programador. Hace que el trabajo con flujos de entrada y salida sea aún más claro y estructurado.

Su nombre (<iostream>) proviene de *input/output stream* (flujo de entrada/salida) y representa una evolución natural en la forma de manejar datos que entran o salen del sistema, generalmente por teclado y la pantalla.

Esta biblioteca introduce, entre otros, los objetos `std::cin` y `std::cout`, que se utilizan para gestionar la entrada y la salida estándar, respectivamente. Estos objetos permiten escribir código más intuitivo y legible que el estilo procedural de C, gracias al uso de los operadores de extracción (>>) e inserción (<<) de flujo, que facilitan las operaciones de entrada y salida de datos.

A lo largo de este capítulo, exploraremos las funciones y técnicas más comunes para gestionar la entrada y salida estándar, aprenderemos a utilizar correctamente los flujos y abordaremos buenas prácticas que nos permitirán escribir programas más claros, robustos y fáciles de mantener.

NOTA:

Para utilizar los objetos «std::cin» y «std::cout», incluye la biblioteca «<iostream>» al comienzo de tus programas: «#include <iostream>».

Salida estándar

El salto de C a C++ pone de manifiesto lo fácil que resulta escribir código con un mayor nivel de abstracción. Ya no es necesario utilizar especificadores de formato (`%d`, `%f`, `%c`...) para imprimir valores en pantalla: `std::cout` simplifica esta tarea considerablemente. A continuación, veremos qué significa cada una de sus partes, cómo se construye esta instrucción y cómo trabaja.

`cout` significa *character output* (salida de caracteres) y es un objeto global de tipo `std::ostream`, perteneciente a la biblioteca estándar de C++.[1] Para que el compilador entienda qué es `cout` y cómo funciona, debemos especificar el espacio de nombres al que pertenece, en este caso, `std`. `::` es un operador de resolución de ámbito que indica que `cout` pertenece al espacio de nombres `std`.

[1] Un objeto global es accesible desde cualquier parte del programa.

Una alternativa es escribir la instrucción `using namespace std;`, justo después de incluir la biblioteca o bibliotecas (`#include <iostream>`). De este modo, evitamos tener que anteponer `std::` cada vez que usemos elementos de ese espacio de nombres, como `cout`.

C++

```
#include <iostream>
using namespace std;
```

`cout` utiliza el operador de inserción << para enviar información al flujo de salida. Por ejemplo, para mostrar una cadena de caracteres en pantalla de forma sencilla.

C/C++

```
cout << "Esto es una cadena de texto que se imprimirá en pantalla";
```

Este operador permite concatenar valores, de modo que podemos incluir múltiples cadenas de texto, variables u otros datos en una sola instrucción. Cada elemento se añade al flujo de salida mediante el operador <<, lo que hace que el resultado se imprima de forma continua en pantalla.

C++

```
#include <iostream>
using namespace std;

int main() {
    cout << "\nHoy intenté programar antes de tomar café y el resultado fue: "
<< "3 errores, " << 2 << " warnings y " << 0.5 << " ganas de vivir..." << endl
<< "Pero después del café: código limpio, " << "funciones felices y un " <<
"programador sonriendo como este -> :D\n" << endl;
    return 0;
}
```

Este programa proporciona la salida mostrada en la figura 18.1.

```
● eliezer@MacBook-Pro-M1-Pro Downloads % cd "/Users/eliezer/Downloads/" &&
  g++ main.cpp -o main && "/Users/eliezer/Downloads/"main

Hoy intenté programar antes de tomar café y el resultado fue: 3 errores,
2 warnings y 0.5 ganas de vivir...
Pero después del café: código limpio, funciones felices y un programador
sonriendo como este -> :D

○ eliezer@MacBook-Pro-M1-Pro Downloads % █
```

Figura 18.1. Concatenación de valores con el operador de inserción.

Los tipos de datos se mostrarán en pantalla según su representación por defecto: los enteros como números decimales, los caracteres como letras y los booleanos como 0 o 1, entre otros.

En C usamos especificadores como %6d o %.2f para controlar el formato de la salida de texto: el ancho del campo, la alineación o la precisión decimal. En C++, esta tarea se realiza de forma más flexible y expresiva mediante los manipuladores de flujo, que actúan como funciones auxiliares capaces de modificar el estado del flujo de salida. Con ellos (los manipuladores de flujo) podemos ajustar fácilmente la precisión de los decimales, la base numérica (decimal, hexadecimal u octal), el carácter de relleno, la alineación del texto o el ancho reservado para cada dato en pantalla.

Incluye la biblioteca <iomanip>[2] para trabajar con los manipuladores de flujo que veremos a continuación, los cuales combinaremos con otros manipuladores disponibles en <iostream>.

NOTA:

En C++, los manipuladores de flujo están repartidos entre varias cabeceras estándar. Los más básicos —como «std::endl» (salto de línea con vaciado del búfer), «std::flush» (vaciado del búfer sin salto) o «std::ws» (elimina los espacios en blanco al inicio de la entrada)— se encuentran en «<iostream>», «<istream>» o «<ostream>», según corresponda. En cambio, la cabecera «<iomanip>» reúne manipuladores más avanzados, que permiten un control detallado del formato del texto y pueden encadenarse fácilmente en las operaciones sobre el flujo.

Números enteros

El manipulador std::hex se usa para cambiar el formato de salida de los números enteros a base hexadecimal cuando se imprimen con std::cout u otro flujo de salida. Para implementarlo en tu programa, inserta std::hex en el flujo antes del valor entero que quieres mostrar.

C++

```
#include <iostream>
#include <iomanip>

int main() {
    int numero = 108;
    std::cout << "Hexadecimal: " << std::hex << numero << '\n';
    return 0;
}
```

El flujo no tiene por qué ser modificado en la misma línea en la que insertas el valor. Puedes insertar std::hex en el flujo en primer lugar, y más adelante, mostrar el valor en pantalla.

[2] El nombre iomanip proviene de la abreviatura *input/output manipulators*, es decir, manipuladores de entrada/salida.

C++

```cpp
#include <iostream>
#include <iomanip>

int main() {
    int numero = 108;
    std::cout << std::hex;
    std::cout << numero << '\n';
    return 0;
}
```

Si continúas mostrando números en pantalla:

C++

```cpp
#include <iostream>
#include <iomanip>

int main() {
    int numero1 = 16, numero2 = 23, numero3 = 42;
    std::cout << std::hex;
    std::cout << numero1 << '\n';
    std::cout << numero2 << '\n';
    std::cout << numero3 << '\n';
    return 0;
}
```

Observarás que todos los valores se muestran en hexadecimal (figura 18.2).

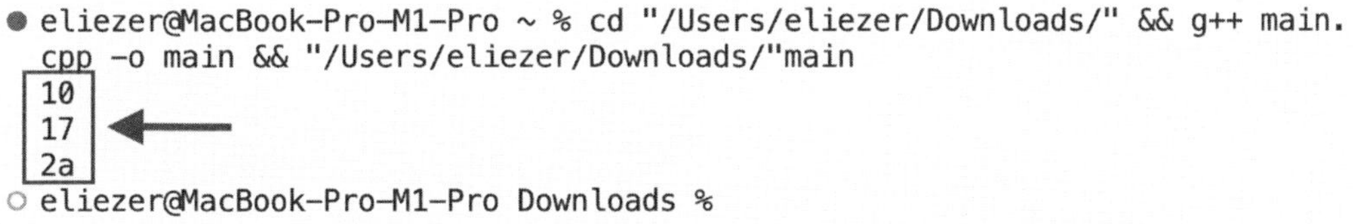

Figura 18.2. Salida modificada para representar los valores en hexadecimal.

Los manipuladores de flujo afectan al flujo en adelante, haciendo que todos los enteros se impriman en hexadecimal hasta que se indique lo contrario. Así, el flujo se ve modificado temporalmente en su estado de formato numérico.

Para volver a imprimir en formato decimal debes insertar el manipulador `std::dec` en el flujo de salida:

C++

```cpp
#include <iostream>
#include <iomanip>

int main() {
    int numero1 = 16, numero2 = 23, numero3 = 42;
    std::cout << std::hex;
    std::cout << numero1 << '\n';
    std::cout << std::dec;
    std::cout << numero2 << '\n';
```

continuación C++

```cpp
    std::cout << numero3 << '\n';
    return 0;
}
```

Lo cual restablece el formato numérico del flujo a su estado decimal original (figura 18.3).

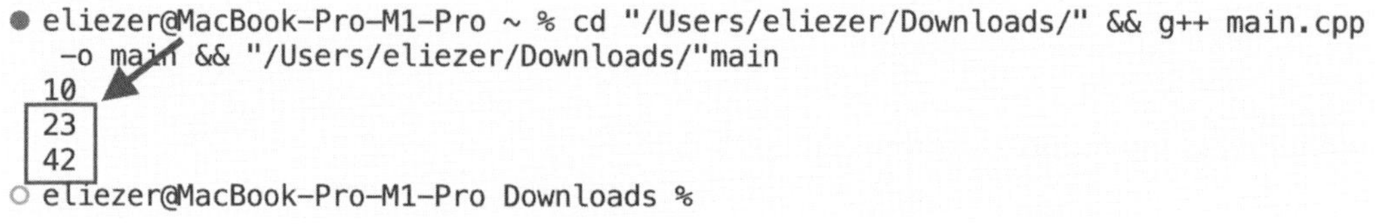

Figura 18.3. Restauración del flujo a su formato decimal original.

Como puedes ver, cada manipulador de flujo pertenece al espacio de nombres `std`. Si incluyes `using namespace std;`, no necesitas escribir `std::` antes de cada uno de ellos.

C++

```cpp
#include <iostream>
#include <iomanip>
using namespace std;

int main() {
    int numero1 = 4, numero2 = 8, numero3 = 15;
    cout << hex;
    cout << numero1 << '\n';
    cout << dec;
    cout << numero2 << '\n';
    cout << numero3 << '\n';
    return 0;
}
```

NOTA:

Escribir «std::» delante de cada elemento no afecta al rendimiento del programa en comparación con usar «using namespace std;», ya que ambas opciones generan el mismo código máquina. Sin embargo, se recomienda el uso explícito de «std::» porque mejora la claridad del código y reduce el riesgo de conflictos de nombres, sobre todo en proyectos grandes o cuando se utilizan múltiples bibliotecas. El uso de «using namespace std;» resulta útil en ejemplos sencillos o educativos, pero no se aconseja en entornos profesionales.

Otro manipulador de flujo común es `std::oct`, que, al igual que `std::hex`, cambia la base numérica decimal. En este caso, convierte los números enteros al formato octal para su visualización.

C++

```cpp
#include <iostream>
#include <iomanip>
using namespace std;

int main() {
    int numero = 108;
    cout << oct;
    cout << numero << '\n';
    return 0;
}
```

Ninguno de estos manipuladores altera el valor de la variable; solo afectan a la forma en que se muestra por consola. Lo más práctico es usarlos en la misma línea en la que se imprime el valor, teniendo en cuenta que modifican el estado del flujo a partir de ese punto.

C++

```cpp
#include <iostream>
#include <iomanip>
using namespace std;

int main() {
    int numero = 108;

    cout << "Decimal: " << dec << numero << endl;
    cout << "Hexadecimal: " << hex << numero << endl;
    cout << "Octal: " << oct << numero << endl;

    return 0;
}
```

TRUCO:

También puedes cambiar la base numérica usando «std::setbase()»: usa «std::setbase(8)» para octal, «std::setbase(10)» para decimal y «std::setbase(16)» para hexadecimal.

En casos como el del ejemplo anterior, donde se muestran números en diferentes bases, podría ser útil utilizar el manipulador `std::showbase`. Este manipulador hace que el flujo de salida incluya el prefijo correspondiente en la base numérica cuando se imprime un número en una base distinta de la decimal. Es decir:

- **Hexadecimal:** añade el prefijo `0x` o `0X`, según la configuración del manipulador `std::uppercase`, que veremos más adelante.
- **Octal:** añade el prefijo `0`.
- **Decimal:** no incluye ningún prefijo, ya que no es necesario.

C++

```
01 #include <iostream>
02 #include <iomanip>
03 using namespace std;
04
05 int main(){
06     int numero = 108;
07
08     // Comportamiento por defecto (sin showbase)
09     cout << "Sin showbase:" << endl;
10    cout << "Decimal: " << dec << numero << endl;
11    cout << "Hexadecimal: " << hex << numero << endl;
12    cout << "Octal: " << oct << numero << endl;
13
14    // Con prefijos (con showbase)
15    cout << showbase;
16    cout << "\nCon showbase:" << endl;
17    cout << "Decimal: " << dec << numero << endl;
18    cout << "Hexadecimal: " << hex << numero << endl;
19    cout << "Octal: " << oct << numero << endl;
20
21    return 0;
22 }
```

Este programa produce una salida como la que se muestra en la figura 18.4.

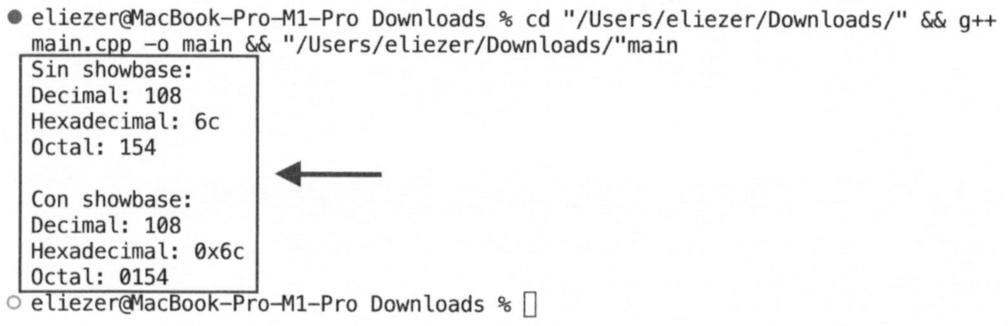

Figura 18.4. Visualización de valores con prefijo según su base numérica.

Este manipulador, una vez activado, afecta a todos los valores impresos a partir de la línea 15. Para desactivarlo, utiliza el modificador `std::noshowbase`.

C++

```
#include <iostream>
#include <iomanip>
using namespace std;

int main(){
    int numero = 108;
```

continuación

C++

```
    // Con prefijos (con showbase)
    cout << showbase;
    cout << "\nCon showbase:" << endl;
    cout << "Decimal: " << dec << numero << endl;
    cout << "Hexadecimal: " << hex << numero << endl;
    cout << "Octal: " << oct << numero << endl;

    // Volver al comportamiento sin prefijos (con noshowbase)
    cout << noshowbase;
    cout << "\nDe nuevo sin showbase:" << endl;
    cout << "Decimal: " << dec << numero << endl;
    cout << "Hexadecimal: " << hex << numero << endl;
    cout << "Octal: " << oct << numero << endl;

    return 0;
}
```

Por último, solo nos queda ver cómo configurar el formato para que los valores en hexadecimal muestren las letras en mayúsculas o minúsculas. Por defecto, los números hexadecimales se imprimen con letras en minúscula (`a-f` en lugar de `A-F`). Si queremos que se muestren en mayúscula, podemos utilizar el manipulador `std::uppercase`. En cambio, si queremos que se muestren en minúscula (es decir, el comportamiento por defecto), debemos evitar el uso de `std::uppercase`, o bien utilizar explícitamente `std::nouppercase` para anularlo.

C++

```
#include <iostream>
#include <iomanip>
using namespace std;

int main() {
    int numero = 108;

    // Comportamiento por defecto (sin showbase, sin uppercase)
    cout << "Sin showbase y sin uppercase:" << endl;
    cout << "Decimal: " << dec << numero << endl;
    cout << "Hexadecimal: " << hex << numero << endl;

    // Con showbase y sin uppercase
    cout << showbase;
    cout << "\nCon showbase y sin uppercase:" << endl;
    cout << "Decimal: " << dec << numero << endl;
    cout << "Hexadecimal: " << hex << numero << endl;

    // Con showbase y con uppercase
    cout << uppercase;
    cout << "\nCon showbase y con uppercase:" << endl;
    cout << "Decimal: " << dec << numero << endl;
    cout << "Hexadecimal: " << hex << numero << endl;
```

continuación C++

```
    // Volver al comportamiento por defecto (minúsculas)
    cout << nouppercase;
    cout << "\nDe nuevo sin uppercase (letras minúsculas):" << endl;
    cout << "Hexadecimal: " << hex << numero << endl;

    return 0;
}
```

Números en coma flotante

Abre Visual Studio Code y crea un nuevo archivo llamado main.cpp. A continuación, declara una variable y asígnale el valor `4815.162342`. Usaremos esta variable como punto de partida para el resto del ejercicio.

El número `4815.162342` es un valor en coma flotante compuesto por una parte entera (`4815`) y una parte decimal (`162342`). Cuando intentas mostrar este número en pantalla, C++ elige automáticamente el formato de salida que considera más adecuado (figura 18.5).

C++

```
#include <iostream>
using namespace std;

int main(){
    double numero_perdido = 4815.162342;
    cout << numero_perdido << endl;
    return 0;
}
```

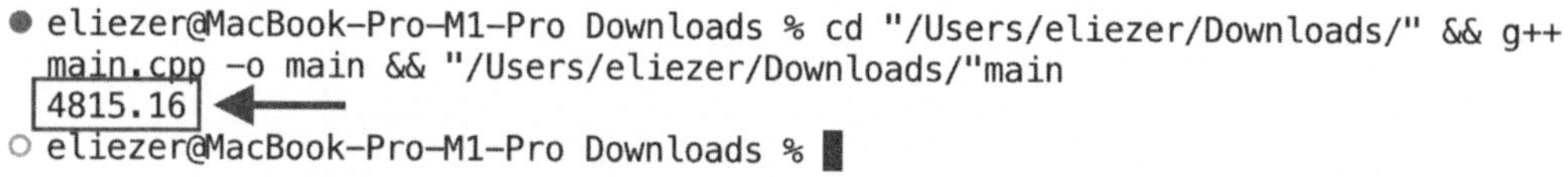

Figura 18.5. C++ elige automáticamente el formato de salida.

Si el número es muy grande o muy pequeño, C++ podría mostrarlo mediante notación científica (figura 18.6).

C++

```
#include <iostream>
using namespace std;

int main(){
    double numero_perdido = 0.0000004815162342;
    cout << numero_perdido << endl;
    return 0;
}
```

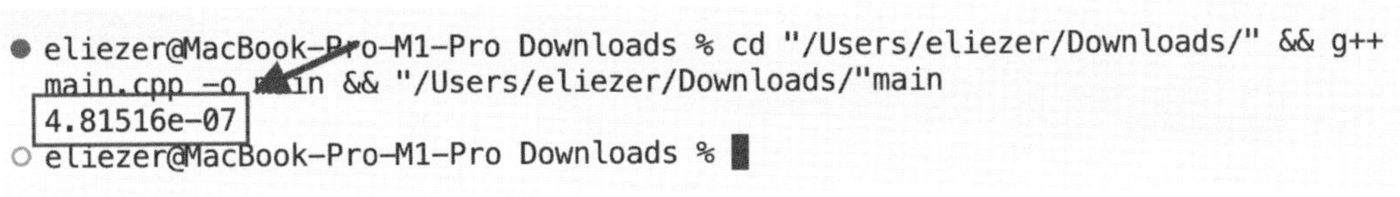

Figura 18.6. C++ decide mostrar el valor en notación científica.

El manipulador de flujo `std::fixed` le indica a C++ que debe mostrar los números en formato decimal normal, no en notación científica, y que debe incluir todos los decimales posibles según la precisión configurada.

C++

```
#include <iostream>
#include <iomanip>
using namespace std;

int main(){
    double numero_perdido = 0.0000004815162342;
    cout << fixed << numero_perdido << endl;
    return 0;
}
```

Una vez que activas `std::fixed` para mostrar los números en formato decimal, puedes utilizar el manipulador `std::setprecision()` para definir cuántas cifras decimales deseas visualizar.Cuando se utiliza junto con `std::fixed`, `std::setprecision(n)` controla el número de cifras mostradas después del punto decimal. El valor mostrado se redondea automáticamente según las reglas estándar de redondeo de punto flotante, de la misma forma en que lo haría una calculadora (figura 18.7).

C++

```
#include <iostream>
#include <iomanip>
using namespace std;

int main(){
    double numero_perdido = 0.0000004815162342;
    cout << fixed << setprecision(2) << numero_perdido << endl;
    return 0;
}
```

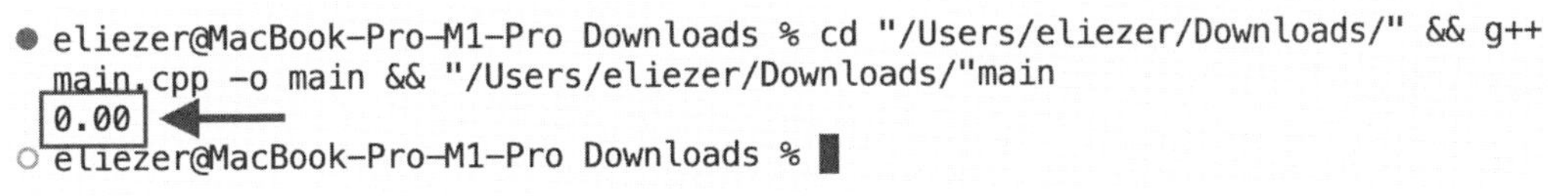

Figura 18.7. Precisión establecida a dos cifras decimales.

`std::setprecision(n)` también puede utilizarse sin `std::fixed`, en cuyo caso controla el número total de cifras significativas, no solo los decimales (figura 18.8).

C++

```
#include <iostream>
#include <iomanip>
using namespace std;

int main(){
    double numero_perdido = 4815.162342;
    cout << setprecision(4) << numero_perdido << endl;
    return 0;
}
```

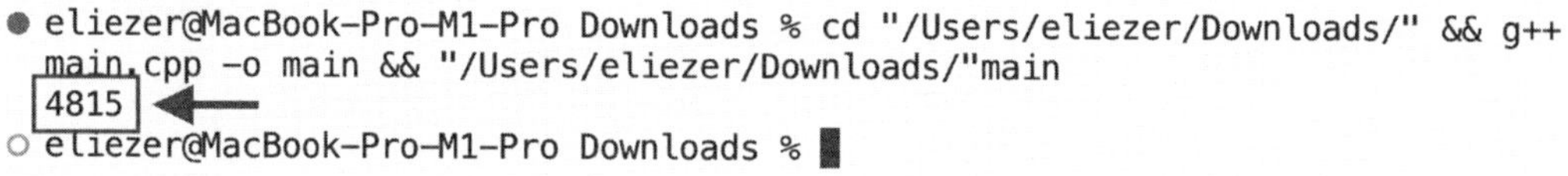

Figura 18.8. Precisión establecida a cuatro cifras significativas.

Cuando no se utiliza `std::fixed`, `std::setprecision` decide automáticamente si mostrar el número en formato decimal o en notación científica. Puedes probar con diferentes valores para observar cómo varía la salida.

C++

```
#include <iostream>
#include <iomanip>
using namespace std;

int main(){
    double primer_numero_perdido = 4815.162342;
    double segundo_numero_perdido = 0.0000004815162342;
    cout << setprecision(4) << primer_numero_perdido << endl;
    cout << setprecision(4) << segundo_numero_perdido << endl;
    return 0;
}
```

Si deseas mostrar siempre los números en notación científica, puedes usar el manipulador `std::scientific`.

C++

```
#include <iostream>
#include <iomanip>
using namespace std;

int main(){
    double numero_perdido = 4815.162342;
    cout << scientific << numero_perdido << endl;
    return 0;
}
```

Para volver al formato flotante por defecto, utiliza el manipulador `std::defaultfloat`, que restablece el comportamiento original de la salida numérica.

C++

```
#include <iostream>
#include <iomanip>
using namespace std;

int main() {
    double numero = 4815.162342;

    // Mostrar en notación decimal fija
    cout << fixed << setprecision(6);
    cout << "Con fixed (decimal fijo): " << numero << endl;

    // Mostrar en notación científica
    cout << scientific << setprecision(6);
    cout << "Con scientific (notación científica): " << numero << endl;

    // Volver al formato flotante por defecto
    cout << defaultfloat;
    cout << "Con defaultfloat (formato automático): " << numero << endl;

    return 0;
}
```

Signo y punto decimal

Siguiendo con el tratamiento de números, vamos a explorar algunos manipuladores de flujo que afectan al signo y al punto decimal. Para ilustrar los ejemplos, utilizaremos el valor `108.0`.

Comencemos con `std::showpos`, un manipulador de flujo disponible en la biblioteca `<iostream>`. Su función es forzar la visualización del signo + delante de los números positivos al imprimirlos por consola u otro flujo de salida

De forma predeterminada, C++ solo muestra el signo negativo (–) en los números negativos. Sin embargo, al activar `std::showpos`, los números positivos también mostrarán el signo +.

C++

```
#include <iostream>

int main() {
    double numero_perdido_positivo = 108.0;
    double numero_perdido_negativo = -108.0;

    std::cout << "Sin showpos:\n";
    std::cout << numero_perdido_positivo << " " << numero_perdido_negativo <<
    "\n";

    std::cout << "Con showpos:\n";
    std::cout << std::showpos << numero_perdido_positivo << " " << numero_
    perdido_negativo << "\n";

    return 0;
}
```

Para volver al comportamiento predeterminado —es decir, ocultar el signo en los números positivos—, usa el modificador `std::noshowpos`.

C++

```
#include <iostream>

int main() {
    double numero_perdido_positivo = 108.0;
    double numero_perdido_negativo = -108.0;

    std::cout << "Sin showpos:\n";
    std::cout << numero_perdido_positivo << " " << numero_perdido_negativo <<
"\n";

    std::cout << "Con showpos:\n";
    std::cout << std::showpos << numero_perdido_positivo << " " << numero_
    perdido_negativo << "\n";

    std::cout << "Con noshowpos (vuelve al comportamiento por defecto):\n";
    std::cout << std::noshowpos << numero_perdido_positivo << " " << numero_
    perdido_negativo << "\n";

    return 0;
}
```

Si te fijas, los valores definidos en las variables son de tipo `double` e incluyen un `0` en la parte decimal. Sin embargo, al compilar y ejecutar el programa, verás que esa parte decimal se omite (figura 18.9), ya que no aporta información relevante ni afecta al resultado.

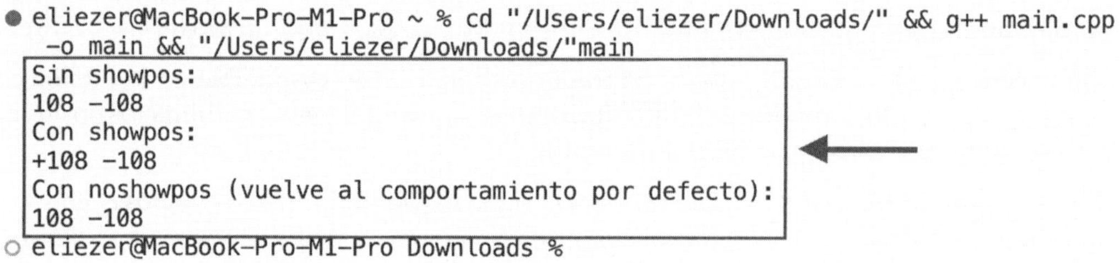

Figura 18.9. Omisión de la parte fraccionaria cuando no aporta valor.

Si quieres que los números en coma flotante siempre muestren el punto decimal —incluso cuando la parte decimal sea cero (por ejemplo, `.0`)—, puedes utilizar el modificador `std::showpoint`.

C++

```
#include <iostream>

int main() {
    double numero_perdido_positivo = 108.0;
    double numero_perdido_negativo = -108.0;

    std::cout << "Sin showpos ni showpoint:\n";
    std::cout << numero_perdido_positivo << " " << numero_perdido_negativo
                                                   << "\n";
```

C++

```
    std::cout << "\nCon showpos:\n";
    std::cout << std::showpos << numero_perdido_positivo << " "
              << numero_perdido_negativo << "\n";

    std::cout << "\nCon showpos y showpoint:\n";
    std::cout << std::showpoint << numero_perdido_positivo << " "
              << numero_perdido_negativo << "\n";

    std::cout << "\nCon noshowpos y noshowpoint
                 (comportamiento por defecto):\n";
    std::cout << std::noshowpos << std::noshowpoint << numero_perdido_positivo
              << " " << numero_perdido_negativo << "\n";

    return 0;
}
```

Y, como es de esperar, puedes volver al comportamiento predeterminado con el manipulador `std::noshowpoint`, que omite el punto decimal cuando no es necesario mostrarlo.

Booleanos

Abre Visual Studio Code y copia el siguiente programa.

C++

```
#include <iostream>

int main() {
    int edad;
    std::cout << "Introduce tu edad: ";
    std::cin >> edad;


    bool mayor_de_edad = (edad >= 18);

    std::cout << "¿El usuario es mayor de edad? " << mayor_de_edad
              << std::endl;

    return 0;
}
```

Compílalo y ejecútalo para comprobar que los valores booleanos se representan como `1` cuando son verdaderos y `0` cuando son falsos (figura 18.10).

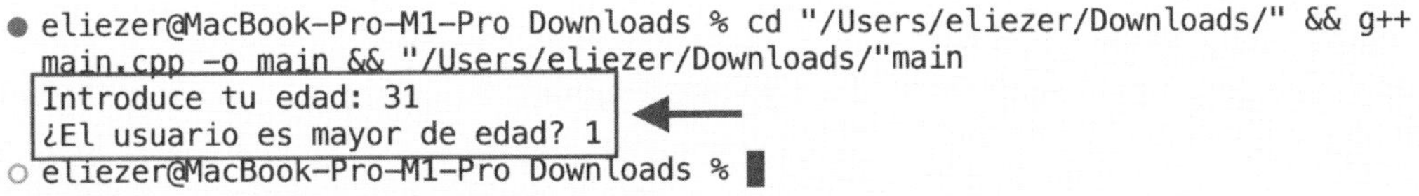

Figura 18.10. Valor booleano mostrado en pantalla.

El manipulador `std::boolalpha` permite mostrar los valores booleanos como `true` y `false` en lugar de `1` y `0`. Para activarlo, simplemente aplícalo al flujo de salida tal como te muestro a continuación:

C++

```
#include <iostream>

int main() {
    int edad;
    std::cout << "Introduce tu edad: ";
    std::cin >> edad;

    bool mayor_de_edad = (edad >= 18);

    std::cout << std::boolalpha;
    std::cout << "¿El usuario es mayor de edad? " << mayor_de_edad
              << std::endl;

    return 0;
}
```

Puedes restaurar el comportamiento predeterminado utilizando el manipulador `std::noboolalpha`, que vuelve a mostrar los valores booleanos como `1` y `0`.

Alineación y ancho

`std::setw(n)`[3] es un manipulador que sirve para establecer el ancho mínimo del campo de salida al imprimir datos con `std::cout` u otro flujo. Al usar `std::setw(n)`, le indicas al flujo que reserve al menos «n» espacios para mostrar el siguiente valor. Si el valor es más corto que ese ancho, se rellenará con espacios a la izquierda (por defecto) hasta completar los «n» caracteres.

C++

```
#include <iostream>
#include <iomanip>

int main() {
    std::cout << std::setw(16) << 42.15 << std::endl;
    std::cout << std::setw(16) << 10823 << std::endl;
    std::cout << std::setw(16) << "Kate Austen" << std::endl;
    return 0;
}
```

Como puedes observar en la figura 18.11, `std::setw()` permite formatear y alinear tanto datos numéricos como de texto, lo que mejora la organización y la legibilidad de la salida.

[3] Su nombre proviene de *set width* (establecer ancho).

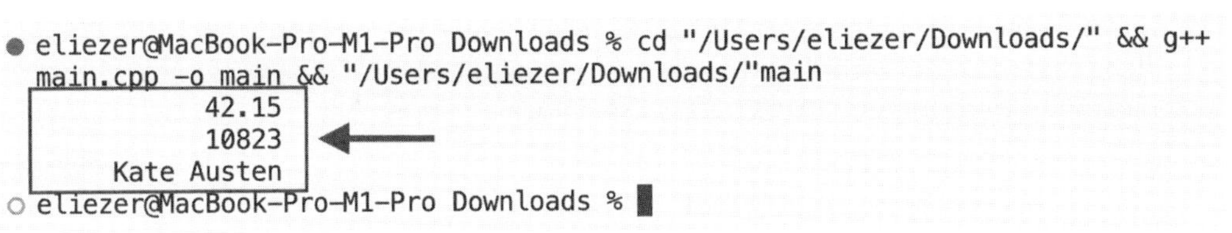

Figura 18.11. Formateo y alineación de valores con «setw()».

Si deseas usar un carácter distinto al espacio para rellenar el ancho definido, puedes utilizar el manipulador `std::setfill(char c)`.

C++

```
#include <iostream>
#include <iomanip>

int main() {
    std::cout << std::setfill('-') << std::setw(16) << 42.15 << std::endl;
    std::cout << std::setfill('-') << std::setw(16) << 10823 << std::endl;
    std::cout << std::setfill('-') << std::setw(16) << "Kate Austen" <<
std::endl;
    return 0;
}
```

ADVERTENCIA:

Ten en cuenta que «std::setfill('-')» seguirá aplicándose a todas las salidas posteriores hasta que lo cambies o finalice el programa. Si deseas volver al carácter de relleno por defecto (el espacio), simplemente usa «std::setfill(' ')».

```
#include <iostream>
#include <iomanip>

int main() {
    std::cout << std::setfill('-') << std::setw(16)
              << 42.15 << std::endl;
    std::cout << std::setfill('-') << std::setw(16)
              << 10823 << std::endl;
    std::cout << std::setfill('-') << std::setw(16)
              << «Kate Austen» << std::endl;

    std::cout << std::setfill(' ');
    std::cout << std::setw(16) << "Locke" << std::endl;

    return 0;
}
```

Además del ancho y el relleno, también puedes controlar la alineación del contenido dentro del espacio reservado.

Por defecto, como se muestra en el ejemplo anterior, el contenido se alinea a la derecha. Si utilizas `std::left`, el contenido se alinea a la izquierda y el relleno (ya sean espacios u otro carácter definido con `setfill()`) se coloca a la derecha.

C++

```
#include <iostream>
#include <iomanip>

int main() {
    std::cout << std::setfill('-') << std::left << std::setw(16) << 42.15 <<
std::endl;
    std::cout << std::setfill('-') << std::left << std::setw(16) << 10823 <<
std::endl;
    std::cout << std::setfill('-') << std::left << std::setw(16) << "Kate
Austen" << std::endl;

    return 0;
}
```

NOTA:

El orden entre «std::setfill()» y «std::left» no afecta al resultado. Ambos son manipuladores que modifican el estado del flujo (std::cout) y pueden aplicarse en cualquier orden antes de la salida.

Si deseas alinear el contenido a la derecha, puedes restaurar el comportamiento predeterminado mediante `std::right`.

C++

```
#include <iostream>
#include <iomanip>

int main() {
    // Alineación a la izquierda con relleno '-'
    std::cout << std::setfill('-') << std::left << std::setw(16) << 42.15
              << std::endl;
    std::cout << std::setfill('-') << std::left << std::setw(16) << 10823
              << std::endl;
    std::cout << std::setfill('-') << std::left << std::setw(16)
              << "Kate Austen" << std::endl;

    // Cambiar a relleno con espacios y alineación a la derecha
    std::cout << std::setfill(' ') << std::right;

    std::cout << std::setw(16) << "Locke" << std::endl;

    return 0;
}
```

Dado que `std::right` es el comportamiento predeterminado, solo tiene sentido aplicarlo al flujo de salida en dos casos:

1. Para restaurar el estado original después de haber modificado la alineación.
2. Para hacer el código más claro e intencional, de modo que facilite su comprensión a otros desarrolladores.

Por último, cuando trabajas con números, también puedes alinear el signo a la izquierda y el valor numérico a la derecha utilizando `std::internal`, como se muestra en la figura 18.12.

C++

```
#include <iostream>
#include <iomanip>

int main() {
    // Alineación con std::internal y relleno con espacios (por defecto)
    std::cout << std::internal << std::setw(16) << -42.15 << std::endl;
    std::cout << std::internal << std::setw(16) << +10823 << std::endl;

    // std::internal no afecta a cadenas
    std::cout << std::setw(16) << "Kate Austen" << std::endl;

    // También alineado a la derecha, sin necesidad de cambiar nada
    std::cout << std::setw(16) << "Locke" << std::endl;

    return 0;
}
```

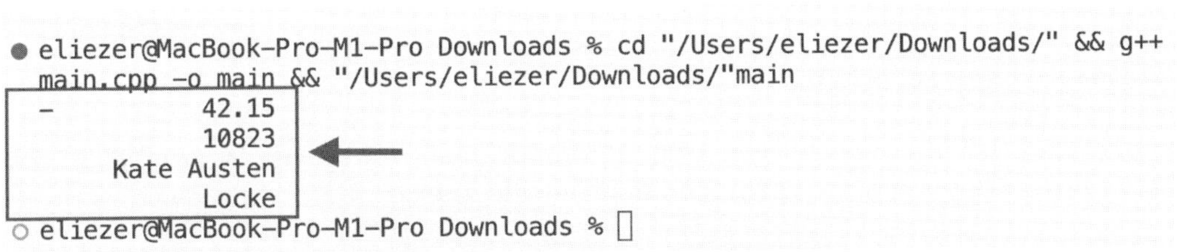

Figura 18.12. Alineación con «std::internal».

Entrada estándar

C++ también simplifica la lectura de datos introducidos por el usuario. Ya no es necesario utilizar funciones como `scanf()` con complicados especificadores de formato (`%d`, `%f`, `%c`, etc.) para capturar información. En su lugar, `std::cin` permite leer datos de forma más sencilla y segura (con algunos detalles que deberás tener en cuenta). A continuación, veremos qué significa cada una de sus partes, cómo se construye esta instrucción y cómo funciona.

`cin` significa *character input* (entrada de caracteres) y es un objeto global de tipo `std::istream`, que forma parte de la biblioteca estándar de C++. Al igual que ocurre con `cout`, el compilador necesita saber que `cin` pertenece al espacio de nombres `std`, por lo que utilizamos el operador de resolución de ámbito `::` para indicarlo: `std::cin`.

NOTA:

Si ya sabes cómo implementar clases y objetos en C++, fíjate en que tanto «cin» como «cout» son instancias de la clase, definidos en la biblioteca estándar. En concreto, «cin» es un objeto de la clase «std::istream» y «cout» es un objeto de la clase «std::ostream».

`cin` utiliza el operador de extracción >> para capturar información del flujo de entrada, que normalmente proviene del teclado. Por ejemplo, para leer un número entero, puedes hacerlo de la siguiente manera:

C++

```
#include <iostream>
using namespace std;

int main(){
    int edad;
    cin >> edad;
    return 0;
}
```

El operador >> también permite encadenar varias lecturas en una sola instrucción. Cada vez que se utiliza, `cin` espera un nuevo valor desde el flujo de entrada y lo almacena en la variable correspondiente.

C++

```
int dia, mes, anio;
cin >> dia >> mes >> anio;
```

El operador de extracción >> se adapta automáticamente al tipo de la variable, lo que hace que leer datos en C++ sea mucho más sencillo que en C.

ADVERTENCIA:

Encadenar múltiples lecturas con «cin» funciona siempre que el usuario introduzca los valores separados por espacios o saltos de línea y que los tipos coincidan con los esperados por las variables. Sin embargo, pueden surgir problemas si se introduce un valor no válido, si quedan caracteres residuales en el búfer de entrada o si se mezclan «cin >>» con otras funciones que también leen desde el teclado (como «getline()»). Para evitar estos inconvenientes, se recomienda realizar las lecturas por separado, lo que te permitirá controlar mejor los errores y garantizar un comportamiento más predecible del programa.[4]

`cin` puede leer valores de tipos primitivos (como `int`, `float`, `double`, `char`, `bool`,

[4] Además, si la lectura de uno de los datos falla, no será necesario volver a introducirlos todos si se han ingresado por separado.

entre otros), así como datos de tipo `string`[5] y objetos que implementen correctamente el operador >>.[6]

Carácter independiente

`cin` ofrece una ventaja clara: su uso es sencillo y directo. No obstante, al leer datos, se detiene en cuanto encuentra espacios, tabulaciones o saltos de línea, lo que lo hace poco adecuado para capturar frases completas.

NOTA:

El carácter de nueva línea ('\n') permanece en el búfer.

Es posible que te preguntes de inmediato: si `cin` no captura todos los caracteres porque se detiene al encontrar un espacio, ¿cómo se puede leer una entrada que incluya también los espacios? La función `std::cin.get()` ofrece una solución para esta situación.

`std::cin.get()` es una función de entrada que permite leer un solo carácter a la vez, incluidos espacios y saltos de línea. A diferencia de otras funciones, no ignora estos caracteres, lo que la convierte en una herramienta útil cuando necesitas procesar texto carácter por carácter o capturar específicamente un salto de línea (`\n`).

Observa cómo este código sí logra capturar el carácter espacio `' '`:

C++

```cpp
#include <iostream>
using namespace std;

int main() {
    char c;
    cout << "Pulsa la barra espaciadora: ";
    c = cin.get();
    if(c == ' ') cout << "Has pulsado: {" << c << "}" << endl;
    else cout << "¡Eso no fue un espacio! Rompiste el protocolo. Los agentes
                 del teclado están en camino...";
    return 0;
}
```

Línea completa (al estilo de C)

Cuando necesitas leer cadenas que contienen espacios puedes recurrir al uso de `std::cin.get()` con parámetros.[7] Para utilizarla, debes definir el array donde se almacenará la línea leída e indicar el número máximo de caracteres a leer.

5 Consulta el capítulo 19 para aprender más sobre el tipo `string`.

6 Ya aprendiste a implementar este tipo de sobrecargas en el capítulo 17.

7 `std::cin.get()` permite leer caracteres hasta encontrar un salto de línea aunque no lo consume, sino que lo deja en el búfer.

C++

```
#include <iostream>
using namespace std;

int main() {
    char nombreCompleto[100];

    cout << "Introduce tu nombre completo: ";
    cin.get(nombreCompleto, 100);

    cout << "Hola, " << nombreCompleto << "! Una nueva aventura te espera!"
         << endl;

    return 0;
}
```

Línea completa (versión moderna de C++)

La función anterior utiliza un array de bajo nivel de C para almacenar el texto leído. Sin embargo, existe una alternativa más moderna y segura que también trabaja con el objeto global `cin`: se trata de la función `getline()`, que permite leer líneas completas, incluidos los espacios, y almacena el resultado directamente en un objeto de tipo `std::string`,[8] de este modo evita los problemas asociados al manejo manual de arrays de caracteres.

C++

```
#include <iostream>
#include <string>

int main() {
    std::string nombreCompleto;

    std::cout << "Introduce tu nombre completo: ";
    std::getline(std::cin, nombreCompleto);

    std::cout << "Hola, " << nombreCompleto << "!" << std::endl;

    return 0;
}
```

Limpieza del búfer

El búfer es una zona de memoria temporal que se utiliza para almacenar datos mientras se están moviendo de un lugar a otro. En el contexto de `cin`, el búfer guarda lo que el usuario escribe hasta que se presiona la tecla Intro. Solo entonces se procesa lo que está en el búfer.

[8] En el capítulo 19 aprenderás a trabajar con el tipo string en mayor profundidad.

Si antes de usar `std::getline()` utilizaste `std::cin >>`, es probable que quede un salto de línea (`\n`) pendiente en el búfer de entrada, lo que puede provocar que `std::getline()` lea una línea vacía. Para evitarlo, puedes limpiar el búfer con la función `ignore()`.

`std::cin.ignore(std::numeric_limits<std::streamsize>::max(), '\n');`.

Vamos a desglosar esta instrucción para que entiendas cómo funciona:

- `std::cin.ignore(...)` le indica a `cin` que omita ciertos caracteres de la entrada estándar.
- `std::numeric_limits<std::streamsize>::max()` representa la mayor cantidad de caracteres que se pueden ignorar. Sirve para asegurarse de que, si es necesario, se eliminen todos los caracteres restantes en el búfer de entrada.
- `\n` (el segundo parámetro) es el carácter de parada. La función dejará de ignorar caracteres si encuentra un salto de línea.[9]

A continuación te muestro un programa donde la función se utiliza en la práctica.

C++

```
#include <iostream>
#include <string>
#include <limits>                        // Para std::numeric_limits

int main() {
    int edad;
    std::string nombre;

    std::cout << "Introduce tu edad: ";
    std::cin >> edad;                    // ¡Spoiler!

    std::cin.ignore(std::numeric_limits<std::streamsize>::max(), '\n');
    // Limpiar el salto de línea pendiente

    std::cout << "Introduce tu nombre completo: ";
    std::getline(std::cin, nombre);  // Ahora sí funciona bien

    std::cout << "Edad: " << edad << ", Nombre: " << nombre << std::endl;

    return 0;
}
```

Manejo de errores

Cuando se trabaja con la entrada estándar usando `cin`, pueden producirse errores si el dato introducido no coincide con el tipo esperado. Para detectar y manejar estos errores,

[9] Puedes establecer otro carácter como condición de parada.

C++ ofrece funciones como `cin.fail()` y `cin.clear()`. No son las únicas disponibles, pero sí las más comunes y esenciales que debes conocer.

La función `cin.fail()` devuelve `true` si ocurrió un error en la última operación de entrada con `cin`. Por ejemplo, imagina que intentas leer un número entero (`int`) pero tu usuario escribe por error una palabra cualquiera. `cin` entrará en un estado de fallo.

C++

```
#include <iostream>

int main(){
    int edad;
    std::cout << "Introduce tu edad: ";
    std::cin >> edad;

    if (std::cin.fail()) {
        std::cout << "Error: entrada inválida.\n";
    } else {
        std::cout << "Edad introducida: " << edad << "\n";
    }

    return 0;
}
```

Después de llamar a `fail()`, es importante ejecutar `std::cin.clear()`. Cuando se produce un error de entrada, `std::cin` entra en un estado de fallo. Mientras esté en ese estado, no será posible realizar nuevas operaciones de entrada. La función `std::cin.clear()` se encarga de restablecer los indicadores de error (también llamados *flags*), para que `std::cin` vuelva a funcionar con normalidad

ADVERTENCIA:

«std::cin.clear()» no limpia el búfer de entrada (solo restablece los indicadores de error).

Puedes completar el programa anterior como te muestro a continuación:

C++

```
#include <iostream>
#include <limits>

int main() {
    int edad;

    std::cout << "Introduce tu edad: ";
    std::cin >> edad;

    if (std::cin.fail()) {
        // Limpia el estado de error
        std::cin.clear();
        // Limpia el búfer
        std::cin.ignore(std::numeric_limits<std::streamsize>::max(), '\n');
```

continuación C++

```
        std::cout << "Error de entrada. Por favor, introduce
                      un número válido.\n";
    } else {
        std::cout << "Tu edad es " << edad << '\n';
    }

    return 0;
}
```

Ejercicios

Ejercicio 18.03. Lee una frase con `getline()` y muéstrala centrada en una línea de 108 caracteres.

Ejercicio 18.04. Implementa un programa que solicite al usuario su nombre, su edad y la ciudad en la que vive. Muéstralo como una ficha con columnas alineadas.

Ejercicio 18.05. Lee una frase con `getline()` y muéstrala en mayúsculas, con `setw(108)` alineada a la derecha.

Ejercicio 18.06. Implementa un programa que solicite tres precios (con decimales) y muéstralos de nuevo en pantalla con dos cifras decimales usando `fixed` y `setprecision`.

Ejercicio 18.07. Lee una letra con `get()` y muestra su código ASCII en decimal, octal y hexadecimal.

Ejercicio 18.08. Lee el nombre completo y el saldo de la cuenta bancaria de tres clientes. Muestra los saldos con signo positivo con el manipulador de flujo `showpos`.

Ejercicio 18.09. Escribe un programa que lea un número decimal y muéstralo en notación científica.

Ejercicio 18.10. Captura una frase introducida por teclado con `getline()`, cuenta cuántos espacios tiene y muéstralo en pantalla.

Ejercicio 18.11. Implementa un programa que lea ocho temperaturas y las muestre con alineación decimal, con `fixed` y `setprecision(1)`.

Ejercicio 18.12. Lee un número real y muéstralo con `0`, `4`, `8`, `15` y `16` cifras decimales en distintas líneas.

Ejercicio 18.13. Analiza el siguiente programa que pide al usuario que introduzca su edad y, a continuación, su altura en centímetros. Si el usuario introduce un valor no numérico (por ejemplo, una palabra como RUST) al pedir la edad, se detecta el error con `std::cin.fail()` y se muestra el mensaje Entrada no válida, pero no se llama a `std::cin.clear()` ni a `std::cin.ignore()`.

```
include <iostream>

int main() {
    int edad, altura;

    std::cout << "Introduce tu edad: ";
    std::cin >> edad;

    // El usuario introduce una letra, como 'a'
    if (std::cin.fail()) {
        std::cout << "Entrada no válida.\n";
    }

    std::cout << "Introduce tu altura en cm: ";
    std::cin >> altura;

    std::cout << "Edad: " << edad << ", Altura: " << altura << '\n';

    return 0;
}
```

Observa qué ocurre cuando el programa continúa y solicita la altura: el flujo de entrada sigue en estado de error, por lo que no se permite introducir la altura y el programa muestra resultados incorrectos o inesperados. Ejecuta el programa con distintos tipos de entrada y explica por qué no limpiar el estado de error del flujo de entrada provoca un comportamiento erróneo en las siguientes lecturas.

19

La biblioteca <string>

En este capítulo aprenderás:

- Cómo declarar y definir cadenas de caracteres de tipo std::string.
- Las operaciones más comunes con cadenas, como concatenar, acceder a caracteres individuales, comparar, extraer subcadenas o buscar contenido, entre otras.
- Cómo convertir cadenas de tipo std::string en otros tipos de datos y viceversa.
- Cómo prevenir errores en tiempo de ejecución al manipular cadenas y aplicar correctamente el manejo de excepciones para solucionarlos de forma segura.

Introducción

El manejo de cadenas de caracteres en C++ ha evolucionado con el tiempo, sobre todo con la llegada de nuevas versiones del lenguaje.

Inicialmente, C++ heredó de C el uso de cadenas de bajo nivel, representadas mediante arrays de caracteres terminados en `\0` o con punteros a `char`.

Como sabes, los arrays de caracteres permiten definir cadenas con un tamaño fijo, lo que proporciona cierto control sobre el espacio reservado y una mayor seguridad al escribir en memoria. Además, su uso ofrece algo más de protección frente a errores en tiempo de ejecución, en especial si se gestionan de forma constante. Sin embargo, su tamaño fijo puede limitar la flexibilidad, sobre todo cuando necesitas trabajar con cadenas de longitud variable. También es fácil desperdiciar memoria si el array es mucho más grande de lo necesario, y suelen requerir funciones manuales para copiar, comparar o concatenar cadenas, lo que incrementa la complejidad y el riesgo de errores.

Por otro lado, los punteros a `char` son más flexibles, ya que pueden apuntar a cualquier dirección de memoria: desde literales hasta arrays o bloques reservados dinámicamente. Resultan muy útiles al trabajar con funciones estándar de C y facilitan una manipulación más dinámica de las cadenas. Sin embargo, esta flexibilidad también implica importantes desventajas: el manejo manual de memoria con punteros a `char` puede dar lugar a errores sutiles y peligrosos, como accesos fuera de los límites del array, fugas de memoria o intentos de escritura en zonas de solo lectura.

NOTA:

En C++, los literales de cadena tienen el tipo «const char», lo que sugiere que no deberían modificarse. Sin embargo, es posible (aunque incorrecto) convertirlos a «char*» e intentar alterar su contenido, lo que suele provocar un comportamiento indefinido. El motivo es sencillo: los literales se almacenan en una zona de solo lectura de la memoria y cualquier intento de escritura puede causar errores en tiempo de ejecución o resultados impredecibles. Esta situación evidencia los riesgos del manejo manual de memoria con punteros «char*», incluso cuando se utiliza «const» como medida de protección.*

Asimismo, el programador debe asegurarse de que las cadenas estén correctamente terminadas con un carácter nulo (`\0`). Si se omite, el uso de funciones de la biblioteca estándar como `strlen()`, `strcpy()` o `printf()` se puede provocar un comportamiento indefinido.

Si continúas profundizando, verás que gestionar la asignación y liberación de memoria dinámica también puede dar lugar fácilmente a errores, lo que pone en riesgo la estabilidad y la seguridad del programa. En entornos complejos, estos riesgos se amplifican, porque cualquier descuido en el manejo de punteros puede provocar errores de segmentación o corrupción de datos.

El asunto está en que trabajar con texto en C++ implica una serie de operaciones frecuentes y propensas a causar errores: contar caracteres, copiar contenido, buscar subcadenas, gestionar memoria o asegurarse de que la cadena finalice con un carácter nulo, entre otras.

Para manipular texto de forma fiable, es fundamental contar con una representación segura de las cadenas de caracteres. Usar arrays de `char` o punteros obliga al programador a gestionar manualmente aspectos delicados como la terminación nula, los límites del buffer o la correcta liberación de memoria. Estos detalles pueden dar lugar fácilmente a errores graves, carga que no solo ralentiza el desarrollo, sino que también afecta a la estabilidad y seguridad del programa. Además, trabajar con cadenas debería ser intuitivo. Operaciones comunes como concatenar, buscar o extraer fragmentos no deberían requerir múltiples funciones externas ni un conocimiento avanzado del manejo de punteros. Y en un lenguaje que fomenta la programación orientada a objetos, es natural esperar que las cadenas se comporten como objetos, con métodos propios, y no como simples bloques de memoria.

Por todas estas razones, C++ incorpora la clase `string`, que encapsula la lógica necesaria para gestionar texto de forma segura y eficiente. Esta clase[1] se encarga automáticamente de la gestión de memoria, garantiza la integridad de las cadenas y proporciona una interfaz clara, robusta y coherente con el estilo moderno del lenguaje. Para utilizarla, crea un archivo main.cpp e incluye la biblioteca `<string>` en tu programa.

Declaración y definición

Gracias a la sobrecarga de constructores y a su compatibilidad con los literales de cadena (`const char*`), puedes declarar e inicializar objetos de tipo `std::string` de varias formas diferentes. A continuación veremos las múltiples opciones que ofrece este tipo para crear variables de tipo `string`.

Inicialización vacía

Imagina que quieres trabajar con el nombre de usuario de una persona en redes sociales. Puedes declarar una variable de tipo `std::string` como si de un tipo primitivo se tratase.

C++

```
#include <string>
using namespace std;

int main(){
    string nombreDeUsuario;
    return 0;
}
```

1 Es una clase cuyo nombre no comienza con letra mayúscula.

Si intentas mostrar el contenido de la cadena en pantalla (`cout << nombreDeUsuario << endl;`), no verás nada, ya que la variable contiene una cadena vacía (`""`) (figura 19.1).

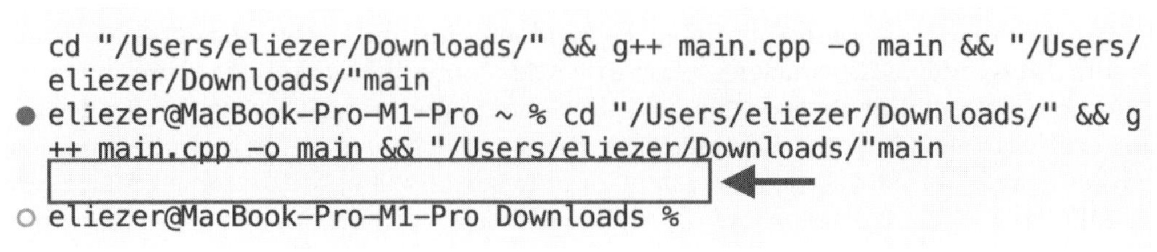

Figura 19.1. Contenido de la variable «nombreDeUsuario».

Desde un literal de cadena

Si puedes declarar un objeto de tipo `string` igual que cualquier otra variable primitiva, tiene sentido que su inicialización también siga un enfoque similar. Puedes asignarle un valor directamente al declararlo o hacerlo más adelante utilizando un literal de cadena (entre comillas dobles) mediante el operador de asignación =.

C++

```
#include <string>
using namespace std;

int main(){
    // Declaración e inicialización
    string nombreDeUsuario = "@EliezerLopez";

    // Declaración y definición en dos pasos
    string webDeSoporte;
    webDeSoporte = "https://eliezerlopez.cc";

    return 0;
}
```

NOTA:

Al declarar y definir un «string» en dos pasos, primero se crea una cadena vacía y luego su contenido se sobrescribe con el nuevo valor.

`string` puede parecer un tipo primitivo pero ya sabes que se trata de una clase y, por tanto, cada vez que declares una variable de tipo `string`, en realidad estarás creando un objeto. Cuando usas la sintaxis del operador de asignación (=) para inicializarlo, el programa invoca internamente uno de los constructores de la clase `string`, al que le pasa el dato con el que se debe inicializar el objeto. Así que es lógico que también puedas crear un `string` llamando directamente al constructor, ¿verdad? Veamos cómo hacerlo.

C++

```cpp
#include <string>
using namespace std;

int main(){
    string nombreDeUsuario("@EliezerLopez");
    return 0;
}
```

Desde parte de un literal de cadena

La clase `string` es flexible a la hora de construir cadenas. Por ejemplo, no solo puedes crear un `string` directamente a partir de una cadena literal, sino que también puedes extraer solo una parte de ella. Para conseguirlo, basta con usar el constructor que recibe un segundo parámetro: el número de caracteres que quieres tomar desde el principio.

C++

```cpp
#include <string>
using namespace std;

int main(){
    string nombreDeUsuario("@EliezerLopez", 8);
    return 0;
}
```

El objeto `nombreDeUsuario` almacenará la cadena @Eliezer (figura 19.1)

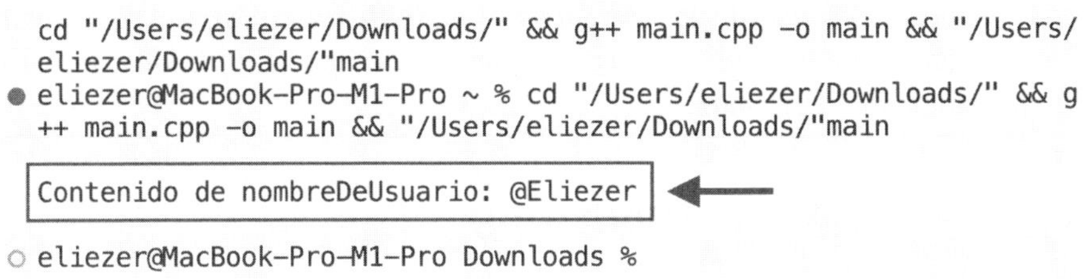

Figura 19.2. Contenido de la variable «nombreDeUsuario».

Inicialización uniforme

La inicialización uniforme es una característica introducida en C++11 que unifica y simplifica la forma de inicializar variables, objetos, arrays y estructuras. En lugar de usar paréntesis o el operador de asignación, utiliza llaves `{}` para realizar la inicialización.

ADVERTENCIA:

No confundas la línea 6 con la creación de una cadena a partir de una subcadena, como en el ejemplo que vimos antes («std::string nombreDeUsuario("@EliezerLopez", 8);»).

Operaciones más comunes

La biblioteca `<string>` proporciona operaciones que simplifican el trabajo con cadenas de caracteres, especialmente en comparación con el enfoque tradicional en C. A continuación, veremos cómo se utilizan las operaciones más comunes.

Concatenación

La clase `<string>` ofrece varios mecanismos para concatenar cadenas, siempre que al menos una de ellas sea de tipo `std::string`.

Comencemos por el operador +, que permite concatenar dos objetos de tipo `string` o un `string` con un literal de tipo `const char *` o `char`.

C++

```
std::string nombre = "Jack";
std::string primerApellido = "Shephard";
std::string nombreCompleto = nombre + " " + primerApellido;
```

ADVERTENCIA:

Al concatenar cadenas en C++, si utilizas un literal de cadena («"texto"») en la operación, este debe colocarse a la derecha de un objeto `std::string`. *Por ejemplo, la expresión «" " + nombre + apellido» no funcionará, ya que intenta sumar un literal de tipo «const char*» con un objeto «std::string», lo cual no está permitido.*

También se puede concatenar utilizando el operador de asignación compuesta (+=). A diferencia del método anterior, este operador modifica directamente el objeto que aparece a la izquierda.

C++

```
std::string nombreCompleto = "Kate";
nombreCompleto += " ";
std::string primerApellido = "Shephard";
nombreCompleto += primerApellido;
```

De forma similar al operador de asignación compuesta, el método `append()` permite añadir un `string` al final de otro ya existente.

C++

```
std::string nombreCompleto = "Desmond";
nombreCompleto.append(" ");
std::string primerApellido = "Hume";
nombreCompleto.append(primerApellido);
```

ADVERTENCIA:

Las opciones mostradas modifican la cadena ubicada a la izquierda del operador o del método de concatenación. Si esa cadena es constante, no será posible usar estos métodos, ya que intentan alterar su contenido.

Inserción

El método `insert()` permite insertar una cadena en una posición específica dentro de un `string`. La cadena que se quiere insertar puede ser otro objeto de tipo `string`, un puntero a caracteres (`char*` o `const char*`) o incluso un único carácter.

C/C++

```
std::string empresa = "Industries";
empresa.insert(0, "Reynholm ");
std::cout << empresa << std::endl;
```

NOTA:

Si la posición indicada es la última de la cadena, el método «insert()» también puede usarse para concatenar strings.

Comparación

La clase `<string>` ofrece el método `compare()` para comparar dos cadenas. Para usarlo, llama al método desde una de las cadenas involucradas en la comparación y pásale la otra cadena como argumento.

C++

```
string lenguajeDeProgramacion1 = "C";
string lenguajeDeProgramacion2 = "C++";
cout << lenguajeDeProgramacion1.compare(lenguajeDeProgramacion2) << endl;
```

Este método es la alternativa en C++ a la función `strcmp()` de la biblioteca `<string.h>` y, al igual que esta, devuelve `0` si ambas cadenas son iguales, un número negativo si la primera cadena es menor que la segunda, y un número positivo si la primera cadena es mayor que la segunda.

continuación C++

```
        std::cout << "'@' no encontrado en la cadena." << std::endl;
    }

    return 0;
}
```

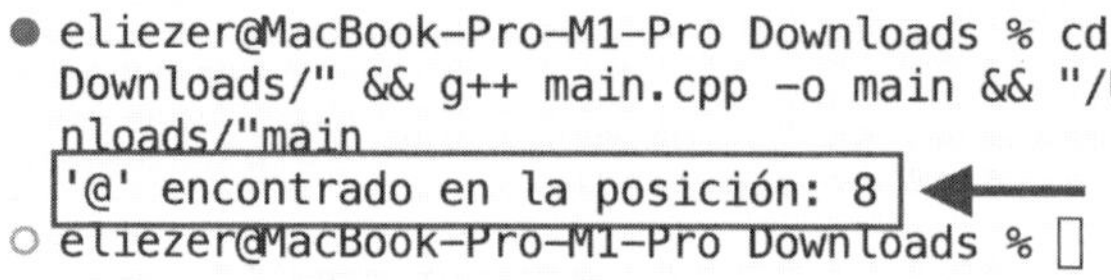

Figura 19.6. Localización de un carácter dentro de una cadena.

Como puedes comprobar, localizar un carácter es realmente sencillo (figura 19.6). Lo mismo ocurre con una subcadena (figura 19.7):

C++

```
#include <iostream>
#include <string>

int main() {
    std::string enlace = "https://eliezerlopez.dev";
    size_t posicionExtension = enlace.find(“.dev”);

    if (posicionExtension != std::string::npos){
        std::cout << "Extensión '.dev' encontrada en la posición: "
                  << posicionExtension << std::endl;
    } else {
        std::cout << "Extensión '.dev' no encontrada en el enlace."
                  << std::endl;
    }

    return 0;
}
```

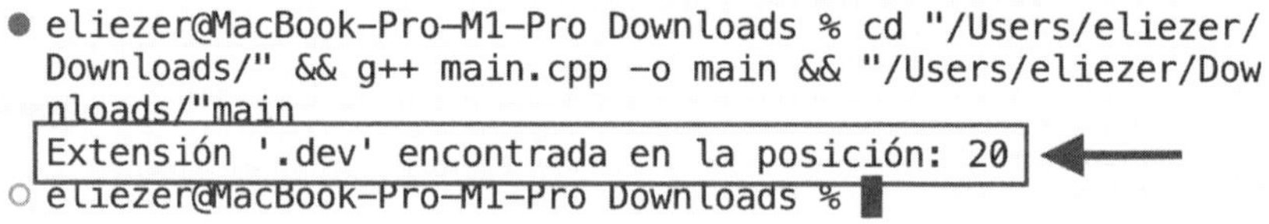

Figura 19.7. Localización de un carácter dentro de una subcadena.

El método `find()` encuentra la primera aparición del carácter o de la secuencia exacta proporcionada. Si lo que queremos es localizar la primera aparición de cualquiera de varios caracteres, entonces debemos usar el método `find_first_of()`.

Por ejemplo, supongamos que un programa pide al usuario una contraseña y la valida comprobando que no incluya ninguno de los siguientes caracteres prohibidos: # $ % & / ( ) = ? ¿. Si la contraseña contiene alguno de ellos, se muestra un mensaje de error y se solicita una nueva. Este proceso se repite hasta que el usuario introduce una contraseña válida, tras lo cual el programa muestra el mensaje Contraseña aceptada y finaliza (figura 19.8).

C++

```
#include <iostream>
#include <string>

int main() {
    bool contraseniaCorrecta = false;
    std::string contrasenia;
    std::string caracteresProhibidos = "#$%&/()=?¿";

    while (!contraseniaCorrecta) {
        std::cout << "Introduce una contraseña: ";
        std::getline(std::cin, contrasenia);

        auto posicion =
             contrasenia.find_first_of(caracteresProhibidos);

        if (posicion != std::string::npos) {
            std::cout << "La contraseña contiene caracteres
            no permitidos (" << caracteresProhibidos
            << "). Inténtalo de nuevo.\n";
        } else {
            contraseniaCorrecta = true;
        }
    }

    std::cout << "Contraseña aceptada.\n";
    return 0;
}
```

TRUCO:

La palabra clave «auto» le dice al compilador que deduzca automáticamente el tipo de dato de una variable a partir del valor que se le asigna.

```
Introduce una contraseña: miContra$eñaSuperDificil
La contraseña contiene caracteres no permitidos (#$%&/()=?¿). Inténtalo de nuevo.
Introduce una contraseña: miContraseñaSuperDificil
Contraseña aceptada.
```

Figura 19.8. Uso del método «find_first_of()» para validar una cadena de tipo «string».

Si, en lugar de buscar la primera aparición de alguno de los caracteres indicados, necesitas encontrar la última, puedes recurrir al método `find_last_of()`. Por ejemplo, imagina que tienes el nombre de un archivo que contiene varios puntos y quieres localizar el último de ellos para identificar dónde comienza la extensión.

C++

```cpp
#include <iostream>
#include <string>

int main() {
    std::string archivo = "planos.halcon.milenario.v2.dxf";

    /* Buscar la última aparición del punto para
       encontrar la extensión */
    size_t ultimaPosicionPunto = archivo.find_last_of('.');

    // Extraer la extensión del archivo
    std::string extension =
        (ultimaPosicionPunto != std::string::npos)
        ? archivo.substr(ultimaPosicionPunto + 1)
        : "";

    std::cout << "Extensión del archivo: " << extension
              << std::endl;

    return 0;
}
```

NOTA:

El método «substr()» sirve para obtener una subcadena (una parte de una cadena) a partir de una posición específica y con una longitud determinada («string.substr(posición_inicial, longitud)»).

El último método de búsqueda que vamos a ver es `rfind()`. Funciona de manera similar a `find()`, con una diferencia clave: en vez de devolver la primera coincidencia, `rfind()` devuelve la última aparición exacta de un carácter o cadena dentro del texto.

Por ejemplo, imagina que necesitas localizar el último separador de directorios (/) en una ruta de archivo para extraer el nombre del archivo.

C++

```cpp
#include <iostream>
#include <string>

int main() {
    std::string ruta = "/home/usuario/descargas/ficha_empleado.txt";
    size_t pos = ruta.rfind('/');

    if (pos != std::string::npos) {
        std::string nombreArchivo = ruta.substr(pos + 1);
        std::cout << "Nombre del archivo: " << nombreArchivo
                  << std::endl;
    } else {
        std::cout << "No se encontró el separador en la ruta."
                  << std::endl;
    }

    return 0;
}
```

NOTA:

¿Quieres seguir aprendiendo? Echa un vistazo a los métodos «find_first_not_of("caracteres")» y «find_last_not_of("caracteres")». Permiten encontrar la primera o última posición en una cadena donde aparece un carácter que no forma parte del conjunto especificado.

Acceso a caracteres

El acceso a los caracteres en cadenas de tipo `string` se realiza de varias formas. A continuación, veremos las opciones más comunes y en qué situaciones conviene utilizar cada una.

Operador `[ ]`

Al igual que en los arrays de bajo nivel, el operador `[ ]` permite acceder directamente al carácter situado en la posición indicada por el índice, comenzando desde cero.

C++

```
std::string nombre = "Maurice";
char inicialNombre = nombre[0];
```

El acceso mediante corchetes permite tanto consultar como modificar el contenido (siempre y cuando el `string` no se haya declarado como constante).

C++

```
std::string numerosPerdidos = "4 4 15 16 23 42";
numerosPerdidos[2] = '8';
/* Recuerda que los arrays en C++ comienzan en el índice 0, por lo que [2]
accede al tercer elemento del array (el carácter 4)*/
```

Y, al igual que con las cadenas de caracteres de bajo nivel, sirve para recorrer todo el `string`.

C++

```
#include <iostream>
#include <string>

int main() {
    std::string nombreDeUsuario = "@EliezerLopez";

    for (int i = 0; i < nombreDeUsuario.length(); ++i) {
        std::cout << "nombreDeUsuario[" << i << "] = "
        << nombreDeUsuario[i] << std::endl;
    }

    return 0;
}
```

El principal problema de usar corchetes en C++ es que no son seguros. Son de acceso rápido porque no comprueban si el índice al que se accede se encuentra dentro de los límites de la cadena. De hecho, el acceso a una posición fuera del tamaño del `string` provocará un comportamiento indefinido.

C++

```cpp
#include <iostream>
#include <string>

int main() {
    std::string nombreDeUsuario = "@EliezerLopez";
    int posicion = 108;
    std::cout << "nombreDeUsuario[" << posicion << "] = "
              << nombreDeUsuario[posicion] << std::endl;

    return 0;
}
```

Método at()

Una alternativa más segura al acceso mediante corchetes es el método `at()`. Aunque no es tan rápido como el de acceso directo, este método sí realiza una comprobación de límites para evitar errores fuera de rango. El recorrido carácter por carácter de `nombreDeUsuario` también puede implementarse de forma segura con el método `at()`, tal como muestro a continuación:

C++

```cpp
#include <iostream>
#include <string>

int main() {
    std::string nombreDeUsuario = "@EliezerLopez";

    for (int i = 0; i < nombreDeUsuario.length(); ++i) {
        std::cout << "nombreDeUsuario[" << i << "] = "
                  << nombreDeUsuario.at(i) << std::endl;
    }

    return 0;
}
```

Si intentas acceder a una posición fuera del rango, obtendrás el siguiente error de compilación (ver figura 19.9).

```
⊗ eliezer@MacBook-Pro-M1-Pro Downloads % cd "/Users/eliezer/Downloads/" && g++ main.cpp -o main && "/Users/eliezer/Downloads/"main
libc++abi: terminating with uncaught exception of type std::out_of_range: basic_string
zsh: abort      "/Users/eliezer/Downloads/"main
○ eliezer@MacBook-Pro-M1-Pro Downloads %
```

Figura 19.9. Interrupción del programa por intento de acceso a una posición fuera del rango.

Recorrido

Recientemente comprobaste cómo recorrer una cadena de caracteres a través de sus índices. Sin embargo, lo más habitual es implementar el recorrido mediante iteradores o bucles basados en rango.

`at()` es útil cuando quieres acceder a una posición concreta del `string` con seguridad, ya que lanza una excepción[2] si el índice está fuera de rango. Sin embargo, si solo necesitas recorrer todos los caracteres de una cadena, usar `at()` en cada iteración añade una sobrecarga innecesaria: cada llamada comprueba los límites, lo cual puede afectar al rendimiento. La otra opción es recurrir al operador `[]`, pero ya sabes que se trata de una opción no segura.

En cambio, los iteradores y los bucles basados en rango ofrecen una forma más eficiente y segura de recorrer estructuras de datos, porque evitan las comprobaciones manuales en cada paso a la vez que reducen el riesgo de errores como accesos fuera de rango.

Iteradores

Un iterador es un tipo especial de objeto que permite recorrer los elementos de una estructura de datos, como por ejemplo una cadena de texto (`string`). En algunos casos, un iterador puede estar implementado internamente como un puntero para ganar eficiencia; en otros, puede estar basado en una clase o estructura.

Independientemente de cómo esté implementado, lo que realmente importa ahora es que un iterador permite acceder a los elementos de una colección uno por uno. Como un `string` es, en esencia, una colección de caracteres, puedes usar un iterador para recorrerlo de principio a fin, de manera clara y eficiente.

El tipo de iterador depende completamente de la estructura de datos que estés utilizando. Por ejemplo, para recorrer una cadena de tipo `std::string`, necesitarás un iterador de tipo `std::string::iterator`, que permita desplazarse desde el primer hasta el último carácter de la cadena.

Este recorrido se realiza con los métodos `begin()` y `end()`, que devuelven un iterador al primer carácter y al carácter siguiente al final de la cadena, respectivamente. Puedes usar estos iteradores dentro de un bucle `for`, de forma similar a como usarías un índice, y acceder a los elementos mediante el operador de desreferenciación `*`, al igual que con los punteros.

C++

```
std::string guiaDeProgramacion = "Guia de programacion en C/C++";

for (std::string::iterator it = guiaDeProgramacion.begin();
                     it != guiaDeProgramacion.end(); ++it){
    std::cout << *it << ' ';
}
```

2 Una excepción es un mecanismo utilizado por los lenguajes de programación para manejar errores o situaciones inesperadas que ocurren durante la ejecución de un programa.

Si quieres recorrer una cadena sin modificar su contenido, lo mejor es utilizar un iterador constante. Para ello, puedes usar el método `cbegin()`, que devuelve un iterador al primer carácter de la cadena, y `cend()`, que devuelve un iterador al carácter siguiente al último.

C++

```
std::string guiaDeProgramacion = "Guia de programacion en C/C++";

for (std::string::const_iterator it = guiaDeProgramación.cbegin();
                              it != guiaDeProgramación.cend(); ++it){
    std::cout << *it << ' ';
}
```

Bucle basado en rango

El bucle basado en rango está disponible desde C++11 y se utiliza para recorrer todos los elementos de una colección. En este caso, `std::string` es una colección que almacena caracteres, por lo que puedes usar este tipo de bucle para recorrer cada letra de una cadena.

Simplemente declara una variable que, en cada iteración, tomará el valor de uno de los caracteres de la cadena.

C++

```
#include <iostream>
#include <string>
using namespace std;


int main() {
    string guiaDeProgramacion = "Guia de programacion en C/C++";

    for (char caracter : guiaDeProgramacion) {
        cout << caracter << ' ';
    }

    return 0;
}
```

Este programa realiza la misma tarea que su versión con iteradores, pero de una manera más clara y moderna. Produce una salida como la que te muestro a continuación.

G u i a d e p r o g r a m a c i ó n e n C / C + +

NOTA:

En otros lenguajes de programación, este tipo de bucle se conoce como «for-each».

Reemplazo

El método `replace()` se utiliza para sustituir partes de una cadena de texto. Por ejemplo, si tienes un enlace que comienza con http:// y quieres cambiarlo por https://, puedes usar este método para hacerlo de forma sencilla.

C++

```cpp
#include <iostream>
#include <string>

int main() {
    std::string webDeSoporte = "http://eliezerlopez.cc";
    webDeSoporte.replace(0, 4, "https");

    std::cout << "Visita: " << webDeSoporte << std::endl;

    return 0;
}
```

`webDeSoporte.replace(0, 4, "https");` reemplaza, en la cadena `webDeSoporte`, `4` caracteres (segundo parámetro) a partir de la posición `0` (primer parámetro) por el texto `"https"` (tercer parámetro).

El método `replace()` acepta un cuarto parámetro que indica cuántos caracteres de la cadena proporcionada como tercer parámetro se deben usar para el reemplazo. Por ejemplo, si queremos cambiar la extensión de un dominio a .com, podemos extraer las tres primeras letras de la palabra commercial —de donde proviene .com"— y usarlas como reemplazo.

C++

```cpp
#include <iostream>
#include <string>

int main() {
    std::string enlace = "https://eliezerlopez.cc";
    size_t posicionDeLaExtension = enlace.length() - 2;
    enlace.replace(posicionDeLaExtension, 2, "commercial", 3);

    std::cout << "Visita: " << enlace << std::endl;

    return 0;
}
```

También es posible reemplazar parte del contenido de una cadena mediante un rango definido por iteradores, lo que ofrece una alternativa más segura. Para ello, se emplean los métodos `begin()` y `end()` para obtener las posiciones de inicio y fin de la subcadena que se desea sustituir, y se pasan estos iteradores, junto con la nueva cadena, como argumentos del método correspondiente.

C++

```cpp
#include <iostream>
#include <string>

int main() {
    std::string webDeSoporte = "http://eliezerlopez.cc";
    webDeSoporte.replace(webDeSoporte.begin(),
                         webDeSoporte.begin() + 4, "https");

    std::cout << "Visita: " << webDeSoporte << std::endl;

    return 0;
}
```

Esta sobrecarga también permite añadir un cuarto parámetro para indicar el número de caracteres de la cadena de reemplazo se utilizarán:

C++

```cpp
#include <iostream>
#include <string>

int main() {
    std::string enlace = "https://eliezerlopez.cc";

    std::string::iterator inicio = enlace.begin() +
                          (enlace.length() - 2);
    std::string::iterator fin = enlace.end();

    // Solo queremos insertar los primeros 3 caracteres: "com"
    size_t numeroDeCaracteres = 3;

    enlace.replace(inicio, fin, "commercial", numeroDeCaracteres);

    std::cout << "Visita: " << enlace << std::endl;

    return 0;
}
```

Tamaño y manipulación

Para comprobar si una cadena está vacía, puedes usar el método `empty()`, que devuelve un valor booleano: `true` si la cadena está vacía y `false` en caso contrario.

C++

```cpp
#include <iostream>
#include <string>
using namespace std;

int main() {
    string guiaDeProgramacion = "Guía de Programación en C/C++";
```

continuación C++

```
    if (guiaDeProgramacion.empty()) {
        cout << "La cadena está vacía." << endl;
    } else {
        cout << "La cadena NO está vacía." << endl;
    }

    return 0;
}
```

Si la cadena no está vacía, entonces conviene conocer los métodos `size()` y `length()`. En C++, ambos son equivalentes y devuelven la longitud de la cadena sobre la que se invocan.

C++

```
#include <iostream>
#include <string>
using namespace std;

int main() {
    string guiaDeProgramacion = "Guía de Programación en C/C++";

    cout << "Tamaño usando length(): "
         << guiaDeProgramacion.length() << endl;
    cout << "Tamaño usando size(): " << guiaDeProgramacion.size()
         << endl;

    return 0;
}
```

La existencia de dos métodos que hacen lo mismo se debe a motivos de legibilidad y estilo. Por lo general, se prefiere `size()` al trabajar con contenedores (como veremos en el capítulo 20), mientras que `length()` se utiliza cuando se trata de longitud textual, como en frases o textos.

TRUCO:

Al realizar operaciones como «append()» o «+=» sobre un «std::string», si la memoria actual no es suficiente para el nuevo contenido, el «string» se ve obligado a reubicar su almacenamiento en otra parte de la memoria y reservar más espacio del necesario para anticipar futuras expansiones.
Mientras que el método «size()» indica cuántos caracteres contiene actualmente el «string», «capacity()» muestra cuántos puede almacenar sin tener que solicitar más memoria al sistema. Conocer esta diferencia permite mejorar el rendimiento del programa, porque puedes anticiparte a las reubicaciones de memoria, que son operaciones costosas en tiempo.

Eliminación

La manera más simple de vaciar una cadena de tipo `string` es usar el método `clear()`, que elimina todo su contenido. Por ejemplo, podemos implementar una función inspirada en el famoso neuralizador de *Men in Black*, el dispositivo que borra la memoria de las personas.

C++

```
#include <iostream>
#include <string>

void neuralizar(std::string& recuerdo) {
    std::cout << "*FLASH* ¡Neuralizador activado!\n";
    recuerdo.clear();
}

int main() {
    std::string recuerdo = "¡Vi un alien saliendo del supermercado!";

    std::cout << "Antes del neuralizador:\n";
    std::cout << "Recuerdo: " << recuerdo << "\n\n";


    neuralizar(recuerdo);

    std::cout << "Después del neuralizador:\n";
    std::cout << "Recuerdo: \"" << recuerdo << "\"\n";

    return 0;
}
```

ADVERTENCIA:

«clear()» elimina todos los caracteres de la cadena y la deja con longitud 0, pero no libera la memoria reservada. Es decir, la capacidad («capacity») de la cadena puede seguir siendo mayor que cero. Si deseas liberar esa memoria no utilizada, puedes llamar al método «shrink_to_fit()», que intentará reducir la capacidad al tamaño actual de la cadena.

Si deseas eliminar solo una parte de una cadena, el método `erase()` incluye una sobrecarga que lo permite.

C++

```
#include <iostream>
#include <string>

int main() {
    std::string secreto = "Bruce Wayne es Batman,
                           pero no se lo digas a nadie.";
    size_t posicion = secreto.find("Bruce Wayne");

    if (posicion != std::string::npos) {
        secreto.erase(posicion, std::string("Bruce Wayne").length());
```

continuación C++

```
        secreto.insert(posicion, "[IDENTIDAD SECRETA]");
    }

    std::cout << secreto << std::endl;
    return 0;
}
```

También puedes eliminar una parte de la cadena mediante el uso de iteradores:

C++

```
#include <iostream>
#include <string>

int main() {
    std::string secreto = "Bruce Wayne es Batman,
                           pero no se lo digas a nadie.";
    std::string identidad = "Bruce Wayne";

    size_t posicion = secreto.find(identidad);

    if (posicion != std::string::npos) {
        /* Usamos erase() con iteradores en lugar
           de posición y longitud */
        secreto.erase(secreto.begin() + posicion, secreto.begin()
                      + posicion + identidad.length());
        secreto.insert(posicion, "[IDENTIDAD SECRETA]");
    }

    std::cout << secreto << std::endl;
    return 0;
}
```

Si llamas al método `erase()` sin pasarle ningún argumento, su comportamiento será similar al de `clear()`: eliminará todo el contenido de la cadena (por ejemplo: `recuerdo.erase();`)

NOTA:

El objetivo de usar estas funciones dentro de un programa es que puedas conocer las distintas formas de trabajar con cadenas. Te animo a que practiques con ellas para sacarles el máximo provecho.

Formato

La forma más recomendada de darles formato es a través de la función `format()`.

C++

```
#include <iostream>
#include <format>
```

```
int main() {
    std::string nombre = "Maurice Moss";
    int edad = 31;

    std::string mensaje = std::format("{} tiene {} años.",
                                      nombre, edad);
    std::cout << mensaje << std::endl;

    return 0;
}
```

La función `format()` reemplaza los marcadores `{}` en una cadena por los valores que se le pasan como argumentos y devuelve una nueva cadena con el resultado final.

Maurice Moss tiene 31 años.

NOTA

La función «format()» fue incorporada en C++20 como parte de la biblioteca <format>, con el objetivo de modernizar y simplificar el formateo de texto en el lenguaje. Aunque no forma parte directamente de la biblioteca <string>, se utiliza con frecuencia para generar cadenas de texto (std::string), ya que devuelve una nueva cadena formateada como resultado. Esta función requiere C++20 o una versión más reciente, así como un compilador que la implemente correctamente.

Manejo de errores

Como ya comentamos antes, el método `at()` permite acceder a un carácter en una posición específica de una cadena `std::string`, y a diferencia del operador `[]`, realiza una comprobación de límites: si el índice está fuera del rango válido, lanza una excepción.

Una excepción es un mecanismo que permite manejar errores o situaciones excepcionales que pueden ocurrir durante la ejecución de un programa; en lugar de finalizar el programa cuando ocurre un error, este puede lanzar (`throw`) una excepción y luego capturarla (`catch`) para tratar el problema de forma controlada. Como desarrollador o desarrolladora de software, prevés que esa situación puede ocurrir y preparas una forma de solucionarla.

Las excepciones se gestionan mediante bloques `try-catch`. El bloque `try` encapsula las llamadas a métodos que podrían lanzar una excepción, y el bloque `catch` se encarga de capturarla y manejarla si se produce:

C++

```cpp
try {
    // Código que podría lanzar una excepción
} catch (const std::exception& e) {
    // Manejo de la excepción
}
```

Como existe la posibilidad de acceder a un índice fuera del rango, es necesario encapsular la llamada al método `at()` dentro de un bloque `try`.

C++

```cpp
std::string enlace = "https://eliezerlopez.cc";

try {
    char c = enlace.at(108);
    std::cout << "Carácter en índice 108: " << c << std::endl;
}
```

Cuando se intenta acceder a una posición fuera del rango válido, el método `at()` lanza una excepción de tipo `std::out_of_range`, definida en la biblioteca `<stdexcept>`. Para evitar que el programa termine de forma inesperada, esta excepción debe capturarse mediante un bloque `catch`.

C++

```cpp
#include <iostream>
#include <string>
#include <stdexcept>

int main() {
    std::string enlace = "https://eliezerlopez.cc";

    try {
        char c = enlace.at(108);
        std::cout << "Carácter en índice 108: " << c << std::endl;
    } catch (const std::out_of_range& e) {
        std::cout << "Excepción capturada: " << e.what()
                  << std::endl;
    }

    return 0;
}
```

TRUCO:

Al invocar el método «what()» desde una excepción, se obtiene una descripción del error que facilita entender qué ha ocurrido.

Si necesitas manejar varias excepciones dentro del mismo bloque, puedes añadir tantos bloques `catch` como sean necesarios, uno por cada tipo de excepción que quieras controlar.

C++

```
try {
    // Código que podría lanzar una excepción
} catch (const std::exception& e1) {
    // Manejo de la excepción 1
} catch (const std::exception& e2) {
    // Manejo de la excepción 2
}
```

En caso de que se lance una excepción no conocida, también puedes capturarla por defecto utilizando un bloque `catch` con tres puntos suspensivos (`...`).

C++

```
try {
    // Código que podría lanzar una excepción
} catch (const std::exception& e1) {
    // Manejo de la excepción 1
} catch (const std::exception& e2) {
    // Manejo de la excepción 2
} catch (...) {
    // Manejo de la excepción desconocida
}
```

Conversiones de tipos

En C++, puedes usar `std::cin` para leer directamente valores de tipos como `int`, `float` o `double` desde el teclado. Sin embargo, cuando necesitas validar la entrada con mayor precisión o evitar que `std::cin` entre en un estado de error, es recomendable leer primero los datos como una cadena (`std::string`) y luego convertirlos al tipo que necesites.

Por ejemplo, supongamos que necesitas solicitar al usuario de tu programa el identificador de un empleado cualquiera.

C++

```
#include <iostream>
#include <string>

int main() {
    std::string id_string;

    std::cout << "Introduce el identificador del empleado: ";
    std::getline(std::cin, id_string);

    return 0;
}
```

Para convertir un identificador de tipo `std::string` en un valor de tipo `int`, puedes usar la función `stoi()`.[3]

[3] Su nombre proviene de *string to int* (*s-to-i*).

C++

```cpp
#include <iostream>
#include <string>

int main() {
    std::string id_string;
    int id_entero;

    std::cout << "Introduce el identificador del empleado: ";
    std::getline(std::cin, id_string);

    id_entero = std::stoi(id_string); // Convertir a entero
    std::cout << "El identificador como número entero es: "
              << id_entero << std::endl;

    return 0;
}
```

Sin embargo, la función `stoi()` puede lanzar distintas excepciones si la conversión falla, por lo que es importante gestionarlas correctamente.

C++

```cpp
#include <iostream>
#include <string>

int main() {
    std::string id_string;
    int id_entero;

    std::cout << "Introduce el identificador del empleado: ";
    std::getline(std::cin, id_string);

    try {
        id_entero = std::stoi(id_string);
        std::cout << "El identificador como número entero es: "
                  << id_entero << std::endl;
    } catch (const std::invalid_argument& e) {
        std::cout << "Error: La entrada no es un número válido."
                  << std::endl;
    } catch (const std::out_of_range& e) {
        std::cout << "Error: El número está fuera del
                      rango permitido." << std::endl;
    }

    return 0;
}
```

NOTA:

Cada tipo numérico tiene un rango de valores permitido. Si intentas convertir una cadena de texto en un número entero y el valor representado supera el límite que ese tipo puede almacenar, se lanzará una excepción del tipo «out_of_range» (fuera de rango).

El encabezado `<string>` ofrece varias funciones para convertir cadenas de texto en tipos numéricos y viceversa.

Tabla 19.1 Funciones para convertir cadenas de texto (string) en valores numéricos.

Función	Tipo devuelto
`std::stoi()`	`int`
`std::stol()`	`long`
`std::stoll()`	`long long`
`std::stoul()`	`unsigned long`
`std::stoull()`	`unsigned long long`
`std::stof()`	`float`
`std::stod()`	`double`
`std::stold()`	`long double`

En el sentido contrario, si lo que deseas es convertir un número en un objeto `std::string`, puedes utilizar la función `std::to_string()`. Esta función toma como argumento un valor numérico (como un `int`, `float`, `double`, `long`, entre otros) y devuelve una cadena de texto que representa dicho número.

C++

```
int numero = 42;
std::string numeroComoTexto = std::to_string(numero);
```

Ejercicios

Ejercicio 19.01. Implementa un programa que pida al usuario una palabra y muestre en pantalla cuántas letras tiene.

Ejercicio 19.02. Solicita al usuario que introduzca su dirección de correo electrónico, extrae el nombre de usuario (la parte anterior a la arroba) y el dominio (la parte posterior), y verifica que el nombre de usuario tenga al menos ocho caracteres de longitud; si no cumple este requisito, muestra un mensaje de error y vuelve a solicitar una nueva dirección de correo.

Ejercicio 19.03. Implementa un programa que reemplace todas las vocales por la letra «i»: Yo soy tu padre.

Ejercicio 19.04. Solicita al usuario el nombre y el primer apellido de un empleado. Convierte ambas cadenas a minúsculas y determina cuál de las dos es mayor alfabéticamente.

Ejercicio 19.05. Este programa puede causar corrupción de memoria, fallos en tiempo de ejecución o resultados impredecibles. ¿Sabrías explicar el motivo?

C++

```cpp
#include <iostream>
#include <string>
#include <cstring>

int main() {
    std::string mensaje = "Hola, mundo";
    char* puntero = const_cast<char*>(mensaje.c_str());
    std::strcpy(puntero, "Adiós");
    std::cout << "mensaje: " << mensaje << std::endl;
}
```

Ejercicio 19.06. Utiliza como punto de partida la cadena ¡Que la Fuerza te acompañe! e implementa un programa que permita al usuario interactuar con ella realizando distintas operaciones, como buscar palabras o caracteres, reemplazar contenido, contar caracteres, invertir la cadena, extraer subcadenas y eliminar espacios

Ejercicio 19.07. Intenta convertir parte de la cadena Estoy en tu mundo, pero no pertenezco a él a entero usando `std::stoi`, y captura la excepción si la conversión falla.

Ejercicio 19.08. Accede a una posición inválida de la frase La sombra se extiende. Ha llegado el momento de decidir entre el bien y el mal con el método `at()` y maneja la excepción con un bloque `try-catch`.

Ejercicio 19.09. Analiza y corrige el siguiente fragmento de código:

C++

```cpp
std::string cita = "El dolor tiene una manera de encerrar la vista y de
distorsionar la realidad";
char caracter = cita.at(108);
```

20

Contenedores

En este capítulo aprenderás:

- Qué es un contenedor en C++, cuál es su función dentro de la STL y qué tipos principales existen.
- Las diferencias clave entre contenedores secuenciales y contenedores asociativos.
- Qué son los contenedores secuenciales y cuándo es recomendable utilizarlos.
- Cómo utilizar los contenedores secuenciales más comunes (como array, vector, cola y lista) y cuáles son sus operaciones habituales.
- Qué son los contenedores asociativos y cuándo conviene usarlos en lugar de los secuenciales.
- Cómo trabajar con los contenedores asociativos más utilizados (como diccionarios y conjuntos) para dominar sus operaciones fundamentales.
- Cómo utilizar iteradores para recorrer elementos de forma eficiente en cualquier tipo de contenedor.

Introducción

Un contenedor es una estructura de datos genérica incluida en la biblioteca estándar del lenguaje, conocida como STL (por sus siglas en inglés, *Standard Template Library*), que permite almacenar y organizar eficientemente un conjunto de elementos en memoria. Estos contenedores proporcionan mecanismos para gestionar colecciones de datos y facilitan operaciones como inserción, eliminación, búsqueda y recorrido, todo ello de forma flexible y adaptada a diferentes necesidades según el tipo de contenedor utilizado.

Aunque existen diversos tipos de contenedores, en este capítulo nos centraremos en dos categorías principales: los secuenciales y los asociativos.

Secuenciales

La forma más sencilla de entender cómo funciona un contenedor secuencial es pensar en un array de bajo nivel. Como sabes, un array es una estructura de datos que almacena una colección de elementos del mismo tipo en ubicaciones contiguas de memoria. Se puede acceder a cada elemento del array mediante un índice numérico que comienza en cero. Esta estructura permite guardar varios valores bajo un mismo nombre y acceder a cualquiera de ellos de forma rápida según su posición.

Tabla 20.1. Representación gráfica de un array: elementos posicionados de forma consecutiva en memoria.

Los arrays de bajo nivel presentan varias desventajas. No realizan comprobación automática de límites, lo que puede provocar errores si se accede a posiciones no válidas. Además, no permiten copiar todo su contenido de forma directa: es necesario recorrer manualmente cada elemento. En el caso de arrays dinámicos, también requieren gestionar la memoria manualmente, lo que aumenta la complejidad y el riesgo de errores.

Los contenedores secuenciales se basan en la misma idea que los arrays, pero la mejoran considerablemente gracias a una capa adicional de funcionalidad. A diferencia de los arrays tradicionales, estos contenedores gestionan la memoria de forma automática, incorporan operaciones comunes como insertar, borrar, buscar o recorrer elementos, y ofrecen mayor seguridad tanto en el control de tipos como en los accesos fuera de rango. Además, muchos de ellos pueden redimensionarse dinámicamente y disponen de iteradores que simplifican el recorrido y la manipulación de los datos.

Es posible que esta descripción te recuerde al tipo `std::string`, que analizamos en el capítulo 19... y no es casualidad: `string` comparte muchas características con los contenedores secuenciales e, incluso, puede considerarse una forma especializada de ellos. Sin embargo, no se incluye dentro del grupo de contenedores genéricos de la biblioteca estándar que veremos en este capítulo. La razón es simple: mientras que los contenedores secuenciales de la STL están diseñados para almacenar cualquier tipo de dato, `string` está pensado exclusivamente para manejar secuencias de caracteres.

En cualquier caso, si ya sabes cómo usar `string`, te será de gran ayuda para entender los contenedores que veremos en esta sección, ya que comparten muchas de sus características y comportamientos

Array

`std::array` es un contenedor introducido en C++11 a través de la biblioteca `<array>`. Ofrece una alternativa más segura y eficiente que los arrays tradicionales de C y se adapta mejor al enfoque de programación orientada a objetos, ya que está implementado internamente como una clase.

Este contenedor puede almacenar elementos de cualquier tipo y tiene un tamaño fijo que se define en tiempo de compilación. Para declarar un `std::array`, se utiliza la sintaxis `std::array<>`, indicando entre los signos de menor y mayor el tipo de dato y la cantidad de elementos, separados por una coma, y luego se le asigna un nombre. Por ejemplo, puedes declarar un array con capacidad para almacenar tres sueldos brutos mensuales:

C++

```cpp
std::array<double, 3> sueldosBrutosMensuales;
```

El tipo `std::array` respeta en gran medida la sintaxis tradicional de los arrays, por lo que puedes inicializar sus valores con llaves en el momento de la declaración, declarar y definir el array en dos pasos, y acceder a sus elementos utilizando corchetes, igual que harías con un array convencional.

C++

```cpp
#include <iostream>
#include <array>

int main() {
    // Inicialización con llaves en la declaración
    std::array<int, 6> numeros = {4, 8, 15, 16, 23, 42};

    // Declaración en un paso, definición en otro
    std::array<std::string, 2> personajes;
    personajes[0] = "Hurley";
    personajes[1] = "Jack";

    // Acceso a los elementos con corchetes
    std::cout << "Primer número: " << numeros[0]
              << std::endl;
    std::cout << "Segundo personaje: " << personajes[1]
              << std::endl;

    return 0;
}
```

El operador de corchetes no realiza comprobación de límites, por lo que es posible acceder a una posición fuera del rango del array. Para evitar este riesgo, se recomienda utilizar el método `at()`, que verifica si el índice está dentro del rango válido y lanza una excepción de tipo `std::out_of_range` en caso de error.

C++

```cpp
#include <iostream>
#include <array>
#include <stdexcept>

int main() {

    std::array<int, 6> numeros = {4, 8, 15, 16, 23, 42};

    // Comportamiento indefinido
    std::cout << "Acceso con corchetes (posición 8): "
              << numeros[8]
              << std::endl;
    try {
        std::cout << "Acceso con at() (posición 8): "
                  << numeros.at(8)
                  << std::endl;
    } catch (const std::out_of_range& e) {
        std::cerr << "Excepción capturada: " << e.what()
                  << std::endl;
    }

    return 0;
}
```

Si deseas obtener el primer elemento de un `std::array`, puedes usar el método `front()`. Para acceder al último elemento, utiliza el método `back()`.

C++

```cpp
#include <iostream>
#include <array>

int main() {
    std::array<char, 8> mensaje = {'P', 'e', 'r', 'd',
                                   'i', 'd', 'o', 's'};

    std::cout << "Primer carácter: " << mensaje.front()
              << std::endl;
    std::cout << "Último carácter: " << mensaje.back()
              << std::endl;

    return 0;
}
```

Ambos métodos devuelven una referencia no constante, por lo que puedes almacenarla directamente en una variable:

C++

```
char& primeraLetra = mensaje.front();
char& ultimaLetra = mensaje.back();
```

E, incluso, directamente trabajar con ella.

C++

```
#include <iostream>
#include <array>

int main() {
    std::array<char, 8> mensaje = {'P', 'e', 'r', 'd',
                                    'i', 'd', 'o', 's'};

    std::cout << "Primer carácter: " << mensaje.front()
              << std::endl;
    std::cout << "Último carácter: " << mensaje.back()
              << std::endl;

    // Modifica el primer y el último carácter
    mensaje.front() = 'p';
    mensaje.back() = '!';

    return 0;
}
```

ADVERTENCIA:

Si el objeto es constante, las referencias devueltas por «front()» y «back()» también lo serán.

Recuerda que los contenedores están diseñados para almacenar cualquier tipo de dato. Por ejemplo, si tienes un array de alto nivel con elementos del tipo `Empleado` y necesitas recorrerlo, puedes declararlo como `std::array<Empleado, N>` y utilizar métodos como `begin()`, `end()`, `rbegin()` o `rend()`, entre otros, para recorrer sus elementos en cualquier dirección.

C++

```
#include <array>
#include <iostream>
#include <string>

struct Empleado {
    std::string nombre;
    int id;
    double salario;
};

int main() {
    std::array<Empleado, 5> empleados = {{
        {"Maurice Moss", 4, 3200.50},
        {"Roy Trenneman", 8, 2800.00},
        {"Jen Barber", 15, 3500.75},
```

```
        {"Douglas Reynholm", 16, 4200.00},
        {"Richmond Avenal", 23, 2500.00}
    }};

    std::cout << "Primero: " << empleados.front().nombre
              << std::endl;
    std::cout << "Último: " << empleados.back().nombre
              << std::endl;

    std::cout << "\nListado completo:\n";

    for (auto it = empleados.begin();
              it != empleados.end(); ++it) {
        std::cout << it->nombre << " (ID: " << it->id
                  << ") - Salario: " << it->salario
                  << std::endl;
    }

    return 0;
}
```

TRUCO:

También puedes recorrer el array de forma más sencilla y legible utilizando un bucle por rango, sobre todo cuando solo necesitas acceder a los elementos sin modificar la posición del iterador.

```
for (const auto& emp : empleados){
    std::cout << emp.nombre << " (ID: "
              << emp.id << ") - Salario: " << emp.salario
              << std::endl;
}
```

Otra ventaja de usar el contenedor `std::array` es que incluye métodos específicos que facilitan el acceso a información sobre su estado y tamaño. Por ejemplo, puedes comprobar si está vacío con el método `empty()` y conocer el número de elementos que contiene utilizando `size()`.

C++

```
#include <iostream>
#include <array>

int main() {
    std::array<int, 6> numeros = {4, 8, 15, 16, 23, 42};

    if (numeros.empty()) {
        std::cout << "El array está vacío.\n";
    } else {
        std::cout << "El array no está vacío.\n";
        std::cout << "Tiene " << numeros.size() << " elementos.\n";
    }
```

continuación C++

```
    return 0;
}
```

NOTA:

El tamaño de un «std::array» se conoce en tiempo de compilación, por lo que el método «empty()» casi siempre devolverá «false», a menos que hayas declarado un array con tamaño cero (por ejemplo, «std::array<tipo, 0>»). Aun así, usar «empty()» es una buena práctica cuando quieres dejar claro de forma explícita que estás comprobando si el array está vacío.

TRUCO:

El tipo «std::array» encapsula internamente un array de bajo nivel de C. Si necesitas pasar sus datos a una función externa que espera un puntero tradicional, puedes utilizar el método «data()», que devuelve un puntero al primer elemento del array. Este método es especialmente útil cuando tu código en C++ debe interactuar con funciones escritas en C.

Vector

`std::vector` es uno de los contenedores más importantes y versátiles de la STL. A diferencia de `std::array`, que representa un array de tamaño fijo definido en tiempo de compilación, `std::vector` (incluido en la cabecera `<vector>`) funciona como un array dinámico cuyo tamaño puede ajustarse automáticamente en tiempo de ejecución. Por esta razón, se considera una alternativa segura y eficiente al manejo manual de memoria dinámica.

La declaración de un objeto `std::vector` es similar a la de un `std::array`, pero con una diferencia importante: si quieres especificar el tamaño al momento de la creación, en `std::vector` se hace mediante el constructor, no dentro de los signos de menor y mayor (<>). Existen varias formas de declarar e inicializar un vector, según lo que necesites:

C++

```
std::vector<Empleado> numeros;             // vacío
std::vector<double> sueldos(4);            // 4 elementos (inicializados a 0)
std::vector<double> sueldos(8, 2300.00);   /* 8 elementos (inicializados a
2300.0) */
std::vector<int> numerosPerdidos = {4, 8, 15, 16}; // lista de inicialización
std::vector<int> valores(numerosPerdidos); // copia
```

Aunque este contenedor permite acceder a sus elementos mediante el operador `[ ]`, este tipo de acceso no es seguro porque no realiza comprobaciones de límites. Por ello, se recomiendan los métodos `at()`, `front()` y `back()`, que ofrecen una forma más segura de acceder a los elementos y funcionan de manera similar a los que ya viste en `std::array`.

C++

```cpp
#include <iostream>
#include <vector>
#include <stdexcept>

int main(){
    std::vector<int> numerosPerdidos = {4, 8, 15, 16, 23, 42};

    if (!numerosPerdidos.empty()) {
        // cambia el primer número
        numerosPerdidos.front() = 108;
        // cambia el último número
        numerosPerdidos.back()  = 2342;
    } else {
        std::cout << "El vector está vacío. No se pueden
                    modificar ni el primero ni el último
                    elemento.\n";
    }

    try {
        // cambia el tercero (índice 2)
        numerosPerdidos.at(2) = 1516;
    } catch (const std::out_of_range& e) {
        std::cout << "Error: índice fuera de rango
                    al acceder al elemento 3.\n";
    }

    if (!numerosPerdidos.empty()) {
        std::cout << "Primer, tercero y último
                       número modificados: "
                    << numerosPerdidos.front() << " "
                    << numerosPerdidos.at(2) << " "
                    << numerosPerdidos.back() << "\n";
    }

    return 0;
}
```

NOTA:

Antes de usar los métodos «front()» o «back()» de un «std::vector», es importante comprobar que el contenedor no esté vacío, por ejemplo, utilizando el método «empty()». Acceder a estos métodos en un vector vacío provoca un comportamiento indefinido, según el estándar de C++.

Este contenedor ofrece una amplia variedad de métodos que permiten consultar su capacidad y modificar su contenido de forma flexible.

- `push_back(elemento)` añade un elemento al final.
- `pop_back()` elimina el último elemento.
- `insert(posicion, elemento)` inserta un elemento antes de la posición indicada.
- `erase(posicion)` elimina el elemento en la posición indicada.
- `clear()` elimina todos los elementos del vector.
- `size()` devuelve el número de elementos actuales del vector.
- `capacity()` devuelve cuántos elementos puede almacenar el vector antes de necesitar una realocación.
- `max_size()` devuelve el número máximo de elementos que el vector puede contener, determinado por el sistema y la implementación.
- `resize(numeroDeElementos, valor)` cambia el tamaño del vector al número de elementos indicado.[1]
- `reserve(numeroDeElementos)` reserva capacidad para al menos el número de elementos sin cambiar el tamaño actual.
- `shrink_to_fit()` libera la memoria no utilizada, ajustando la capacidad al tamaño actual.

Como es de esperar, también puedes recorrer el contenedor con iteradores o bucles basados en rango. Si optas por iteradores, deben ser del tipo `std::vector<>::iterator`.

C++

```cpp
#include <iostream>
#include <vector>
#include <string>

struct Empleado {
    std::string nombre;
    int edad;
    double salario;
};

int main() {
    std::vector<Empleado> empleados = {
        {"Ana", 30, 2500.50},
        {"Luis", 45, 3200.75},
        {"Marta", 28, 2100.00}
    };

    for(std::vector<Empleado>::iterator it =
        empleados.begin(); it != empleados.end(); ++it) {
```

1 Si el nuevo tamaño es mayor que el actual, se añaden elementos al final del vector; estos nuevos elementos se rellenan con el valor proporcionado como segundo parámetro. Si no se indica este segundo parámetro, los nuevos elementos se inicializan con el valor por defecto del tipo de dato almacenado en el vector. En cambio, si el nuevo tamaño es menor que el actual, se eliminan los elementos sobrantes desde el final del vector.

continuación C++

```
        std::cout << "Nombre: " << it->nombre
                  << ", Edad: " << it->edad
                  << ", Salario: " << it->salario << "€\n";
    }

    return 0;
}
```

Y, como alternativa, el recorrido mediante un bucle basado en rango puede implementarse de la siguiente manera:

C++

```
for (const Empleado& empleado : empleados) {
    std::cout << "Nombre: " << empleado.nombre
              << ", Edad: " << empleado.edad
              << ", Salario: " << empleado.salario << "€\n";
}
```

Pila

Una pila es una estructura de datos que sigue el principio LIFO (*Last In, First Out*), lo que significa que el último elemento en añadirse es el primero en salir. Un ejemplo cotidiano sería una pila de platos: al lavar un plato, lo colocas encima de los demás, y cuando necesitas uno, tomas el que está en la parte superior.

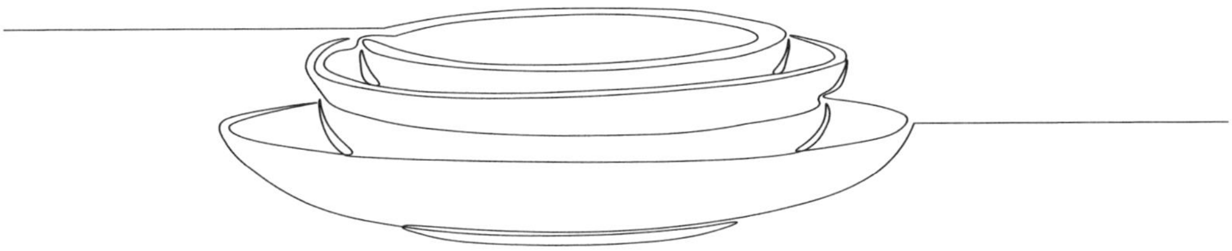

Figura 20.1. Pila de platos (ilustración).

Para representar este comportamiento, la STL de C++ ofrece el contenedor `std::stack` (disponible en la cabecera `<stack>`), que permite trabajar con pilas de forma sencilla gracias a métodos diseñados específicamente para esta estructura.

Para crear una pila con `std::stack`, se utiliza la siguiente sintaxis: `std::stack<Tipo> nombrePila;`, donde `Tipo` es el tipo de dato que almacenará la pila y `nombrePila` es el identificador que elijas.

C++

```cpp
#include <iostream>
#include <stack>
#include <string>

int main() {
    std::stack<std::string> platos;
    return 0;
}
```

La pila comienza vacía. Para añadir elementos, utiliza el método `push()`, que recibe como argumento el valor que deseas insertar.

C++

```cpp
#include <iostream>
#include <stack>
#include <string>

int main() {
    std::stack<std::string> platos;

    platos.push("Plato 1");
    platos.push("Plato 2");
    platos.push("Plato 3");  // Este queda arriba

    return 0;
}
```

Para eliminar el elemento que se encuentra en la cima de la pila, utiliza el método `pop()`.

C++

```cpp
#include <iostream>
#include <stack>
#include <string>

int main() {
    std::stack<std::string> platos;

    platos.push("Plato 1");
    platos.push("Plato 2");
    platos.push("Plato 3");  // Este queda arriba

    platos.pop();            // El plato 3 se elimina
    return 0;
}
```

El método `pop()` simplemente elimina el elemento que se encuentra en la cima de la pila, pero no lo devuelve ni permite acceder a su contenido. Si necesitas consultar qué elemento está arriba sin retirarlo, debes usar el método `top()`.

C++

```cpp
#include <iostream>
#include <stack>
#include <string>

int main() {
    std::stack<std::string> platos;

    platos.push("Plato 1");
    platos.push("Plato 2");
    platos.push("Plato 3");  // Este queda arriba

    std::cout << platos.top() << std::endl; // "Plato 3"
    platos.pop();                           // Eliminación del "Plato 3"
    std::cout << platos.top() << std::endl; // "Plato 2"

    return 0;
}
```

ADVERTENCIA:

La pila solo permite acceder al elemento que está en la cima, por lo que no se pueden usar operadores como «[]» ni el método «at()». Esto se debe a que no es posible acceder a sus elementos mediante índices, a diferencia de otros contenedores.

Sin embargo, antes de llamar al método `top()` de `std::stack`, es fundamental comprobar si la pila está vacía mediante el método `empty()`. Si accedes a `top()` cuando la pila está vacía, el comportamiento del programa será indefinido, según lo establece el estándar de C++. Esto puede provocar errores graves en tiempo de ejecución, como accesos a memoria inválida o cierres inesperados de la aplicación.

C++

```cpp
#include <iostream>
#include <stack>
#include <string>

int main() {
    std::stack<std::string> platos;

    platos.push("Plato 1");
    platos.push("Plato 2");
    platos.push("Plato 3");

    /* Comprobamos si la pila no está vacía antes
    de acceder al tope */
    if (!platos.empty()) {
        std::cout << platos.top() << std::endl;
        platos.pop();
    }
```

continuación C++

```cpp
    if (!platos.empty()) std::cout << platos.top() << std::endl;

    return 0;
}
```

Para saber cuántos elementos tiene una pila, usa `size()`.

C++

```cpp
#include <iostream>
#include <stack>
#include <string>

int main() {
    std::stack<std::string> platos;

    platos.push("Plato 1");
    platos.push("Plato 2");
    platos.push("Plato 3");

    std::cout << "Hay " << platos.size() << " platos
                 en la pila." << std::endl;

    return 0;
}
```

NOTA:

Por razones evidentes, este contenedor no admite iteradores ni puede recorrerse mediante bucles basados en rangos.

Cola

Una cola es una estructura de datos que sigue el principio FIFO (*First-In, First-Out*), lo que significa que el primer elemento en entrar es también el primero en salir. Para representar este comportamiento, la STL ofrece el contenedor `std::queue` (incluido en la cabecera `<queue>`), que permite gestionar colas de forma sencilla mediante métodos diseñados específicamente para ello.

Un ejemplo cotidiano y fácil de entender de una cola FIFO es la fila del supermercado: la primera persona en llegar será la primera en ser atendida, mientras que la última deberá esperar su turno tras todos los que llegaron antes (figura 20.2).

En C++, puedes declarar una cola vacía y añadirle elementos más adelante o bien crearla a partir de otra cola ya existente.

Figura 20.2. Fila de personas (ilustración).

C++

```
#include <iostream>
#include <queue>
#include <string>

int main() {
    std::queue<std::string> filaSupermercado; // Cola Vacía
    /*
    * Alternativa (constructor de copia):
    * std::queue<std::string> nuevaFila(filaSupermercado);
    */

    return 0;
}
```

Este contenedor no permite acceder directamente a sus elementos mediante operadores como `[]` o `at()`. Si necesitas acceder a un elemento concreto que no sea el primero o el último, deberás recorrer los elementos uno a uno hasta llegar a él. Para ello, se utilizan los métodos `push()` y `pop()`, que permiten añadir o retirar elementos secuencialmente desde los extremos del contenedor.

C++

```
#include <iostream>
#include <queue>
#include <string>


int main() {
    std::queue<std::string> filaSupermercado;

    filaSupermercado.push("Jen");
    filaSupermercado.push("Moss");
    filaSupermercado.push("Roy");
    filaSupermercado.push("Richmond");

    std::cout << "Personajes en la fila del supermercado:"
              << std::endl;
    std::queue<std::string> copia = filaSupermercado;
```

continuación C++

```
    while (!copia.empty()) {
        std::cout << "- " << copia.front() << std::endl;
        copia.pop();
    }
    /* Se realiza una copia para evitar destruir
       la cola original */
    std::cout << "\nAtendiendo a: "
              << filaSupermercado.front() << std::endl;
    filaSupermercado.pop();

    if (!filaSupermercado.empty()){
        std::cout << "Siguiente en la fila: "
                  << filaSupermercado.front() << std::endl;
    } else {
        std::cout << "No hay más personas en la fila."
                  << std::endl;
    }

    return 0;
}
```

Debido a su naturaleza, este contenedor —al igual que las pilas— no permite el uso de iteradores ni el recorrido mediante bucles basados en rango.

NOTA:

El método «pop()» no devuelve el elemento que elimina, simplemente lo retira de la cola. Si necesitas consultarlo o guardarlo antes de eliminarlo, primero debes acceder a él mediante el método «front()».

Lista

Las listas en C++ se representan mediante el contenedor `std::list`, incluido en el encabezado `<list>`. A simple vista, pueden parecer similares a `std::vector`, y aunque comparten algunas características, la verdadera diferencia está en su estructura interna. Veámoslo con un ejemplo que te ayudará a entenderlo fácilmente.

Imagina que un domingo asistes al *Dominion Theatre*, un teatro londinense conocido por su música y por sus sesiones abiertas que invitan a la reflexión. Allí te encuentras con la típica fila de asientos numerados (figura 20.3).

Localizar uno en concreto es muy sencillo: basta con saber el número. Sin embargo, si necesitas insertar un nuevo asiento en medio, tendrías que mover todos los que están a su derecha para hacer espacio. Esto resulta incómodo y probablemente requerirá reorganizar toda la disposición de los asientos del teatro. Un `vector` en C++ funciona de forma similar: permite acceder rápidamente a cualquier elemento por su posición, pero insertar alguno en medio puede ser costoso en términos de rendimiento.

Figura 20.3. Grada de butacas (ilustración).

En cambio, una lista (`std::list`) es como una cadena de personas agarradas de la mano. Cada una sabe quién está a su izquierda y a su derecha, pero no cuántas personas hay en total, a menos que las cuentes una por una.

Figura 20.4. Personas agarradas de la mano (ilustración).

Es muy fácil insertar a alguien en medio (solo hay que cambiar quién se agarra de la mano con quién), pero si quieres encontrar, por ejemplo, a la persona número 8, tendrás que ir avanzando de una en una hasta llegar a ella.

Un vector almacena sus elementos en posiciones contiguas de memoria, mientras que una lista enlazada los distribuye en distintas zonas de la memoria, unidas mediante punteros. Si necesitas acceder rápidamente a elementos concretos, el vector es la mejor opción, ya que permite un acceso mucho más rápido que la búsqueda secuencial en una lista. En cambio, insertar elementos en cualquier posición es más eficiente en una lista, ya que solo requiere ajustar los punteros, mientras que en un vector es necesario desplazar los elementos siguientes, lo que implica un mayor coste computacional y de memoria.

Con esta base teórica, ahora puedes entender mejor por qué una lista enlazada puede ser una estructura interesante.

Veamos entonces cómo declarar una lista en C++ y qué métodos podemos utilizar con ella. Una lista enlazada es una secuencia de elementos donde cada uno está conectado con el anterior y el siguiente. C++ representa esta estructura mediante `std::list`, incluida en el encabezado `<list>`, y proporciona mecanismos para inicializarla de diferentes maneras.

```
#include <iostream>
#include <list>
#include <string>

int main(){

    // Lista inicializada mediante lista de inicialización
    std::list<std::string> perdidosEnLaIsla{"John", "Hurley", "Kate"};

    /*
    * Lsta vacía de personajes de Lost
    *    std::list<std::string> perdidosEnLaIsla;
    * Lista con 6 elementos por defecto
    *    std::list<std::string> perdidosEnLaIsla(6);
    * Lista con 6 elementos inicializados con un valor
    * por defecto
    *    std::list<std::string> perdidosEnLaIsla(6, "Pasajero desconocido");
    * Lista a partir de otra ya existente
    *    std::list<std::string> pasajeros(perdidosEnLaIsla);
    */

    return 0;
}
```

Los métodos que `std::list` ofrece para trabajar con listas son muy similares a los que ya hemos visto en otros contenedores, así que simplemente haremos un repaso general por encima de ellos.

- `empty()` devuelve `true` si la lista está vacía.
- `size()` indica cuántos elementos hay en la lista.
- `max_size()` muestra el número máximo de elementos que podrían almacenarse teóricamente, según el sistema y el asignador de memoria (*allocator*[2]).
- `push_front(elemento)` inserta `elemento` al principio de la lista.
- `push_back(elemento)` inserta `elemento` al final de la lista.
- `insert(posicion, valor)` inserta `valor` en la posición indicada.
- `insert(posicion, numeroDeCopias, valor)` inserta `numeroDeCopias` de `valor` a partir de la posición dada.
- `pop_front()` elimina el primer elemento de la lista.
- `pop_back()` elimina el último elemento de la lista.
- `erase(posicion)` elimina el elemento ubicado en la posición especificada.
- `clear()` borra todos los elementos de la lista.
- `resize(numeroDeElementos)` cambia el tamaño de la lista a `numeroDeElementos`. Si se reduce, se eliminan elementos; si se amplía, se añaden elementos con el valor por defecto.

[2] Un *allocator* es un componente que gestiona cómo se asigna y libera memoria dinámica para estructuras de datos, especialmente en la STL.

- `resize(numeroDeElementos, valor)` igual que el anterior, pero si la lista crece, los nuevos elementos se rellenan con `valor`.

A continuación te comparto un ejemplo de programa donde se combinan algunos de los métodos mencionados con otros adicionales. Esto te servirá como punto de partida para seguir explorando más funciones en la documentación, disponible en la web de soporte del libro.[3]

C++

```cpp
#include <iostream>
#include <list>
#include <string>

int main() {
    std::list<std::string> supervivientes = {
        "Jack", "Kate", "Sawyer", "Hurley", "Locke"
    };

    // Llegan más supervivientes desde la playa
    supervivientes.push_back("Sayid");
    supervivientes.push_front("Charlie");

    // Los supervivientes heridos se trasladan al centro
    auto iterador = supervivientes.begin();
    std::advance(iterador, 3);
    supervivientes.insert(iterador, "Sun");
    supervivientes.insert(iterador, "Jin");

    // Encuentran a gente que ya no está con ellos
    supervivientes.remove("Charlie");
    supervivientes.remove("Locke");

    // Ordenan la lista por orden alfabético
    supervivientes.sort();

    // Descubren que "Sawyer" y "James" son la misma persona
    supervivientes.push_back("Sawyer");
    supervivientes.unique();
    // unique() elimina duplicados consecutivos

    // La lista cambia de tamaño por una misión
    supervivientes.resize(5);

    // Se muestra el estado final
    std::cout << "Supervivientes en la expedición:\n";
    for (const auto& nombre : supervivientes) {
        std::cout << "- " << nombre << '\n';
    }

    return 0;
}
```

3 eliezerlopez.cc

```
std::string nombreBuscado = "Jen";
std::map<std::string, std::string>::iterator it = agenda.find(nombreBuscado);

if (it != agenda.end()) {
    std::cout << "\nTeléfono de " << nombreBuscado << ": "
              << it->second << '\n';
} else {
    std::cout << "\n" << nombreBuscado
              << " no está en la agenda.\n";
}
```

NOTA:

Como en otros contenedores, los métodos «size()», «empty()» y «clear()» también están disponibles en éste.

Diccionario múltiple

La agenda de teléfonos que implementamos antes acepta pares clave-valor en los que cada clave es única. Sin embargo, en la vida real una persona puede tener más de un número de teléfono, por lo que necesitamos una alternativa que permita asociar varios valores a una misma clave. Para resolver este problema, C++ ofrece el contenedor `std::multimap` (incluido en `<map>`), también conocido como diccionario múltiple.

`std::multimap` permite almacenar pares clave-valor y, al igual que `std::map`, ordena automáticamente sus elementos por clave. La diferencia —que ya conoces— es que permite claves duplicadas. Por lo tanto, muchos de los métodos disponibles en `std::map` también están presentes en `std::multimap`, aunque con algunas diferencias en su comportamiento. Veamos las más importantes:

- `insert({clave, valor})` siempre inserta un nuevo elemento, incluso si la clave ya existe. A diferencia de `map`, que solo lo hace si la clave no estaba previamente en el contenedor, `multimap` permite múltiples elementos con la misma clave.
- `find(clave)` devuelve un iterador al primer elemento que coincide con la clave dada. Sin embargo, pueden existir más elementos con la misma clave a continuación. En `map`, en cambio, el iterador apunta al único elemento asociado a esa clave (si existe).
- `count(clave)` devuelve el número total de elementos que tienen esa clave. En `map`, este método solo puede devolver `1` o `0`, según si la clave está presente o no (es decir, actúa como un valor booleano).
- `erase(clave)` elimina todos los elementos que coinciden con la clave especificada.

A continuación, te presento una versión adaptada del programa de agenda telefónica utilizando un diccionario múltiple (`std::multimap`).

C++

```
#include <iostream>
#include <map>
#include <string>

int main() {
    std::multimap<std::string, std::string> agenda;

    agenda.insert({"Moss", "555-0408"});
    agenda.insert({"Moss", "555-1234"});
    agenda.insert({"Roy", "555-1516"});
    agenda.insert({"Roy", "555-7890"});
    agenda.insert({"Jen", "555-2342"});
    agenda.insert({"Richmond", "555-0108"});

    for(std::multimap<std::string,
        std::string>::iterator it = agenda.begin();
        it != agenda.end(); ++it){
        std::cout << "Nombre: " << it->first
                  << ", Teléfono: " << it->second << '\n';
    }

    return 0;
}
```

NOTA:

Cuando hablamos de un par clave-valor, nos referimos a «std::pair», un tipo de dato definido en C++ que permite almacenar dos valores (de tipos iguales o diferentes) como una única unidad lógica. Este es el tipo que se utiliza internamente en contenedores como «map» y «multimap», y su sintaxis es:

```
std::pair<tipo1, tipo2>. Por ejemplo:
#include <iostream>
#include <utility>                    // Para std::pair
#include <string>

int main() {
    std::pair<std::string, std::string> contacto;

    contacto.first = "Moss";          // Nombre
    contacto.second = "555-0408";     // Teléfono

    std::cout << "Nombre: " << contacto.first << '\n';
    std::cout << "Teléfono: " << contacto.second << '\n';

    return 0;
}
```

Conjunto

Cuando solo necesitas almacenar claves y asegurarte de que no se repitan, puedes usar un conjunto. Un conjunto es una colección de elementos sin duplicados, similar a los conjuntos en matemáticas. La STL ofrece `std::set` para modelar este comportamiento y, además, se encarga de ordenar automáticamente los elementos según la relación de orden definida por el operador <.

NOTA:

A primera vista, «std::set» puede no parecer un contenedor asociativo, pero en realidad sí lo es. En C++, un contenedor asociativo es aquel que almacena elementos ordenados en función de una clave. En el caso de «set», los elementos se ordenan según una clave que coincide con el propio valor; es decir, cada elemento actúa como su propia clave, lo que conceptualmente equivale a una asociación consigo mismo.

Por ejemplo, imagina que tienes una lista de identificadores de personas que han asistido al teatro. Solo te interesa saber si alguien ha asistido o no, sin necesidad de asociarle información adicional. Podrías usar un `vector` o una `list`, pero ninguno de estos contenedores garantiza la unicidad de los elementos ni los mantiene ordenados automáticamente. En este caso, una buena opción es utilizar un conjunto (`std::set`), que almacena elementos únicos y los ordena de forma automática. A diferencia de otros contenedores asociativos como `std::map`, en un `std::set` no se almacenan pares clave-valor, sino únicamente claves. Aunque aún no hemos visto sus métodos en detalle, intenta comprender el siguiente programa, que modela este ejemplo.

C++

```cpp
#include <iostream>
#include <set>

int main() {
    std::set<int> asistentes;

    asistentes.insert(15);
    asistentes.insert(8);
    asistentes.insert(4);


    auto resultado = asistentes.insert(16);
    if (!resultado.second) {
        std::cout << "El asistente con ID 16 ya
                    estaba registrado.\n";
    }

    int id = 23;
    if (asistentes.contains(id)) {
        std::cout << "El asistente con ID " << id << "
                    ya ha llegado.\n";
    }
```

```
    asistentes.erase(8);

    std::cout << "Lista de asistentes actuales:\n";
    for (int asistente : asistentes) {
        std::cout << "- ID " << asistente << "\n";
    }

    if (asistentes.empty()) {
        std::cout << "No hay asistentes.\n";
    } else {
        std::cout << "Hay " << asistentes.size()
                  << " asistentes.\n";
    }

    auto it = asistentes.find(15);
    if (it != asistentes.end()) {
        std::cout << "ID 15 encontrado mediante find().\n";
    }

    return 0;
}
```

ADVERTENCIA:

El método «contains()» en «std::set» está disponible a partir de C++20. Si tu versión es anterior, su uso provocará un error de compilación. Como alternativa en versiones anteriores, puedes usar el siguiente enfoque, que ya estaba disponible: «asistentes.find(id) != asistentes.end()».

Los métodos disponibles son similares a los que ya conoces, aunque presentan algunas diferencias sutiles:

- `insert(valor)` inserta el valor en el conjunto. Si el valor ya existe, no se realiza ninguna inserción.[4]
- `erase(valor)` elimina el elemento que coincide con el valor especificado.
- `erase(iterador)` elimina el elemento ubicado en la posición indicada por el iterador.
- `find(valor)` devuelve un iterador al elemento buscado, o `end()` si no se encuentra.
- `contains(valor)` devuelve `true` si el valor existe en el conjunto y `false` en caso contrario.
- `count(valor)` devuelve `1` si el valor está presente en el conjunto o `0` si no está.

4 Recuerda que los contenedores asociativos mantienen los elementos ordenados automáticamente. Cuando se inserta un nuevo valor, el contenedor lo coloca en la posición correspondiente para conservar el orden.

Epílogo

Lo que al principio eran ideas presentadas por separado, hoy se integran en una comprensión completa del lenguaje. Aprender C y C++ no es simplemente adquirir una serie de conceptos sueltos, sino adentrarse en una forma de pensar que ha influido profundamente en el desarrollo del software moderno. A diferencia de lenguajes más recientes, donde muchas abstracciones vienen dadas, aquí hemos explorado un entorno en el que el programador debe asumir el control total de cada detalle. Por eso, C y C++ pueden parecer exigentes al principio, incluso abrumadores en ocasiones. Pero cada capítulo de este libro ha sido diseñado para acompañarte en esa complejidad, desgranando los fundamentos con cuidado y construyendo una comprensión sólida y práctica paso a paso.

Mirando hacia adelante, es estimulante pensar en todo lo que puedes construir con C y C++. Sus aplicaciones abarcan desde sistemas embebidos y controladores hasta videojuegos, motores gráficos, herramientas de desarrollo y software de alto rendimiento. A pesar de su larga trayectoria, ambos lenguajes siguen evolucionando y adaptándose a nuevas necesidades, con comunidades activas que mantienen y amplían bibliotecas, estándares y buenas prácticas. Dominar C y C++ es abrirse a un ecosistema maduro y robusto, que ha demostrado su valor durante décadas y que sigue siendo un pilar fundamental en el desarrollo de software moderno.

Para continuar aprendiendo, es importante profundizar aún más en los fundamentos del lenguaje y practicar con proyectos cada vez más variados. Te animo a seguir explorando C y C++, a enfrentarte a nuevos retos y a construir tu confianza a partir de los conocimientos adquiridos en este libro. Ahora cuentas con una base sólida para comenzar a escribir programas funcionales y comprender con mayor claridad cómo se estructura y se ejecuta el software. Sin embargo, aún queda mucho camino por recorrer: la gestión avanzada de memoria, la programación modular, la herencia, las plantillas y el uso eficiente de bibliotecas estándar son solo algunos de los pasos siguientes. Con paciencia, práctica y curiosidad, cada línea de código te acercará a un dominio más profundo de dos lenguajes que siguen siendo clave en la industria del software.

Todo lo que necesitas para seguir avanzando ya está a tu disposición. He recopilado aquí una lista para ti:

- **Sitio oficial del comité ISO para la estandarización del lenguaje C (WG14):** open-std.org/JTC1/SC22/WG14/.
- **Documentación rápida y navegable de la biblioteca estándar de C:** devdocs.io/c/.
- Sitio oficial del comité ISO para la estandarización del lenguaje C++ (WG21): open-std.org/JTC1/SC22/WG21.
- **Portal oficial de la comunidad y evolución del lenguaje C++:** isocpp.org/.
- **Documentación rápida y navegable de la biblioteca estándar de C++:** devdocs.io/cpp/.
- **Referencia técnica completa del lenguaje y la biblioteca estándar de C++:** en.cppreference.com/.
- **Documentación oficial del compilador GCC y sus extensiones:** gcc.gnu.org/onlinedocs/.
- **Documentación oficial del compilador Clang y sus herramientas:** clang.llvm.org/docs/.

Si has disfrutado aprendiendo conmigo, te invito a explorar el resto de los recursos que publico y actualizo anualmente. En mi sitio web eliezerlopez.cc encontrarás todos mis cursos sobre C y C++, además de material sobre Rust, un lenguaje moderno que toma muchas ideas de C/C++ y las lleva aún más lejos. Podrás completar los cursos para reforzar y ampliar tus conocimientos en C/C++ y, si te interesa, dar el salto a Rust. Además, podrás aplicar todo lo que ya sabes desde una nueva perspectiva, a través de mi publicación *Curso de Programación con Rust* (ANAYA Multimedia) y de vídeos prácticos. También puedes suscribirte a mis *newsletters* para recibir contenido útil y actualizado directamente en tu bandeja de entrada.

A lo largo de esta lectura existe la posibilidad de que hayas encontrado algunos guiños o, como se suelen llamar ahora, huevos de pascua. Crear comunidad es una de mis pasiones y, si te has topado con alguno de estos *easter eggs*, te invito a compartirlo en tu red social favorita con el hashtag #ccpp815 y mencionándome (@EliezerLopez).

Solo me queda darte la enhorabuena y agradecerte el haberme acompañado en este viaje. Ha sido un placer y un reto, y he intentado hacerlo lo más ameno y enriquecedor posible. Espero que este libro haya sido una guía útil y que sigas avanzando con C y C++, aprendiendo y creciendo con cada nuevo proyecto.

Por supuesto, cualquier error, propuesta de mejora o comentario que quieras aportar es siempre bienvenido y te estaré profundamente agradecido si me lo envías por correo a contacto@eliezerlopez.com.

¡Hasta pronto!

Índice alfabético

A

B

C

D

E

F

G

H

I